De:

Para:

Deus
todos os dias

INSPIRAÇÃO PARA
O ANO INTEIRO

MAX LUCADO

Tradução de
Ana Paula Argentino, Lilian Jenkino, Leila Kormes,
Mariana Moura, Markus Hediger, Valéria Lamim

Thomas Nelson
BRASIL®
RIO DE JANEIRO, 2023

Título original: *God Is With You Every Day*
© 2015 by Max Lucado

As citações bíblicas são da Nova Versão Internacional (NVI), da Biblica, Inc., a menos que seja especificada outra versão da Bíblia Sagrada.

As posições doutrinárias e teológicas desta obra são de responsabilidade de seus autores e colaboradores diretos, não refletindo necessariamente a posição da Thomas Nelson Brasil, da HarperCollins Christian Publishing ou de sua equipe editorial.

PUBLISHER	*Omar de Souza*
EDITORES RESPONSÁVEIS	*Aldo Menezes e Samuel Coto*
COORDENAÇÃO DE PRODUÇÃO	*Thalita Aragão Ramalho*
PRODUÇÃO EDITORIAL	*Lara Gouvêa*
REVISÃO	*Luiz Werneck*
	Marcus Aurelio de Castro Braga
DIAGRAMAÇÃO	*Filigrana*
TRADUÇÃO	*Ana Paula Argentino, Lilian Jenkino,*
	Leila Kormes, Mariana Moura,
	Markus Hediger, Valéria Lamim
ADAPTAÇÃO DE CAPA	*Lúcio Nöthlich Pimentel*

CIP-BRASIL. CATALOGAÇÃO NA PUBLICAÇÃO
SINDICATO NACIONAL DOS EDITORES DE LIVROS, RJ

L965d

Lucado, Max, 1955-
   Deus todos os dias / Max Lucado; tradução Lilian Jenkino. - 1. ed. - Rio de Janeiro: Thomas Nelson Brasil, 2016.
   392 p.: il.

   Tradução de: God is with you every day
   ISBN 978.85.7860.864-4

   1. Vida cristã I. Lucado, Max. II. Título.

16-30200   CDD: 813
                                                   CDU: 821.111(73)-3

Thomas Nelson Brasil é uma marca licenciada à Vida Melhor Editora LTDA.
Todos os direitos reservados à Vida Melhor Editora LTDA.
Rua da Quitanda, 86, sala 218 – Centro – 20091-005
Rio de Janeiro – RJ – Brasil
Tel.: (21) 3175-1030
www.thomasnelson.com.br

Janeiro

1º de janeiro

Uma oração...
de louvor

*Deem graças ao SENHOR, clamem pelo seu nome, divulguem
entre as nações o que ele tem feito. Cantem para ele, louvem-no;
contem todos os seus atos maravilhosos.*

1Crônicas 16:8-9

Pai, tu és tão merecedor de toda a minha atenção e oração, de todo o meu louvor e amor. Tuas obras maravilhosas vão além do que posso expressar.

Ajuda-me a ser a luz que brilha em tua direção hoje. Para mim é muito difícil destacar-me do mundo e ser diferente. Dá-me a coragem de tornar conhecida a tua bondade e de nunca me envergonhar.

Por favor, dá paz aos meus amigos que se posicionaram ao teu lado e, por causa disso, se veem sem amigos ou com poucos que os entendam.

Agradeço por tuas obras maravilhosas e por tudo que tu tens feito e farás.

No glorioso nome de Jesus Cristo, amém.

Diário de oração

2 de janeiro

Hoje vou

*Tenham cuidado com a maneira como vocês vivem; que não
seja como insensatos, mas como sábios, aproveitando ao
máximo cada oportunidade, porque os dias são maus.*

Efésios 5:15-16

Hoje vou fazer a diferença. Vou começar controlando meus pensamentos. Uma pessoa é o produto de seus pensamentos. Quero ser feliz e esperançoso. Por isso, vou ter pensamentos felizes e esperançosos. Eu me recuso a me fazer de vítima das circunstâncias. O otimismo será meu companheiro, e a vitória será minha marca. Hoje farei a diferença.

Serei grato pelas 24 horas que estão diante de mim. O tempo é uma mercadoria preciosa. Eu me recuso a permitir que o pouco tempo que tenho seja contaminado pela autopiedade, pela ansiedade ou pelo tédio. Enfrentarei este dia com a alegria de uma criança e a coragem de um gigante. Enquanto o dia estiver aqui, vou usá-lo para o amor e a doação. Hoje farei a diferença.

Não deixaria que fracassos passados me atormentem. Embora haja cicatrizes de erros em minha vida, eu me recuso a revirar minha pilha de lixo de fracassos. Vou admiti-los. Vou corrigi-los. Seguirei em frente. Vitoriosamente. Nenhum fracasso é fatal. Não tem problema tropeçar... Vou me levantar. Não tem problema falhar... vou me reerguer novamente. Hoje farei a diferença.

Desfrutarei da companhia daqueles que amo. Minha esposa, meus filhos, minha família. Hoje passarei ao menos cinco minutos com as pessoas mais importantes de meu mundo. Cinco minutos de *qualidade*, conversando ou abraçando ou agradecendo ou ouvindo.

Hoje farei a diferença.

Moldado por Deus

3 de janeiro

Seja a obra dele

Por que vocês estavam me procurando? Não sabiam
que eu devia estar na casa de meu Pai?

Lucas 2:49

Um tempo na bigorna de Deus deve tornar clara nossa missão e definir nosso propósito. Quando uma ferramenta emerge da bigorna de um ferreiro, não se questiona para que serve. Não se questiona por que foi feito. Só de pousar os olhos na ferramenta você já sabe qual sua função.

Uma vez que o ser humano emerge da bigorna de Deus, o mesmo deve ser verdadeiro. Ser testado por Deus nos lembra de que nossa função e tarefa é ser o trabalho dele, que nosso propósito é ser uma extensão de sua natureza, um embaixador de seu trono e um proclamador de sua mensagem. Devemos sair da loja sem questionar o porquê Deus nos criou. Nós sabemos nosso propósito.

Somos o povo de Deus, e devemos ser seu trabalho.

Se vivermos nossas vidas dessa forma, poderemos adentrar nossos anos finais com a certeza de saber que a vida foi bem vivida e que o céu está a uma piscadela de distância.

Há alguma recompensa maior que essa?

Moldado por Deus

4 de janeiro

Fique na sua própria faixa

Mantenha viva a chama do dom de Deus que está em você

2Timóteo 1:6

Um garoto chamado Adam queria ser igual a seu amigo Bobby. Adam adorava o jeito de Bobby andar e falar. Bobby, porém, queria ser igual a Charlie. Algo na postura e no sotaque de Charlie o fascinava. Charlie, por sua vez, se impressionava com Danny. Charlie queria ter a aparência de Danny e falar como ele. Danny também tinha um herói pessoal: Adam, ao qual queria ser exatamente igual.

Assim, Adam imitou Bobby, que imitou Charlie, que imitou Danny, que imitou Adam.

No fim das contas, Adam precisou apenas ser ele mesmo.

Fique na sua própria faixa. Faça sua própria corrida. Nada de bom acontece quando você compara e compete. Deus não julga você de acordo com os talentos de outros. Ele o avalia de acordo com seus próprios talentos. Sua fita métrica para medir sua lealdade é o quão leal você é a seus próprios dons. Você não é responsável pela natureza de seu dom, mas é responsável pelo uso que faz dele.

Dias de glória

5 de janeiro

Sua atribuição

Há diferentes tipos de dons, mas o Espírito é o mesmo. Há diferentes tipos de ministérios, mas o Senhor é o mesmo. Há diferentes formas de atuação, mas é o mesmo Deus quem efetua tudo em todos.

1Coríntios 12:4-6

"Mantenha viva a chama do dom de Deus que está *em você*" (2Timóteo 1:6; grifo meu).

Seja você mesmo. Não seja seus pais ou avós. Você pode admirá-los, respeitá-los e aprender com eles, mas você não pode ser eles. Você não é eles. "Não se compare com ninguém, pois cada um deverá levar a própria carga" (Gálatas 6:4-5).

Jesus insistiu nisso. Após sua ressurreição, ele apareceu a alguns de seus seguidores. Ele deu a Pedro uma tarefa pastoral específica, que exigia grandes sacrifícios. O apóstolo respondeu apontando para João, dizendo: "'Senhor, e quanto a ele?' Respondeu Jesus: 'Se eu quiser que ele permaneça vivo até que eu volte, o que importa? Quanto a você, siga-me!'" (João 21:21-22). Em outras palavras: não se preocupe com a missão da pessoa ao lado; permaneça concentrado na sua própria missão.

Dias de glória

6 de janeiro

Autoridade incontestável

O Filho é o resplendor da glória de Deus e a expressão exata do seu ser, sustentando todas as coisas por sua palavra poderosa.

Hebreus 1:3

Jesus possui uma autoridade incontestável.

O governo romano tentou intimidá-lo. A falsa religião tentou calá-lo. O diabo tentou matá-lo. Todos falharam. "Porque era impossível que a morte o retivesse" (Atos 2:24).

Ele não estava brincando quando declarou: "Foi-me dada toda a autoridade nos céus e na terra" (Mateus 28:18). Jesus é o centro de comando das galáxias. Ele ocupa a Sala Oval. Ele tirou uma moeda da boca de um peixe. Ele parou os ventos com uma palavra. Ele falou, e a árvore secou. Ele falou de novo, e o cesto transformou-se em um banquete. Economia. Meteorologia. Botânica. Abastecimento de alimentos. "Todas as coisas me foram entregues por meu Pai." (Mateus 11:27).

Isso inclui Satanás. O diabo foi completamente vencido por Cristo na cruz. Jesus possui um nível superior a ele em cada situação. Ele tem de obedecer ao Senhor, e sabe disso. As orações feitas em nome de Jesus são "poderosas em Deus para destruir fortalezas" (2Coríntios 10:4). Destruir! Nem danificar ou atrapalhar, mas destruir.

Satanás erigiu uma fortaleza em sua vida? Eleve uma oração e liberte o poder de demolição de Jesus.

Antes de dizer amém

7 de janeiro

O propósito de Deus para você

Assim, meus amados, como sempre vocês obedeceram, não apenas na minha presença, porém muito mais agora na minha ausência, ponham em ação a salvação de vocês com temor e tremor, pois é Deus quem efetua em vocês tanto o querer quanto o realizar, de acordo com a boa vontade dele.

Filipenses 2:12-13

Imagine o dia em que você estará na presença de Jesus, seu Josué, e fará uma retrospectiva de sua vida. "Cada um receberá de Deus a sua aprovação" (1Coríntios 4:5). Seu comandante declarará o resultado final de sua vida:

"Com a ajuda de Deus, João Silva enfrentou os inimigos de sua Terra Prometida e os expulsou.

Cobiça!

Temperamento explosivo!

Inveja!

Abusado na infância, mas estável como adulto.

Tentado por drogas, mas sóbrio e firme.

Desviou-se do caminho, mas voltou com vigor."

Uma por uma, suas conquistas serão lidas e celebradas.

Cada testemunha regozijará com a obra que Deus fez. Esse é o propósito de Deus para você. Essa é a sua herança: mais vitória do que derrota, mais alegria do que tristeza, mais esperança do que desespero.

Dias de glória

8 de janeiro

Uma oração...
para brilhar

Assim brilhe a luz de vocês diante dos homens, para que vejam as suas boas obras e glorifiquem ao Pai de vocês, que está nos céus.

Mateus 5:16

Pai celestial, faz tua obra em minha vida de forma que as pessoas reconheçam nela teu brilho. Ajuda-me a me libertar do egoísmo e do pecado que impedem que eu seja transformado segundo a tua imagem para expressar tua santidade. Em nome de Jesus. Amém.

No monte Calvário

9 de janeiro

Vivendo uma vida movimentada

Façam tudo sem queixas nem discussões, para que venham a tornar-se puros e irrepreensíveis, filhos de Deus inculpáveis no meio de uma geração corrompida e depravada, na qual vocês brilham como estrelas no universo, retendo firmemente a palavra da vida.

Filipenses 2:14-16

Cada um de nós deve levar uma vida agitada o suficiente para começar um movimento. Devemos ansiar por mudar o mundo. Devemos amar inextinguivelmente, sonhar sem vacilar e trabalhar sem cessar.

Devemos fechar os ouvidos às vozes múltiplas do compromisso e empoleirar-nos no ramo da verdade. Devemos defender o valor das pessoas, proclamar o perdão de Deus e reivindicar a promessa do céu.

E devemos levar uma vida agitada o suficiente para causar um movimento.

Um movimento amadurece quando uma vida colhe as sementes plantadas por inúmeras vidas nas gerações anteriores. Um movimento ocorre quando uma pessoa, nem maior nem menor do que aquelas que a precederam, vive uma vida enérgica na plenitude do tempo.

Vamos viver uma vida agitada o suficiente para causar um movimento. A verdadeira marca do visionário é sua vontade de dar a vida por aqueles a quem ele nunca verá.

Será que o movimento virá em nossa geração? Espero que sim. Mas, mesmo se não vier, mesmo se nunca o vermos, ele vai ocorrer. E seremos parte dele.

Moldado por Deus

10 de janeiro

Reivindique sua Hebrom

Quando a ansiedade já me dominava no íntimo, o
teu consolo trouxe alívio à minha alma.

Salmos 94:19

Não dê ouvidos aos que duvidam. Ignore as pessoas negativas. As pessoas têm o direito de dizer o que querem. E você tem o direito de ignorá-las.

Calebe e Josué eram minoria, mesmo assim acreditaram no poder de Deus. Quando os doze espiões retornaram a Moisés, todos menos Calebe e Josué espalhavam a dúvida (Números 13:26-33)

Siga o exemplo de Calebe. Ignore a descrença letal dos cínicos.

Isso não quer dizer que você deva ser rude ou se isolar. Quando as pessoas expressarem suas dúvidas ou perguntas sinceras, ajude-as. Mas algumas pessoas não querem ajuda. Elas preferem puxar você para baixo a permitir que você as levante. Não permita isso.

Calebe não permitiu. Ele preencheu sua mente com fé e encarou um desafio do tamanho de Deus.

Quando Moisés enviou Calebe para espionar a terra, este viu algo que o perturbou. A cidade de Hebrom, que ocupava um lugar especial na história dos hebreus. Era a única terra que Abraão possuíra. Foi lá que enterrou sua esposa. Ele também foi enterrado ali. Isaque, Rebeca e Jacó também.

Hebrom era um lugar sagrado.

Mas, no dia em que Calebe o viu, o monte sagrado estava sendo habitado por pessoas ímpias. Por isso, pediu Hebrom a Moisés.

Moisés levou seu pedido a Deus. Deus respondeu, e Calebe recebeu a terra. E 45 anos depois, aos 85 anos de idade, o velho soldado estava pronto para tomar posse de Hebrom.

Calebe queria fazer algo grande para Deus. Ele vivia com um grande chamado. Você também pode. Peça por sua Hebrom.

Dias de glória

11 de janeiro

Espere pela cutucada

Se vivemos pelo Espírito, andemos também pelo Espírito.

Gálatas 5:25

Existe alguma coisa em sua vida que precisa removida? Qualquer impedimento para a impressão do Espírito de Deus? Nós podemos entristecer o Espírito com nossas palavras de ira (Efésios 4:29-30; Isaías 63:10) e resistir ao Espírito em nossa desobediência (Atos 7:51). Podemos até mesmo extinguir o Espírito por não ter em conta os ensinamentos de Deus.

Eis algo que me ajuda a ficar em sintonia com o Espírito. Sabemos que "o fruto do Espírito é amor, alegria, paz, paciência, amabilidade, bondade, fidelidade, mansidão e domínio próprio" (Gálatas 5:22,23). O Espírito de Deus cria e distribui essas características. Elas são indicadores de meu painel espiritual. Assim, sempre que eu os sentir, sei que estarei andando no Espírito. Sempre que eu carecer deles, sei que estarei fora de sintonia com o Espírito.

Para andar no Espírito, responda às sugestões que Deus lhe dá.

Não sente nenhuma cutucada? Tenha paciência e espere. Abraão esperou pelo filho prometido. Moisés esperou quarenta anos no deserto. Jesus esperou trinta anos antes de começar seu ministério. Deus instila temporadas de silêncio em seu plano. O inverno é necessário para que o solo dê frutos. O tempo é necessário para o desenvolvimento de uma plantação. E os discípulos esperam pelo movimento de Deus. Espere que ele se mexa, lhe dê uma cutucada e lhe oriente.

God's Story, Your Story [A história de Deus, a sua história]

12 de janeiro

Uma batalha espiritual

[...] Pois a nossa luta não é contra seres humanos, mas contra os
poderes e autoridades, contra os dominadores deste mundo de trevas,
contra as forças espirituais do mal nas regiões celestiais.

Efésios 6:12

Para um livro sobre conquistas, Josué não fornece muitos detalhes militares. Que tipo de armas o exército de Josué usava? Quantos oficiais tinha seu exército? Quantos homens havia em cada batalhão? Qual a resposta a essas e a outras perguntas?

Não sabemos.

Não sabemos por que o livro destaca não a batalha física, mas a batalha espiritual. O conflito real não foi travado contra os cananeus ou amorreus, mas contra Satanás e seus demônios.

Canaã era o terreno mais cobiçado da terra. Possuía campos e vales férteis. E, acima de tudo, era o presente de Deus para Israel (Gênesis 12:7).

Deus separou essa propriedade para o seu povo e separou o seu povo como bênção para o mundo. Deus prometeu a Abraão: "Farei de você um grande povo, e o abençoarei." (12:2). Os hebreus eram os mensageiros da aliança de Deus para um universo de pessoas. Israel era o pergaminho sobre o qual Deus escreveria sua história de redenção.

A contraestratégia de Satanás era clara: contaminar a Terra Prometida e apropriar-se do Filho prometido. Destruir o povo de Deus e a obra de Deus.

A batalha de Josué era, portanto, uma batalha espiritual.

E assim o é também a sua.

Dias de glória

13 de janeiro

A Descoberta que muda tudo

"Porque sou eu que conheço os planos que tenho para vocês",
diz o SENHOR, "planos de fazê-los prosperar e não de lhes
causar dano, planos de dar-lhes esperança e um futuro.

Jeremias 29:11

Você está nas mãos de um Deus vivo e amoroso. Coleção aleatória de contos desconectados? Longe disso. Sua vida é uma narrativa trabalhada escrita por um Deus bom, que está trabalhando em direção a seu bem supremo.

Deus não é descuidado ou fortuito. Ele planejou a criação segundo um calendário. Determinou os detalhes da salvação "antes da criação do mundo" (1Pedro 1:20). A morte de Jesus não foi uma reflexão tardia, nem o Plano B, nem uma operação de emergência. Jesus morreu "quando chegou a plenitude do tempo" (Gálatas 4:4), de acordo com o "propósito determinado e pré-conhecimento" de Deus (Atos 2:23).

Deus não cria um plano conforme avança. Ele também não acertou o relógio e foi embora. "O Deus Altíssimo domina sobre os reinos dos homens e coloca no poder a quem ele quer" (Daniel 5:21). "É Deus quem julga: Humilha a um, a outro exalta" (Salmos 75:7). "A ira do SENHOR não se afastará até que ele tenha completado os seus propósitos" (Jeremias 30:24). Veja estes verbos: Deus domina, coloca, completa. Esses termos confirmam a existência de esquemas e planos celestes. Esses planos incluem você. "Nele fomos também escolhidos, tendo sido predestinados conforme o plano daquele que faz todas as coisas segundo o propósito da sua vontade" (Efésios 1:11).

Essa descoberta muda tudo!

God's Story, Your Story [A história de Deus, a sua história]

14 de janeiro

Uma nova canção

Cantem ao SENHOR um novo cântico;
cantem ao SENHOR, todos os habitantes da terra!
Cantem ao SENHOR, bendigam o seu nome;
cada dia proclamem a sua salvação!
Anunciem a sua glória entre as nações,
seus feitos maravilhosos entre todos os povos!
Porque o SENHOR é grande e digno de todo louvor,
mais temível do que todos os deuses!

Salmos 96:1-4

Deus também coloca uma canção nos corações de seus filhos. Uma canção de esperança e vida. "Pôs um novo cântico na minha boca" (Salmos 40:3). Alguns santos cantam essa canção em alto e bom som e a cada dia de suas vidas. Em outras situações, a canção se torna silenciosa. As mágoas e os acontecimentos calam a música interior. Passam-se longas temporadas sem que a canção de Deus seja cantada.

Quero ser bem cuidadoso aqui. A verdade é que nem sempre sabemos se alguém confiou na graça de Deus.

Uma pessoa pode ter uma crença simulada, mas não real. Judas é um exemplo de alguém que parece ter sido salvo, mas na verdade não foi. Durante três anos, ele seguiu Cristo. Enquanto os outros estavam se tornando apóstolos, ele estava se tornando uma ferramenta de Satanás. Quando Jesus disse: "Vocês estão limpos, mas nem todos" (João 13:10), ele se referia a Judas, que possuía uma fé falsa.

Não cabe a nós saber. Mas sabemos de uma coisa: onde há uma real conversão, há uma eterna salvação. Nossa tarefa é confiar na habilidade de Deus de chamar seus filhos de volta para casa. Unimo-nos a Deus enquanto ele caminha cantando entre os filhos rebeldes e feridos.

Finalmente, os seus ouvirão a sua voz e algo dentro deles despertará. E, quando isso acontecer, eles começarão a cantar novamente.

Graça

15 de janeiro

Uma oração...
para viver como seu filho

Mas, quando chegou a plenitude do tempo, Deus enviou seu Filho, nascido de mulher, nascido debaixo da Lei, a fim de redimir os que estavam sob a Lei, para que recebêssemos a adoção de filhos.

Gálatas 4:4–5

Pai amado, teu Filho entrou em nosso mundo devastado para nos redimir de nossos pecados e abrir o caminho para que fôssemos adotados em tua família. Obrigado, Jesus, por pagares o preço, pois eu era incapaz de pagá-lo. Ajuda-me a viver hoje como teu filho. Em nome de Jesus, amém.

In the Manger [Na manjedoura]

16 de janeiro

Quem é você?

Considerem-se mortos para o pecado, mas vivos para Deus em Cristo Jesus.

Romanos 6:11

Quem é você?

Ainda bem que você perguntou.

Você é/está:

- filho de Deus (João 1:12);
- amigo de Cristo (João 15:15);
- membro do corpo de Cristo (1Coríntios 12:27);
- santo (Efésios 1:1);
- remido e seus pecados foram perdoados (Colossenses 1:14);
- completo em Cristo, nada lhe falta (Colossenses 2:10);
- livre de condenação (Romanos 8:1-2);
- cooperador de Deus (2Coríntios 6:1);
- sentado com Cristo nas regiões celestiais (Efésios 2:6);
- obra de Deus (Efésios 2:10);
- cidadão do céu (Filipenses 3:20);
- adotado como filho da família de Deus (Efésios 1:5);
- nascido de Deus, e o mal não pode tocá-lo (1João 5:18).

Acostume-se com seu novo eu.

Dias de glória

17 de janeiro

O que ele fará com você?

Ninguém jamais falou da maneira como esse homem fala.

João 7:46

Jesus afirmou ser capaz de perdoar os pecados — um privilégio que só Deus pode exercer (Mateus 9:4-7). Ele afirmava ser maior do que Jonas, Salomão, Jacó e até mesmo Abraão (Mateus 12:38-42; João 4:12-14, 8:53-56). Jesus ordenou as pessoas a orar em seu nome (João 14:13,14). Ele afirmou que suas palavras sobreviveriam ao céu e à terra (Marcos 13:31), que toda a autoridade no céu e na terra lhe foi dada (Mateus 28:18-20).

Será que um sujeito decente diz coisas como essas? Não, mas um tolo demente o faz.

Talvez Jesus fosse um megalomaníaco à altura de Alexandre, o Grande, ou Adolf Hitler. Mas, sinceramente, será que um louco poderia fazer o que Jesus fez?

Veja a devoção que ele inspirou. As pessoas não apenas respeitavam Jesus. Elas gostavam dele; elas deixaram suas casas e trabalhos e o seguiram. Tanto homens quanto mulheres amarraram suas esperanças à vida dele. Pessoas impulsivas como Pedro. Visionários como Filipe. Homens apaixonados como João, cuidadosos como Tomás, metódicos como Mateus, o cobrador de impostos. Depois que os homens deixaram Jesus no sepulcro, foram as mulheres que vieram para homenageá-lo — mulheres de todas as esferas da vida, do lar à filantropia.

Jesus transformou estivadores comuns e pescadores nos autores do maior livro da história e nos fundadores de seu maior movimento.

O que ele fará com você?

God's Story, Your Story [A história de Deus, a sua história]

18 de janeiro

Todo mundo pode ajudar alguém

Pois eu tive fome, e vocês me deram de comer; tive sede, e vocês me deram de beber;
fui estrangeiro, e vocês me acolheram; necessitei de roupas, e vocês me vestiram;
estive enfermo, e vocês cuidaram de mim; estive preso, e vocês me visitaram.

Mateus 25:35-36

Muitos anos atrás, ouvi uma mulher debater sobre Mateus 25:31-46. A plateia conversava agitada. Mas, quando ela entrou, todo o burburinho cessou.

Ela usava o sari indiano branco de sempre, com orlas azuis, que representava as Missionárias da Caridade, a ordem que tinha fundado em 1949. Seus 69 anos arqueavam aquele corpo já miúdo. Mas não havia nada de pequeno na presença da madre Teresa.

— Deem-me os seus filhos por nascer — ela propôs.— Não os abortem. Se vocês não podem criá-los, eu os criarei. Eles são preciosos para Deus.

Quem teria reconhecido naquela albanesa frágil uma agente de transformação?

Imagino que, se criou pessoas como madre Teresa, Deus pode provar sua tese: "Você pode fazer algo hoje que vai fazer a vida valer a pena."

Existem bilhões de razões para pensar em seu desafio. Alguns vivem em seu bairro, outros em florestas que você não consegue encontrar e têm nomes impronunciáveis para você. Alguns brincam em barracos de papelão ou se prostituem em uma rua movimentada.

Ninguém pode ajudar todo mundo. Mas todos podem ajudar alguém. E, quando os ajudamos, estamos servindo a Jesus.

Quem iria querer perder a chance de fazer isso?

Faça a vida valer a pena

19 de janeiro
Vozes do fracasso

Coloquei toda minha esperança no SENHOR;
ele se inclinou para mim
e ouviu o meu grito de socorro.
Ele me tirou de um poço de destruição,
de um atoleiro de lama;
pôs os meus pés sobre uma rocha
e firmou-me num local seguro.
Pôs um novo cântico na minha boca,
um hino de louvor ao nosso Deus.
Muitos verão isso e temerão,
e confiarão no SENHOR.

Salmos 40:1-3

Você já ouviu as vozes do fracasso? Quando você perdeu o emprego, falhou no exame, foi expulso da escola. Quando seu casamento acabou. Quando sua empresa faliu. Quando você fracassou. As vozes começaram a uivar. Como macacos numa jaula, elas riram de você. Você as ouviu.

E você se juntou a elas!

Todos nós experimentamos o fracasso. Ele é tão universal que ficamos surpresos diante do fato de não existirem mais livros de autoajuda sobre esse tema. As livrarias estão cheias de livros sobre como ser bem-sucedido. Mas você terá que procurar muito até encontrar um livro que fale sobre como ser bem-sucedido no fracasso.

Talvez ninguém saiba o que dizer. Mas Deus sabe. Seu livro foi escrito para fracassos. Está repleto de pessoas que fracassaram miseravelmente. Davi foi um fracasso moral, mesmo assim, Deus o usou. Elias era um náufrago emocional depois do monte Carmelo, mesmo assim, Deus o abençoou. Jonas se encontrava na barriga de um peixe quando fez sua oração mais sincera, e Deus a ouviu.

Pessoas perfeitas? Não. Caos perfeito? Sim. Mesmo assim, Deus os usou. Uma descoberta surpreendente e bem-vinda da Bíblia é esta: Deus usa fracassos.

Dias de glória

20 de janeiro

A palavra final

O Filho do homem tem na terra autoridade para perdoar pecados.

Marcos 2:10

Se você está em Cristo, seus pecados foram perdoados. Eles foram vistos pela última vez nas costas de seu Redentor enquanto ele rumava para o vale da morte. Quando Jesus bradou na cruz "Meu Deus! Meu Deus! Por que me abandonaste?" (Mateus 27:46), ele foi para o lugar deserto em seu nome. Ele levou o seu pecado. Ele tem a palavra final em sua vida. E essa palavra chama-se *graça*.

Jesus fez a parte dele. Agora, faça a sua.

Dê para Deus sua culpa. Conte para Jesus o que você fez. Não deixe nada para trás. Seja abundante em sua confissão, e...

Seja concreto em sua confissão. Dê o máximo de detalhes que puder. A cura acontece quando a ferida é exposta à atmosfera da graça.

Por que exatamente você precisa de perdão? Por ser uma pessoa má? Isso é muito amplo. Por perder a paciência na reunião de negócios e chamar seu colega de trabalho de puxa-saco? Na hora, você pode confessar isso. Como podemos ver, a confissão não é uma punição pelo pecado; é o isolamento do pecado, pois ele pode ser exposto e removido.

Seja firme na oração. Satanás trafica na culpa. Diga à culpa onde ela deve desaparecer. Declare em nome de Jesus. "Deixei-o aos pés da cruz, espírito imundo. Fique lá!"

E, pelo amor de Deus, pare de se atormentar. Jesus é forte o suficiente para levar o seu pecado. Ele não disse que levaria? Creia nele! Ele tem a palavra final.

Antes de dizer amém

21 de janeiro

Movido pela oração

*Esta é a confiança que temos ao nos aproximarmos de Deus: se pedirmos
alguma coisa de acordo com a vontade de Deus, ele nos ouvirá.*

1João 5:14

Vamos orar *primeiro*. Viajar para ajudar os famintos? Certifique-se de mergulhar sua missão em oração. Trabalhar para desatar os nós da injustiça? Ore. Cansado de um mundo de racismo e segregação? Deus também está. E ele adoraria falar com você a respeito.

Vamos orar *mais*. Deus nos chamou para pregar continuamente? Ou ensinar continuamente? Ou fazer reuniões de comitê continuamente? Ou cantar continuamente? Não. Foi para isto que nos chamou: "Orem continuamente" (1Tessalonicenses 5:17).

Jesus declarou que sua casa seria chamada de casa de estudo? De amigos? De música? Uma casa de exposição? Uma casa de atividades? Não. Ele disse: "A minha casa será chamada casa de oração" (Marcos 11:17).

Nenhuma outra atividade espiritual garantia tais resultados. "Todas as vezes que dois de vocês que estão na terra pedirem a mesma coisa em oração, isso será feito pelo meu Pai, que está no céu" (Mateus 18:19, NTLH).

Ele se comove pelo coração humilde e em oração.

Ele é movido pela oração.

Faça a vida valer a pena

22 de janeiro

Uma oração... por força

Não andem ansiosos por coisa alguma, mas em tudo, pela oração e súplicas, e com ação de graças, apresentem seus pedidos a Deus. E a paz de Deus, que excede todo o entendimento, guardará o coração e a mente de vocês em Cristo Jesus.

Filipenses 4:6-7

Querido Pai, tu és o Príncipe da Paz e o grande Eu Sou. Tu és o meu ajudador e o meu redentor.

Preciso da tua ajuda hoje. Sou fraco, frágil e estou cansado. Dá-me a força para atravessar este dia e o desejo de trabalhar como se eu estivesse fazendo tudo isso para a tua glória.

Ajuda aqueles que neste exato instante estão carregando fardos especialmente pesados. Eles precisam de teu poder e de tua paz, que estão além do nosso entendimento.

Sou grato por poder ir a ti e apresentar os meus pedidos a qualquer momento. Obrigado por me dares paz e descanso mesmo nas horas difíceis.

Em nome do Príncipe da Paz eu oro, amém.

Antes de dizer amém — Diário de oração

23 de janeiro

Mais valioso que ouro

Colocarei essa terça parte no fogo, e a refinarei como prata, e a
purificarei como ouro. Ela invocará o meu nome, e eu lhe responderei.
É o meu povo, direi; e ela dirá: "O SENHOR é o meu Deus."

Zacarias 13:9

Com um braço forte, o ferreiro de avental coloca as pinças no fogo, agarra o metal aquecido e coloca-o na bigorna. O olho afiado examina a peça brilhante. Ele vê o que a ferramenta é e prevê no que deseja torná-la. Com uma imagem clara na mente, ele começa a bater.

Na bigorna sólida, o ferro latente é remoldado.

O ferreiro sabe o tipo de instrumento que quer. Ele sabe o tamanho. A forma. A força.

Bam! Bam! Bate o martelo. A oficina é cercada pelo barulho, o ar se enche de fumaça, e o metal amolecido responde.

Mas a resposta não vem com facilidade. Ela não vem sem desconforto. Derreter o velho e reformulá-lo como novo é um processo problemático. No entanto, o metal permanece na bigorna, permitindo ao ferreiro remover as cicatrizes, consertar as rachaduras, encher os espaços vazios e limpar as impurezas.

E, com o tempo, ocorre uma alteração: o que era chato se torna afiado, o que era torto se torna reto, o que era fraco se torna forte, e o que era inútil torna-se valioso.

Moldado por Deus

24 de janeiro

Sua melhor arma

O Senhor faz justiça e defende a causa dos oprimidos.

Salmos 103:6

Satanás não tem recurso contra seu testemunho. Sua melhor arma contra seus ataques é uma boa memória.

> Não esqueça nenhuma de suas bênçãos!
> É ele que perdoa todos os seus pecados
> e cura todas as suas doenças,
> que resgata a sua vida da sepultura
> e o coroa de bondade e compaixão,
> que enche de bens a sua existência,
> de modo que a sua juventude se renova como a águia.
> O Senhor faz justiça e defende a causa dos oprimidos.

(Salmos 103:2-6)

Crie uma sala de troféus em seu coração. Toda vez que você experimentar uma vitória, coloque uma lembrança na estante. Antes de encarar um desafio, vá até a sala e reveja todas as conquistas de Deus. Olhe para todas as folhas de pagamento que ele providenciou, todas as bênçãos que ele lhe deu, todas as orações que ele respondeu. Imite o menino pastor Davi. Antes de lutar contra o gigante Golias, ele se lembrou de como Deus o ajudara a matar um leão e um urso (1Samuel 17:34-36). Ele encarou seu futuro relembrando o passado.

Encare seu futuro relembrando as vitórias passadas de Deus.

Dias de glória

25 de janeiro

Um plano para a Graça

O homem planeja o seu caminho, mas o SENHOR determina os seus passos.

Provérbios 16:9

Antes de conhecermos a história de Deus, fizemos uma bagunça por nós próprios. Mesmo depois, estamos propensos a exigir nosso próprio caminho, talhar nosso próprio caminho e ferir pessoas no processo. Será que Deus pode fazer o bem a partir de nosso mau?

Ele fez com Paulo.

"Eu me aproximava de Damasco... de repente uma forte luz vinda do céu brilhou ao meu redor. Caí por terra e ouvi uma voz que me dizia..." (Atos 22: 6,7).

"Vou lhe dar um gosto de seu próprio remédio."

"Volte ao pó, assassino de Cristo."

"Prepare-se para conhecer seu Criador!"

Será que Paulo esperava ouvir palavras como essas? De qualquer forma, ele não o fez. Mesmo antes de pedir misericórdia, a misericórdia lhe foi oferecida. Jesus lhe disse: "Eu lhe apareci para constituí-lo servo e testemunha... Eu o livrarei do seu próprio povo e dos gentios, aos quais eu o envio para abrir-lhes os olhos e convertê-los das trevas para a luz, e do poder de Satanás para Deus, a fim de que recebam o perdão dos pecados e herança entre os que são santificados pela fé em mim" (Atos 26: 16-18).

Jesus transformou Paulo, o legalista de carteirinha, em um campeão da misericórdia. Quem teria imaginado? No entanto, quem seria mais bem qualificado? Paulo poderia escrever cartas de graça ao molhar a caneta no tinteiro de seu próprio coração. Ele aprendeu sobre o amor quando Jesus fez-lhe uma visita pessoal na estrada para Damasco.

God's Story, Your Story [A história de Deus, a sua história]

26 de janeiro

Graça suficiente e sustentadora

Para impedir que eu me exaltasse por causa da grandeza dessas revelações, foi-me dado um espinho na carne, um mensageiro de Satanás, para me atormentar. Três vezes roguei ao Senhor que o tirasse de mim. Mas ele me disse: "Minha graça é suficiente para você, pois o meu poder se aperfeiçoa na fraqueza". Portanto, eu me gloriarei ainda mais alegremente em minhas fraquezas, para que o poder de Cristo repouse em mim.

2Coríntios 12:7-9

Um espinho na carne. Que imagem nítida. A ponta afiada de um espinho fura a pele macia da vida e aloja-se debaixo da superfície. Cada passo é um lembrete do espinho na carne.

O câncer no corpo.

A mágoa no coração.

A criança no centro de reabilitação.

A tinta vermelha no livro-razão.

O crime nos registros.

A ânsia por um uísque no meio do dia.

As lágrimas no meio da noite.

Um espinho na carne.

"Leve embora", você implora. Não uma vez, mas duas, ou até mesmo três vezes. Você supera as orações de Paulo. Ele orou uma corrida de curta distância; você orou a maratona. E você está prestes a alcançar a chegada no quilômetro trinta. A ferida irradia dor e você não vê sinal de pinças vindo do céu. Mas o que você ouve é: "Minha graça é suficiente para você."

A graça assume aqui uma dimensão extra. Paulo se refere à graça sustentadora. A graça salvadora nos salva de nossos pecados. A graça sustentadora nos satisfaz em nossa necessidade e nos equipa com coragem, sabedoria e força. A graça sustentadora não promete a ausência de luta, mas a presença de Deus.

E, de acordo com Paulo, Deus tem graça sustentadora *suficiente* para satisfazer todos os desafios de nossa vida. Suficiente. Temos medo do seu antônimo: *insuficiente*. Preenchemos cheques apenas para ver as palavras *"saldo insuficiente"*. Oferecemos orações somente para descobrir a força insuficiente? Nunca.

Graça

27 de janeiro

Desembainhe a promessa

Vocês mesmos viram tudo o que o SENHOR, o seu Deus, fez com todas essas nações por amor a vocês; foi o SENHOR, o seu Deus, que lutou por vocês.

Josué 23:3

Deus não quer apenas que você viva a vida da Terra Prometida, ele também luta para possibilitar isso. Esse foi o ponto principal do discurso de vitória de Josué (Josué 23—24).

Josué testemunhou cada momento significativo dos últimos cinquenta anos. O rio Jordão se abriu, e os muros de Jericó caíram. O sol parou, e os inimigos fugiram. Os hebreus se apoderaram de fazendas cujo solo não araram. Comeram de vinhas que não plantaram. E, em suas últimas palavras, Josué quer garantir que eles entenderam a mensagem: "foi o SENHOR, o seu Deus, que lutou por vocês" (v. 3).

Josué resumiu a vitória dizendo: "O SENHOR expulsou de diante de vocês nações grandes e poderosas; até hoje ninguém conseguiu resistir a vocês. Um só de vocês faz fugir mil, pois o SENHOR, o seu Deus, luta por vocês, conforme prometeu" (23:9-10).

Não é uma imagem maravilhosa? *Um só de vocês faz fugir mil.* Imagino um único soldado hebreu com a espada na mão correndo atrás de um batalhão inteiro de inimigos. É um contra mil, mas, já que Deus luta por ele, os inimigos fogem como pombos assustados.

Imagino você na mesma situação. Os amorreus da sua vida — medos, terror, ódio e mágoas — o atacam como uma legião de brutamontes. Mas, em vez de fugir, você os encara. Você desembainha a promessa da Palavra de Deus. Você não foi feito para tremer de medo. Você é uma expressão viva de Deus. E ele luta por você.

Dias de glória

28 de janeiro

Bondade incomparável de Deus

Provem, e vejam como o SENHOR é bom.
Como é feliz o homem que nele se refugia!

Salmos 34:8

O coração de Deus é imaculado. "Toda boa dádiva e todo dom perfeito vêm do alto, descendo do Pai das luzes, que não muda como sombras inconstantes" (Tiago 1:17). Ele não tem interesses próprios ou motivos egoístas. Ele ama com um amor benigno e perdoa com um perdão benéfico.

A bondade de Deus é o maior destaque na Bíblia. Acho que sei o porquê. Se Deus fosse somente poderoso, iríamos saudá-lo. Mas, já que ele é misericordioso e poderoso, podemos chegar perto dele. Não é de se admirar que o salmista convidou, "provem, e vejam como o SENHOR é bom" (Salmos 34:8). Um vislumbre da bondade do Senhor nos transforma.

A bondade incomparável de Deus reforça tudo o que podemos dizer a respeito da oração. Se ele é como nós, só um pouco mais forte do que nós, então por que oramos? Se ele fica cansado, então por que orar? Se ele tem limitações, perguntas e hesitações, então você pode também orar para o Mágico de Oz.

Entretanto, se Deus é, ao mesmo tempo, Pai e Criador, Santo — diferente de nós — e superior a nós, então estamos, seja qual for o lugar, apenas a distância de uma oração do socorro.

Antes de dizer amém

29 de janeiro

Uma oração... de ousadia

Portanto, visto que temos tal esperança, mostramos muita confiança.

2Coríntios 3:12

Deus, tu criaste tudo que existe, e continuas mantendo tudo que criastes com tua infinita sabedoria e com teu poder ilimitado. Mesmo assim tu me convidas a vir até ti em oração, com coragem e com a expectativa de que irás me ouvir e me responder. Ensina-me, Senhor, a aproveitar ao máximo esse privilégio maravilhoso, sobretudo em relação a alcançar as pessoas com o teu amor. Inclina-me na direção daqueles que ainda têm de experimentar a plenitude da tua graça, e me estimula a orar por eles e por seu bem-estar, tanto neste mundo quanto na eternidade. Senhor, traz-me para a linha de frente desta batalha. Em nome de Jesus eu oro, amém.

Faça a vida valer a pena

30 de janeiro

Encontre seu lote

Os teus olhos viram o meu embrião;
todos os dias determinados para mim
foram escritos no teu livro
antes de qualquer deles existir.

Salmos 139:16

A singularidade é uma mensagem importante que encontramos na Bíblia. E — e talvez isso o surpreenda — é uma mensagem importante no livro de Josué. Na verdade, poderíamos dizer que a maioria dos capítulos propaga uma ordem: conheça seu território e tome posse dele.

O primeiro objetivo de Josué era estabelecer Israel em Canaã conquistando terras, neutralizando os exércitos inimigos e eliminando centros importantes de comando. As listas de reis derrotados no capítulo 12 proclamam: a terra foi tomada. O restante do livro ordena: agora, tomem a terra. A cada tribo foi atribuído um território e/ou uma missão distinta.

A herança era para todos. Todos os hebreus eram bem-vindos em Canaã — os idosos, os jovens, os fracos, os fortes. A herança era universal.

Mas as missões e tarefas eram individuais. Elas são mencionadas em detalhe em Josué 13-21. Se você não conseguir dormir à noite, leia esses capítulos. O livro passa de um romance de ação para um inventário da terra. As páginas oferecem uma leitura entediante, a não ser, é claro, que você seja um dos herdeiros.

A grande mensagem era esta: ninguém recebe tudo. Mas todos recebem algo. Expulsem os inimigos restantes. Construam suas fazendas. Cultivem seus campos.

Encontre seu lote na vida e habite nele.

Dias de glória

31 de janeiro

Encontrando a vontade de Deus

*Não se amoldem ao padrão deste mundo, mas transformem-se pela
renovação da sua mente, para que sejam capazes de experimentar
e comprovar a boa, agradável e perfeita vontade de Deus.*

Romanos 12:2

Já teve problemas em determinar a vontade de Deus para seu futuro? Você não está sozinho. As perguntas são infinitas. Uma segue a outra. Cada nova responsabilidade traz novas decisões.

Como é que sabemos o que Deus quer?

Para conhecer a vontade de Deus, devemos nos render totalmente à vontade de Deus. Nossa tendência é tomar a decisão de Deus por ele.

Não vá a Deus com opções e espere que ele escolha uma de suas preferências. Vá até ele com as mãos vazias — sem planos escusos, sem dedos cruzados, sem nada atrás das costas. Vá até ele com uma vontade de fazer o que ele diz. Se vocês entregarem sua vontade, ele irá aperfeiçoá-los "em todo o bem para fazerem a vontade dele" (Hebreus 13:21).

É uma promessa.

Moldado por Deus

Fevereiro

1º de fevereiro

Um olhar honesto

Estava sendo levado para a porta do templo chamada Formosa um aleijado de nascença, que ali era colocado todos os dias para pedir esmolas aos que entravam no templo. Vendo que Pedro e João iam entrar no pátio do templo, pediu-lhes esmola. Pedro e João olharam bem para ele e, então, Pedro disse: "Olhe para nós!"

Atos 3:2-4

A mudança começa com um olhar honesto.

Há apenas dois anos ele era o bêbado da cidade. Bebeu até destruir seu primeiro casamento, e o segundo prometia acabar como o primeiro. Ele e a mulher estavam tão dominados pelo álcool que entregaram os filhos para os vizinhos e se resignaram à prisão do alcoolismo.

Mas então alguém os *viu*. Como Pedro e João viram o mendigo, os membros de uma igreja local deram uma boa olhada na situação deles. Começaram trazendo alimentos e roupas para o casal. Convidaram-nos a frequentar os cultos. Bzuneh não estava interessado. No entanto, sua mulher, Bililie, aceitou. Ela começou a ficar sóbria e a pensar na história de Cristo. Na promessa de uma vida nova. Na oferta de uma segunda chance. Ela acreditou.

Para Bzuneh esse processo não foi tão rápido. Ele continuou bebendo até que, certa noite, um ano depois, ele caiu e bateu o rosto, ganhando uma cicatriz que permanece até hoje. Os amigos o encontraram em uma sarjeta e o levaram para a mesma igreja, compartilhando o mesmo Jesus com ele. Desde então, Bzuneh não ingeriu uma gota de álcool.

Tudo começou com um olhar honesto e uma mão estendida. Seria essa a estratégia de Deus para o sofrimento humano? Primeiro, olhos bondosos encontram olhos desesperados. Em seguida, mãos fortes ajudam mãos fracas. Depois, o milagre de Deus. Fazemos a nossa pequena parte, ele faz a grande parte, e a vida na porta Formosa começa a ser justamente essa.

Faça a vida valer a pena

2 de fevereiro

O problema dos problemas pelos quais não se orou

Entregue suas preocupações ao SENHOR,
e ele o susterá;
jamais permitirá que o justo venha a cair.

Salmos 55:22

Leve os seus problemas para Jesus. Não os leve para o bar. O whisky não consegue resolvê-los. Não desconte seus problemas nos outros. As explosões de raiva nunca adiantam. No momento que perceber um problema, seja ele grande ou pequeno, leve-o para Jesus.

"Max, se eu levar meus problemas para Jesus todas as vezes, estarei conversando com ele o dia inteiro!" (Agora você está entendendo o xis da questão.)

Não andem ansiosos por coisa alguma, mas em tudo, pela oração e súplicas, e com ação de graças, apresentem seus pedidos a Deus. E a paz de Deus, que excede todo o entendimento, guardará o coração e a mente de vocês em Cristo Jesus (Filipenses 4:6,7).

Um problema que não foi abordado em oração é um espinho na carne. Ele inflama e infecciona — primeiro o dedo, depois a mão, e então o braço inteiro. Melhor ir direto para quem tem as pinças.

Deixe que Jesus cuide de você. Ele conhece os espinhos.

Antes de dizer amém

3 de fevereiro

Seu ajudante

O Senhor é a minha luz e a minha salvação;
de quem terei temor?
O Senhor é o meu forte refúgio;
de quem terei medo?

Salmos 27:1

"Estarei com você; nunca o deixarei, nunca o abandonarei" (Josué 1:5).

Essa foi a promessa de Deus para Josué. Deus dá a você a mesma promessa. Na verdade, o autor de Hebreus citou as palavras em sua epístola: "Deus mesmo disse: 'Nunca o deixarei, nunca o abandonarei.' Podemos, pois, dizer com confiança: 'O Senhor é o meu ajudador, não temerei. O que me podem fazer os homens?'" (Hebreus 13:5-6).

A última pergunta é perturbadora: "*O que me podem fazer os homens?*" Você conhece as respostas. "Mentir para mim." "Enganar-me." "Ferir-me." "Atormentar-me."

Mas a pergunta das Escrituras é diferente. Se o Senhor é seu ajudador, o que lhe podem fazer os homens?

A palavra grega para "ajudador" nessa passagem é *bothós*, que vem de *boē*, que significa um grito", e de *theō*, que significa "correr". Quando você precisa de ajuda, Deus vem correndo e gritando: "Estou indo!" Ele nunca o abandona. Nunca! Nunca descansa, nunca cochila, nunca sai de férias. Ele nunca sai do seu lado.

Já que Deus é forte, você também será forte. Já que ele é capaz, você também será capaz. Já que ele não tem limites, você também não terá limites. Você pode dizer com o apóstolo: "O Senhor é o meu ajudador, não temerei. O que me podem fazer os homens?" (v. 6).

Dias de glória

4 de fevereiro

Um Reino de um único Rei

Quando o Filho do homem vier...
assentar-se-á em seu trono na glória celestial.

Mateus 25:31

A vinda de Cristo será um dia normal. As pessoas vão beber café, suportar os engarrafamentos, rir de piadas e tomar nota das condições meteorológicas. Milhares de pessoas vão nascer; milhares vão morrer.

Sua vinda será inesperada. A maioria das pessoas vai permanecer alheia.

Seu grito vai chamar nossa atenção. "O próprio Senhor descerá do céu" (1Tessalonicenses 4:16).

O grito de Deus desencadeará "a voz do arcanjo e o ressoar da trombeta de Deus" (1Tessalonicenses 4:16). Ele enviará exércitos de anjos para sua maior missão: reunir os filhos de Deus em uma grande assembleia.

Se você está em Peoria ou no paraíso, se você é um seguidor de Jesus, pode contar com um acompanhante angelical na maior reunião da história. Tanto os salvos quanto os perdidos vão testemunhar a assembleia, pois "Todas as nações serão reunidas diante dele" (Mateus 25:32). Em algum ponto desse grande ajuntamento, nosso espírito será reunido ao corpo, e o céu será palco de uma reunião do espírito e da carne.

A essa altura, vamos ter visto e ouvido muito: o grito de Deus e o anjo, a trombeta, a ascensão dos corpos, e a grande reunião das nações. Mas cada imagem e som vai parecer uma memória distante em comparação com o que vai acontecer: "O Filho do homem... assentar-se-á em seu trono na glória celestial" (Mateus 25:31).

A criação de Deus voltará ao que era no início: um reino de um único rei e tudo ficará bem com nossas almas.

God's Story, Your Story [A história de Deus, a sua história]

5 de fevereiro

Uma oração... por sua história

*Criou Deus o homem à sua imagem, à imagem de
Deus o criou; homem e mulher os criou.*

Gênesis 1:27

Ó Senhor, Autor de minha vida, obrigado por me criares à tua imagem e começar minha história. Ajuda-me a escrevê-la com cuidado e tornar-me verdadeiramente como tu és. Vem, ó vem, Emanuel, e me ajuda a completar bem a minha história. Em nome de Jesus, amém.

Moldado por Deus

6 de fevereiro

Use seu eu

Não negligencie o dom que lhe foi dado por mensagem
profética com imposição de mãos dos presbíteros.

1Timóteo 4:14

Ninguém mais possui a sua "qualidade pessoal". Ninguém mais em toda a história possui a sua história singular. Ninguém mais no grande plano de Deus possui suas qualidades divinas. Ninguém mais compartilha da sua mistura única de personalidade, habilidade e ancestralidade. Quando Deus o fez, os anjos se maravilharam e declararam: "Jamais vimos alguém como essa pessoa." E jamais voltarão a ver outra igual.

Você é a primeira e última tentativa do céu de criá-lo. Você é sem igual, sem precedentes.

Consequentemente, é capaz de fazer algo que nenhuma outra pessoa pode fazer como você.

Use as palavras que quiser. Um talento. Um conjunto de habilidades. Um dom. Uma unção. Uma centelha divina. Os termos são diferentes, mas a verdade é a mesma: "A cada um, porém, é dada a manifestação do Espírito, visando ao bem comum" (1Coríntios 12:7).

A cada um — não a alguns, não a alguns poucos ou à elite.

Muitas pessoas recuam diante de seu destino. Elas se contentam com a história de outra pessoa. Elas se adaptam, se ajustam, se misturam. Mas nunca encontram sua vocação. Não cometa o mesmo erro.

Sua existência não se deve a um acaso. Suas habilidades não são aleatórias. Deus "modelou cada pessoa, uma por vez" (Salmos 33:15, *A Mensagem*).

Encontre o seu "eu" e use-o no Reino.

Dias de glória

7 de fevereiro

Seja tocado

João respondia: "Quem tem duas túnicas dê uma a quem não
tem nenhuma; e quem tem comida faça o mesmo".

Lucas 3:11

Não é fácil olhar o sofrimento humano no olho. Mas é algo fundamentalmente bom quando você tem tempo para ver uma pessoa.

Simão, o fariseu, uma vez desdenhou da bondade de Jesus para com uma mulher de caráter questionável. Então Jesus o testou: "Você está *vendo* esta mulher?" (Lucas 7:44, NTLH).

Simão não via. Ele via uma leviana, uma prostituta, uma vigarista. Não via a mulher.

O que nós vemos quando olhamos:

- as figuras debaixo do viaduto, em volta do fogo em uma lata de vinte litros?
- as notícias sobre crianças em campos de refugiados?
- os relatórios de 1,75 bilhão de pessoas que vivem com menos de U$ 1,25 por dia?

"Ao ver as multidões, [Jesus] teve compaixão delas, porque estavam aflitas e desamparadas, como ovelhas sem pastor" (Mateus 9:36).

A palavra *compaixão* é uma das mais curiosas nas Escrituras. O Dicionário Grego do Novo Testamento diz que essa palavra significa "comover-se até as entranhas [...] (pois se pensava que as entranhas eram o centro do amor e da piedade)". Compaixão, então, é um movimento interior profundo: um chute no estômago.

Talvez seja por isso que viramos as costas. Por que olhar o sofrimento de frente se não podemos fazer a diferença? No entanto, o que se pode ver é que estamos nos movendo para a compaixão? Mover-se não é somente ver, mas fazer.

Faça a vida valer a pena

8 de fevereiro

Um transplante de coração

Naquele dia compreenderão que estou em meu Pai, vocês em mim, e eu em vocês.

João 14:20

Quando a graça se manifesta, não recebemos um elogio de Deus, mas um novo coração. Dê seu coração a Cristo e ele retornará o favor. "Darei a vocês um coração novo e porei um espírito novo em vocês" (Ezequiel 36:26; veja também João 14:20; Romanos 8:10; Gálatas 2:20).

Você poderia chamar de transplante espiritual de coração.

Tara Storch entende esse milagre tanto quanto qualquer outra pessoa. Na primavera de 2010, um acidente de esqui tirou a vida de sua filha de treze anos, Taylor. O que se seguiu para Tara e o marido, Todd, foi o pior pesadelo para qualquer pai: um funeral, um enterro, uma enxurrada de perguntas e lágrimas. Decidiram doar os órgãos da filha. Poucas pessoas precisavam de um coração mais do que Patricia Winters. O coração dela começou a falhar cinco anos antes, deixando-a muito fraca para fazer algo além de dormir. O coração de Taylor deu a Patricia um novo começo de vida.

Tara tinha apenas uma exigência: ela queria ouvir o coração da filha. Todd e ela voaram de Dallas a Fênix e foram até à casa de Patricia para ouvir o coração de Taylor.

As duas mães se abraçaram por um longo tempo. Então, Patricia ofereceu a Tara e a Todd um estetoscópio.

Quando eles ouviram o ritmo saudável, que coração eles ouviram? Eles não ouviram o coração da própria filha ainda pulsante? Habitava em um corpo diferente, mas o coração era o da filha deles. E, quando Deus ouve seu coração, ele não ouve o coração do próprio Filho ainda pulsante?

Graça

9 de fevereiro

A graça invade

Vocês foram ensinados a despir-se do velho homem, que se corrompe
por desejos enganosos, a serem renovados no modo de pensar e a
revestir-se do novo homem, criado para ser semelhante a Deus
em justiça e em santidade provenientes da verdade.

Efésios 4:22-24

Há alguns anos, fui submetido a um procedimento cardíaco. Meus batimentos tinham a regularidade de um operador de telégrafo enviando um código Morse. Rápido, rápido, rápido. Leeeento. Depois de várias tentativas fracassadas de restaurar o ritmo saudável com medicamentos, meu médico decidiu que precisaria de uma ablação por cateter. O plano foi assim: um cardiologista inseriria dois cabos no meu coração. Um era a câmera; o outro uma ferramenta de ablação. Ablacionar é queimar. Sim, queimar, cauterizar, chamuscar. Se tudo acontecesse conforme o previsto, o médico, de acordo com as palavras dele, destruiria as partes do meu coração "que se comportam mal".

Enquanto eu era levado de maca para o centro cirúrgico, ele perguntou se eu tinha alguma dúvida. (Não foi a melhor escolha de palavras.) Tentei ser inteligente.

"Enquanto estiver ali, você poderia usar o maçarico na minha ganância, egoísmo, superioridade e culpa?"

Ele sorriu e respondeu: "Desculpe, isso está fora do meu nível salarial."

Realmente estava, mas da de Deus. Ele trabalha no ramo de mudança de corações.

Não seria correto pensar que essa mudança ocorre da noite para o dia. Mas também não seria correto achar que a mudança nunca ocorre. Pode vir espasmodicamente — um "ahá" aqui, uma reviravolta ali. Mas ela vem. "Porque a graça de Deus se manifestou salvadora a todos os homens" (Tito 2:11). As comportas estão abertas e a água está fluindo. Você nunca sabe quando a graça vai se manifestar.

Graça

10 de fevereiro

Tudo virá e passará

Assim o SENHOR *deu aos israelitas toda a terra que tinha prometido sob juramento aos seus antepassados, e eles tomaram posse dela e se estabeleceram ali.O* SENHOR *lhes concedeu descanso de todos os lados, como tinha jurado aos seus antepassados. Nenhum dos seus inimigos pôde resistir-lhes, pois o* SENHOR *entregou todos eles em suas mãos. De todas as boas promessas do* SENHOR *à nação de Israel, nenhuma delas falhou; todas se cumpriram.*

Josué 21:43-45

Sete nações conquistadas. Pelo menos 31 reis derrotados. Aproximadamente 25 mil quilômetros quadrados de território ocupados.

O povo Hebreu era intocável.

Isso nem sempre fora assim. A Bíblia não embeleza os altos e baixos da história do povo eleito de Deus. Abraão tinha esposas demais. Jacó contou mentiras demais. Esaú vendeu seu direito de primogênito. Os irmãos de José o venderam. Aos quatro séculos de escravidão no Egito seguiram-se quatro décadas de caminhada pelo deserto. Mais tarde, vieram ainda sete décadas de cativeiro na Babilônia.

Na sala de aula das sociedades antigas, Israel era o garoto com o olho roxo, surrado e excluído.

Mas não nesse período de sete anos — os dias de glória de Israel. O rio Jordão se abriu. Os muros de Jericó caíram. O sol ficou parado no céu e os reis de Canaã foram obrigados a se aposentar antecipadamente. O mal foi expulso; e a esperança, reavivada.

Que declarações maravilhosas! "O SENHOR deu [...] toda a terra." "O SENHOR lhes concedeu descanso." "Nenhum dos seus inimigos pôde resisti-los." "Todas se cumpriram." A primavera espantou o frio do inverno, e uma nova estação se iniciou.

Quando você está vagando pelo deserto gélido, lembre-se de que a primavera está chegando. A nova estação está para nascer.

Dias de glória

11 de fevereiro

Nosso redentor

Certo dia, Noemi, sua sogra [de Rute], lhe disse: "Minha filha, tenho que procurar um lar seguro, para a sua felicidade. Lave-se, perfume-se, vista sua melhor roupa e desça para a eira. Mas não deixe que ele perceba você até que tenha comido e bebido. Quando ele for dormir, note bem o lugar em que ele se deitar. Então vá, descubra os pés dele e deite-se. Ele lhe dirá o que fazer".

Rute 3:1,3-4

"Descubra os pés dele e deite-se." O que Noemi estava pensando?

Noemi também estava pensando sobre a "lei do remidor". Se um homem morria sem filhos, a propriedade dele era transferida não para a esposa, mas para o irmão dele. Se o marido falecido não tivesse irmãos, o parente homem mais próximo cuidaria da viúva.

Mas *aquela* foi uma estratégia audaciosa. Boaz não tinha obrigação de casar--se com ela. Ele era parente, mas não irmão do marido de Rute. Além disso, ela era uma estrangeira; ele era um proeminente proprietário de terras. Ela era uma estrangeira desfavorecida; ele era um comerciante local poderoso. Ela, uma desconhecida; ele, bem conhecido.

"Você nos resgatará?" ela perguntou, e Boaz sorriu.

Agora você já percebeu que a história de Rute é a nossa história. Nós também somos pobres — espiritualmente, certamente; financeiramente, talvez. Usamos roupas de morte. Ela enterrou o marido; nós enterramos nossos sonhos, desejos e aspirações. Como a mãe com lúpus ou o empresário na fila do desemprego, estamos sem opções. Mas nosso Boaz já nos percebeu. Da mesma maneira que o proprietário de terras aproximou-se de Rute, Cristo veio até nós "quando ainda éramos pecadores" (Romanos 5:28). Ele fez o primeiro movimento.

"Você nos resgatará?", perguntamos a ele. E a Graça sorriu.

Graça

12 de fevereiro

Uma oração...
para guiar você

E não nos deixes cair em tentação.

Lucas 11:4

Querido Senhor, ajuda-me a ver tua mão nas curvas e nos momentos descon-certantes da vida. Fala comigo para que eu entenda teu caminho quando eu me encontrar preso em um lugar difícil. Ilumina-me para que eu possa seguir-te. Em nome de Jesus, amém.

Moldado por Deus

13 de fevereiro

Tudo de que você precisa

Sempre tenho o Senhor diante de mim.
Com ele à minha direita, não serei abalado.

Salmos 16:8

Você está totalmente equipado! Precisa de mais energia? Aí está. Mais amabilidade? É sua. Precisa de mais autocontrole, autodisciplina ou autoconfiança? Deus os aperfeiçoa "em todo o bem para fazerem a vontade dele" (Hebreus 13:21). Basta pisar no acelerador. "Seu divino poder nos deu tudo de que necessitamos para a vida e para a piedade" (2Pedro 1:3).

Os dias de glória começam com uma mudança de paradigma.

Como Josué e os Israelitas marchando para Canaã, você não luta *pela* vitória. Você luta *com* a vitória. No deserto, você se esforça. Em Canaã, você confia. No deserto, você pede a atenção de Deus. Em Canaã, você já tem o favor de Deus. No deserto, você duvida de sua salvação. Em Canaã, você sabe que está salvo. Você passa de "querer ter" para "crer que já tem".

Dias de glória

14 de fevereiro

Nunca andamos sozinhos

E eu estarei sempre com vocês, até o fim dos tempos

Mateus 28:20

Jesus amava as pessoas. Ele não se importava com classe social ou nacionalidade, pecados passados ou realizações presentes. Os mais necessitados e solitários encontraram um amigo em Jesus:

- uma mulher malvestida por causa do caso da noite anterior. Cristo tornou-se seu amigo e a defendeu (João 8:3-11).
- um coletor de impostos sem escrúpulos ficou sem amigos por causa de suas trapaças. Cristo tornou-se seu mentor (Lucas 19:2-10).
- uma mulher que se divorciou várias vezes e foi tirar água do poço no calor do dia para evitar os olhares dos aldeões. Jesus deu-lhe atenção (João 4:5-6).

Será que uma fraude poderia amar dessa maneira? Se sua intenção era enganar as pessoas em troca de dinheiro ou louvor, ele fez um péssimo trabalho, pois morreu falido e praticamente abandonado.

E se Pedro estivesse certo? "Tu és o Cristo" (Marcos 8:29).

E se Jesus realmente fosse, e é, o Filho de Deus? Se assim for, podemos apreciar esta verdade maravilhosa: nós nunca andamos sozinhos. É verdade, não podemos ver o caminho. Não sabemos o que o futuro nos reserva. Mas, não, não estamos sozinhos.

God's Story, Your Story [A história de Deus, a sua história]

15 de fevereiro

Negligenciar ou resgatar?

Pois ele nos resgatou do domínio das trevas e nos transportou para o Reino do seu Filho amado, em quem temos a redenção, a saber, o perdão dos pecados.

Colossenses 1:13-14

Deus nos chama para mudar a maneira como olhamos para as pessoas. Não para vê-las como judeus ou gentios, afiliados ou intrusos, liberais ou conservadores. Não para rotulá-las. Rotular é acusar. "De modo que, de agora em diante, a ninguém mais consideramos do ponto de vista humano" (2 Coríntios 5:16).

Vamos ver as pessoas de forma diferente; vamos vê-las como vemos a nós mesmos. Maculados, talvez. Inacabados, com certeza. No entanto, uma vez resgatados e restaurados, podemos espalhar luz, como os dois vitrais do meu escritório.

Meu irmão os encontrou em um depósito de ferro-velho. Alguma igreja os jogara fora. Dee, um carpinteiro jeitoso, os recuperou. Pintou a madeira lascada e consertou a estrutura desgastada. Depois, selou umas rachaduras no vidro colorido. As janelas não estão perfeitas. Mas, colocadas onde bate sol, inundam a sala de luz multicolorida.

Vivemos encontrando pessoas descartadas, jogadas fora. Às vezes, jogadas fora por uma igreja. E temos que escolher. Negligenciá-las ou resgatá-las? Rotulá-las ou amá-las? Conhecemos a escolha de Jesus. Basta olhar para o que ele fez conosco.

Faça a vida valer a pena

16 de fevereiro

Onde você está vazio?

Depois de jejuar quarenta dias e quarenta noites, teve fome. O tentador aproximou-se dele e disse: "Se você é o Filho de Deus, mande que estas pedras se transformem em pães."

Mateus 4:2-3

Deus ama você demais para deixá-lo subdesenvolvido e imaturo. "Deus nos disciplina para o nosso bem, para que participemos da sua santidade. Nenhuma disciplina parece ser motivo de alegria no momento, mas sim de tristeza. Mais tarde, porém, produz fruto de justiça e paz para aqueles que por ela foram exercitados" (Hebreus 12:10-11). Espere ser testado pelo diabo.

E preste atenção a seus truques. Você pode saber o que esperar, "pois não ignoramos as suas intenções (2Coríntios 2:11).

Quando o General George Patton contra-atacou o Marechal Rommel na Segunda Guerra Mundial, há relatos de que Patton gritou no meio da batalha: "Eu li seu livro, Rommel! Eu li seu livro!" Patton tinha estudado *A infantaria ataca*, de Rommel. Ele conhecia a estratégia do líder alemão e planejou seus próprios movimentos em conformidade com eles.[6] Podemos fazer o mesmo quanto ao diabo.

Sabemos que Satanás atacará os *pontos fracos primeiro*. Quarenta dias de jejum deixou Jesus faminto, então Satanás começou com o tópico do pão. O estômago de Jesus estava vazio, então Satanás se voltou para o estômago.

Onde você está vazio? Está com fome de atenção, sucesso, intimidade? Esteja ciente de suas fraquezas. Traga-as a Deus antes que Satanás traga-as para você.

God's Story, Your Story [A história de Deus, a sua história]

17 de fevereiro

Deus é fiel

Querendo mostrar de forma bem clara a natureza imutável do seu propósito para com os herdeiros da promessa, Deus o confirmou com juramento, para que, por meio de duas coisas imutáveis nas quais é impossível que Deus minta, sejamos firmemente encorajados, nós, que nos refugiamos nele para tomar posse da esperança a nós proposta. Temos esta esperança como âncora da alma, firme e segura, a qual adentra o santuário interior, por trás do véu, onde Jesus, que nos precedeu, entrou em nosso lugar, tornando-se sumo sacerdote para sempre, segundo a ordem de Melquisedeque.

Hebreus 6:17-20

Nosso Deus é um Deus que cumpre suas promessas. Outros podem prometer algo e esquecer. Mas quando Deus faz uma promessa, ele a cumpre: "Aquele que prometeu é fiel" (Hebreus 10:23).

Isso importa? A integridade de Deus faz alguma diferença? Sua fidelidade entra em jogo? Quando sua filha está na UTI, ligada a aparelhos, a resposta é sim. Quando você sobe e desce pelo corredor da UTI, a resposta é sim.

Quando você se pergunta como reagir ao pior pesadelo de um pai, você precisa escolher. Fé ou medo, propósito de Deus ou acaso da história, um Deus que sabe e se importa ou um Deus ausente? Todos nós escolhemos.

Escolha confiar nas promessas de Deus. Escolha acreditar que Ele está lá para algo bom, mesmo que tudo pareça ruim. Escolha acreditar, porque Deus é fiel.

Dias de glória

18 de fevereiro

Em nome de Jesus

Assim foram alguns de vocês. Mas vocês foram lavados, foram santificados, foram justificados no nome do Senhor Jesus Cristo e no Espírito de nosso Deus.

1Coríntios 6:11

A frase "em nome de Jesus" não é um lema vão ou um talismã. É uma declaração de confiança: não, câncer, você não está no controle, Jesus está. A economia não está no controle, Jesus está. O vizinho mal-humorado não governa o mundo; Jesus, tu o governas! Tu, Jesus, és o treinador, o diretor-executivo, o presidente, o rei, o governador supremo, o monarca absoluto, o barão santo, o czar, o soberano e o rajá de toda a história.

Apenas pronuncie o nome Jesus...

Ore! Uma vez que Deus opera, a oração funciona. Uma vez que Deus é bom, a oração é boa. Uma vez que você é importante para Deus, suas orações são importantes no céu. Você jamais está sem esperança, porque jamais está sem oração. E quando não conseguir encontrar palavras certas para dizer, tire estas do seu bolso:

Pai,
Tu és bom.
Preciso de ajuda. Cura-me e perdoa-me.
Eles precisam de ajuda.
Obrigado.
Em nome de Jesus, amém.

Antes de dizer amém

19 de fevereiro

Uma oração...
para ver

Mais uma vez, Jesus colocou as mãos sobre os olhos do homem. Então seus olhos foram abertos, e sua vista lhe foi restaurada, e ele via tudo claramente.

Marcos 8:25

Meu Senhor e Salvador, aqui estou. Somente eu. Ajuda-me a ver-te, a verdadeiramente ver-te, inclusive teus olhos, e a ouvir tua voz falando palavras de paz. Acende um novo fogo em meu coração. Em nome de Jesus. Amém.

No monte Calvário

20 de fevereiro

Creia que ele irá!

*Todos nós, que com a face descoberta contemplamos a glória do
Senhor, segundo a sua imagem estamos sendo transformados com
glória cada vez maior, a qual vem do Senhor, que é o Espírito.*

2Coríntios 3:18

Você quer que sua vida seja significativa. Você quer viver de uma maneira tal que o mundo ficará feliz por você ter existido.

Mas como você pode fazer isso? Como eu posso?

Tenho cento e vinte respostas para essa pergunta. Cento e vinte habitantes da antiga Israel. Eles foram os membros fundadores da igreja de Jerusalém (Atos 1:15). Pescadores, alguns. Representantes do fisco, outros. Uma ex-prostituta e um revolucionário convertido, ou dois. Não tinham influência com César, nem amigos na cúpula do templo. Verdade seja dita, não tinham nada mais do que isto: um desejo tremendo de mudar o mundo.

Graças a Lucas é que sabemos como eles se saíram. Lucas registrou as histórias no livro de Atos. Vamos ouvi-lo. Está certo: *ouvir* o livro de Atos, que crepita com os sons da obra de Deus se expandindo. Pressione a orelha contra as páginas e ouça Deus insistindo nos cantos e nas frestas do mundo.

Ouça os sermões ecoando fora dos muros do templo. As águas batismais respingando, as almas recém-salvas rindo. Ouça a colher raspando a tigela enquanto outra boca faminta é alimentada. Ouça as portas se abrindo e os muros desmoronando. Portas em palácios, prisões e nas cortes romanas. E muros. A divisão fincada e encravada entre judeus e gentios: quebrada! As separações que mantinham isolados os homens das mulheres, os donos de terra dos miseráveis, os senhores dos escravos, os africanos negros dos judeus mediterrâneos: Deus demoliu tudo isso.

Atos anuncia: "Deus está em ação!"

"Ainda está?", nos perguntamos. *"Deus faria conosco o que fez com seus primeiros seguidores?"*

Pode apostar seu doce setembro, ele vai!

Faça a vida valer a pena

21 de fevereiro

Confie o problema a Jesus

Busquei o SENHOR, e ele me respondeu;
livrou-me de todos os meus temores.

Salmos 34:4

A vida é um presente, embora ele venha desmontado. Ele vem em pedaços e, às vezes, se despedaça. A peça A nem sempre se encaixa com a peça B. Inevitavelmente, parece que algo está faltando. Os pedaços da vida não se encaixam. Quando isso acontecer, leve o seu problema para Jesus.

Maria, a mãe de Jesus, levou o dela. "No terceiro dia houve um casamento em Caná da Galileia. A mãe de Jesus estava ali; Jesus e seus discípulos também haviam sido convidados para o casamento" (João 2:1-2).

Enquanto estavam lá, a festa do casamento "ficou sem vinho" (v.3).

Então, "a mãe de Jesus lhe disse: 'Eles não têm mais vinho'" (v.3).

A princípio, Jesus não tinha a intenção de salvar o banquete de casamento. Essa não era a forma ou o lugar em que ele tinha planejado revelar seu poder. Mas então Maria entrou na história — Maria, alguém que ele amava — com uma necessidade genuína.

Ela identificou o problema, trouxe-o para Jesus, e o deixou com ele. Ela confiava nele totalmente. Ela disse aos serviçais: "O que ele disser, está tudo bem para mim."

Em minha mente, vejo Jesus sorrindo. Ouço-o rir. Ele eleva os olhos ao céu por um instante e então olha para um amontoado de seis cântaros ao lado.

Sob a ordem de Jesus, a água transformou-se em vinho de boa qualidade em abundância. O mestre do banquete provou o vinho, lambeu os lábios e disse: "Isso é coisa boa!" Problema apresentado. Oração atendida. Crise evitada. Tudo porque Maria confiou o problema a Jesus.

Antes de dizer amém

22 de fevereiro

Aquele tipo de fé

Ora, a fé é a certeza daquilo que esperamos e a prova das coisas que não vemos. Pois foi por meio dela que os antigos receberam bom testemunho.

Hebreus 11:1

Você terá que procurar muito para encontrar um homem tão bom quanto Wes Bishop. Ele sorria muito, seu aperto de mão era caloroso e tinha uma queda por sorvete. Ele era uma rocha na pequena cidade de Sweetwater, no Texas. Ele criou três maravilhosos filhos, um dos quais se casou com minha filha Jenna. Wes nunca faltou ao trabalho, até recentemente, quando diagnosticaram um câncer cerebral.

Pedimos a Deus que o removesse. Durante algum tempo, parecia que Deus havia respondido nossas orações. Mas então os sintomas voltaram com força. Dentro de poucas semanas, Wes ficou imobilizado em casa, recebendo cuidados paliativos.

Os filhos se revezavam fazendo vigília para que sua mãe pudesse descansar. Colocaram uma babá eletrônica ao lado da cama de Wes. Apesar de não ter falado uma palavra sequer nos últimos dias, eles queriam ouvi-lo caso os chamasse.

Certa noite, ele os chamou. Mas não chamou pedindo ajuda. Chamou Cristo. Por volta de uma da manhã, o caçula ouviu a voz forte do pai pelo alto-falante: "Jesus, quero agradecer-te pela minha vida. Tu tens sido bom comigo. E quero que saibas que, quando estiveres pronto para levar-me, estarei pronto para ir." Estas foram as últimas palavras que Wes disse. Dentro de poucos dias, Jesus o levou para casa.

Quero esse tipo de fé. Você não? Uma fé que se volta para Deus nas horas mais escuras, que louva a Deus com o corpo mais fraco. O tipo de fé que confia nas promessas de Deus.

Dias de glória

23 de fevereiro

Tome essa, Satanás

*Assim sendo, aproximemo-nos do trono da graça com toda a
confiança, a fim de recebermos misericórdia e encontrarmos
graça que nos ajude no momento da necessidade.*

Hebreus 4:16

Satanás quer tomar o lugar de Deus, mas Deus não vai ceder. Satanás cobiça o trono do céu, mas Deus vai não sair. Satanás quer conquistar você para o seu lado, mas Deus nunca vai deixar você ir.

Você tem sua palavra. Mais que isso, você tem a ajuda de Deus.

Você não tem de enfrentar Satanás sozinho. Você conhece seus artifícios. Ele vai atacar seus pontos fracos primeiro. Ele vai dizer-lhe para atender às suas próprias necessidades. Quando você questionar sua identidade como filho de Deus, isso é Satanás falando.

Mais que isso, agora você sabe o que fazer.

Ore. Não podemos enfrentar Satanás sozinhos. Ele é um leão que ruge, um anjo caído, um lutador experiente e um soldado equipado. Ele está furioso — porque sabe que seu tempo é curto (Apocalipse 12:12) e que a vitória de Deus é certa. Mas há uma notícia maravilhosa para os cristãos: Cristo reina como nosso protetor e provedor. Somos mais do que vencedores por meio dele (Romanos 8:37).

Arme-se com a Palavra de Deus. Carregue sua arma com as Escrituras e mantenha o dedo no gatilho. E lembre-se: "Nossa luta não é contra pessoas, mas contra os poderes e autoridades, contra os dominadores deste mundo de trevas, contra as forças espirituais do mal nas regiões celestiais" (Efésios 6:12).

Se eu fosse o diabo, eu não iria querer que você soubesse disso. Mas não sou o diabo, então que bom para você. E tome essa, Satanás.

God's Story, Your Story [A história de Deus, a sua história]

24 de fevereiro

O que acabou de acontecer?

Mas, graças a Deus, porque, embora vocês tenham sido escravos do pecado, passaram a obedecer de coração à forma de ensino que lhes foi transmitida. Vocês foram libertados do pecado e tornaram-se escravos da justiça.

Romanos 6:17-18

Todos os navios que aportam na praia da graça levantam âncora do porto do pecado. Devemos começar por onde Deus começa. Não apreciamos o que a graça faz até que compreendemos quem somos. Somos rebeldes. Somos Barrabás. Como ele, merecemos morrer. Somos cercados pelas quatro paredes da prisão, engrossadas por medo, dor e ódio. Estamos encarcerados pelo passado, pelas escolhas dos caminhos mais difíceis e pelo orgulho. Fomos julgados culpados.

Sentamos no chão da cela empoeirada, esperando pelo momento final. Os passos do nosso carrasco ecoam contra as paredes de pedra. Cabeça entre os joelhos, não olhamos para cima quando ele abre a porta; não levantamos nossos olhos quando ele começa a falar. Sabemos o que ele vai dizer. "Hora de pagar pelos seus pecados." Mas ouvimos algo mais.

"Você está livre. Pegaram Jesus no seu lugar."

A porta se abre, os guardas gritam: "Saia", e nos encontramos à luz do sol da manhã, sem algemas, crimes perdoados, nos perguntando: "O que acabou de acontecer?"

A graça se manifestou.

Graça

25 de fevereiro

Trovões e relâmpagos

E da mão do anjo subiu diante de Deus a fumaça do incenso com as orações dos santos. Então o anjo pegou o incensário, encheu-o com fogo do altar e lançou-o sobre a terra; e houve trovões, vozes, relâmpagos e um terremoto.

Apocalipse 8:4-5

Já imaginou o que orações parecem? E se você pudesse realmente ver as orações que você faz? As orações sendo feitas por você? O apóstolo João se lembrou de algo parecido. Em sua visão do céu, João via as orações dos justos subindo como o incenso na presença de Deus. Então o anjo pegou o incensário, "[...] encheu-o com fogo do altar e lançou-o sobre a terra; e houve trovões, vozes, relâmpagos e um terremoto" (Apocalipse 8:5).

Eis o poder da oração. Você pede ajuda a Deus, e *bam!* O fogo cai sobre a terra. Você eleva suas preocupações ao céu, e o terremoto acontece! "E houve trovões, vozes, relâmpagos e um terremoto."

Siga em frente. Bata na porta à meia-noite. Levante-se em nome daqueles que você ama. E, sim, levante-se em nome daqueles que você não ama. "Orem por aqueles que os perseguem" (Mateus 5:44). A forma mais rápida de apagar o fogo da ira é com um balde de oração. Em vez de reclamar, esbravejar ou vingar--se, ore. Jesus fez isso. Enquanto estava pendurado na cruz, ele intercedeu pelos inimigos: "Pai, perdoa-lhes, pois não sabem o que estão fazendo" (Lucas 23:34). Jesus, até mesmo Jesus, deixou seus inimigos nas mãos de Deus.

Não devemos fazer o mesmo? Ore por este mundo ferido. Ore e depois espere a terra tremer .

Antes de dizer amém

26 de fevereiro

Uma oração...
para agradecer Jesus

*Por isso, temos o propósito de lhe agradar, quer
estejamos no corpo, quer o deixemos.*

2Coríntios 5:9

Gracioso Pai, dá-me a compreensão do que significa realmente ter um relacionamento com teu Filho. Ajuda-me a ficar tão próximo de Jesus que eu possa ver tua face, mesmo quando eu falhar. Sintoniza meu coração com o que traz alegria, ainda que na dor. Em nome de Jesus. Amém.

No monte Calvário

27 de fevereiro

Coerdeiros com Cristo

O próprio Espírito testemunha ao nosso espírito que somos filhos de Deus. Se somos filhos, então somos herdeiros; herdeiros de Deus e coerdeiros com Cristo, se de fato participamos dos seus sofrimentos, para que também participemos da sua glória.

Romanos 8:16-17

Se somos coerdeiros com Cristo, por que tropeçamos tanto pela vida? Nossa herança é paz perfeita, no entanto, o que sentimos é uma bagunça perfeita. Temos acesso ao nível de alegria de Jesus, mas andamos pela vida como jumentos apáticos. Deus promete suprir todas as necessidades, mesmo assim nós nos preocupamos e nos angustiamos. Por quê?

Não sabemos da nossa herança. Ninguém nos falou da "incomparável grandeza do seu poder para conosco, os que cremos" (Efésios 1:19). Ninguém jamais nos disse que lutamos *com* a vitória, não *pela* vitória. Ninguém jamais nos disse que a terra já foi conquistada. Alguns cristãos nunca chegam a usufruir de sua herança, porque não sabem que têm uma.

Mas agora você sabe. Agora você sabe que foi criado para mais do que o deserto. Deus o salvou do Egito para que ele pudesse abençoá-lo na Terra Prometida. Moisés teve que lembrar seu povo de que "[Deus] nos tirou de lá para nos trazer para cá [para Canaã]" (Deuteronômio 6:23). Existe uma razão também para a nossa redenção. Deus nos libertou para nos levar para algum lugar. Ele nos fez livres para nos levantar.

O presente foi entregue. Você está disposto a acreditar nisso?

Dias de glória

28 de fevereiro

Deus consegue

*Este é o Deus
cujo caminho é perfeito;
a palavra do SENHOR
é comprovadamente genuína.
Ele é escudo
para todos os que nele se refugiam.*

2Samuel 22:31

Uma das razões pelas quais desperdiçamos tempo nos preocupando e nos desgastando é porque nós realmente não sabemos sobre a herança de Cristo. No entanto, outra razão para os nossos caminhos preocupantes é a seguinte:

Não acreditamos em nossa herança. Esse foi o problema dos ancestrais de Josué. Eles não acreditavam realmente que Deus lhes daria a terra. Os dias de glória dos hebreus poderiam ter começado quatro décadas antes, fato ao qual Deus aludiu em sua promessa a Josué: "Como prometi a Moisés, todo lugar onde puserem os pés eu darei a vocês" (Josué 1:3). O lembrete? *Fiz essa mesma oferta ao povo nos dias de Moisés, mas eles não a aceitaram. Optaram pelo deserto. Não cometa o mesmo erro.*

Josué não cometeu o mesmo erro. Cabe a ele o mérito de ter confiado na palavra de Deus e de ter iniciado a tarefa de herdar a terra.

Faça o mesmo. Receba a sua terra. Você tem a garantia da presença de Deus. Não avalie sua vida segundo suas próprias habilidades; avalie-a segundo as habilidades de Deus. Se você não consegue perdoar, Deus consegue. E, já que ele consegue, você também consegue. Você não consegue romper um hábito, mas Deus consegue. E, já que ele consegue, você também consegue. Você não consegue controlar sua língua, sua raiva ou seus desejos sexuais, mas Deus consegue. E, já que você tem acesso a cada bênção celestial, você encontrará a força necessária em seu devido tempo.

Permaneça em Deus e em sua Palavra e comece a viver sua Terra Prometida.

Dias de glória

Março

1º de março

"Oh, Papai"

Responde-me quando clamo,
ó Deus que me fazes justiça!
Dá-me alívio da minha angústia;
tem misericórdia de mim
e ouve a minha oração.

Salmos 4:1

Quando minha filha mais velha tinha treze anos, ela cometeu uma gafe enquanto tocava piano em um recital. Jenna tornou-se uma excelente pianista e uma cantora maravilhosa. Mas todos têm um dia ruim. Ela só teve o dela na frente de um auditório lotado de, familiares, amigos e espectadores.

A apresentação começou bem. Mas, no meio da apresentação, seu trem musical saiu dos trilhos.

Ainda consigo vê-la olhando para frente, os dedos travados como se tivessem sido grudados com uma supercola. Ela recuou e tentou de novo. Sem sucesso. Ela não conseguia lembrar a próxima parte de jeito nenhum. O silêncio no auditório somente foi interrompido pelas batidas do coração de seus pais.

Por fim, ela lembrou. O bloqueio mental de Jenna desfez-se, e ela completou o recital. Mas o estrago tinha sido feito. Ela levantou-se do banco com o queixo tremendo e fez uma reverência. A plateia aplaudiu de maneira compassiva. Ela saiu correndo do palco. Denalyn e eu saímos depressa dos nossos assentos e fomos ao encontro dela na lateral do auditório. Ela jogou os braços sobre mim e enfiou o rosto em minha camisa.

"Oh, papai"

A oração começa aqui. Ela começa com um sincero e honesto "Oh, papai".

Antes de dizer amém

2 de março

Encare os fracassos com fé

Pois todos pecaram e estão destituídos da glória de Deus, sendo justificados gratuitamente por sua graça, por meio da redenção que há em Cristo Jesus.

Romanos 3:23-24

Um tropeço não define ou quebra uma pessoa. Você pode ter falhado, mas o amor de Deus não falha. Encare seus fracassos com fé na bondade de Deus. Ele sabia que o colapso aconteceria. Quando você ainda estava no lado leste do rio Jordão, Deus já previu o fracasso de Ai.

Mesmo assim, ele lhe diz o que disse também a Josué: "Preparem-se para [...] entrar na terra que eu estou para dar" (Josué 1:2). Não há qualquer condição imposta à aliança. Não há letras miúdas. A oferta da Terra Prometida de Deus não depende da nossa perfeição. Depende da perfeição dele.

Nas mãos de Deus, nenhuma derrota é uma derrota definitiva. "O Senhor firma os passos de um homem, quando a conduta deste o agrada; ainda que tropece, não cairá, pois o Senhor o toma pela mão" (Salmos 37:23-24).

Encare seus fracassos. Coloque sua fé naquele que sempre é fiel.

Dias de glória

3 de março

Deus se mantém firme em você

Graças ao grande amor do SENHOR é que não somos
consumidos, pois as suas misericórdias são inesgotáveis

Lamentações 3:22

A salvação esporádica nunca aparece na Bíblia. A salvação não é um fenômeno repetido. A Escritura não contém nenhum exemplo de uma pessoa que tenha sido salva, depois perdida, em seguida salva de novo e, então, perdida outra vez.

Onde não há segurança de salvação, não há paz. Nenhuma paz significa nenhuma alegria. Não há alegria em uma vida baseada no medo. É essa a vida que Deus cria? Não. A graça cria uma alma confiante que declara: "Sei em quem tenho crido e estou bem certo de que ele é poderoso para guardar o meu depósito até aquele dia" (2Timóteo 1:12).

De tudo o que não sabemos na vida, sabemos isto: nós temos o cartão de embarque. "Escrevi-lhes estas coisas, a vocês que creem no nome do Filho de Deus, para que vocês saibam que têm a vida eterna" (1João 5:13). Confie que Deus se mantém mais firme em você do que você se mantém firme em Deus. A fidelidade dele não depende da sua. O desempenho dele não está fundamentado no seu. O amor dele não é dependente do seu. A chama de sua vela pode treme-luzir, mas não se apagará.

O amor de Deus por você não tem — nunca terá — fim.

Graça

4 de março

Permaneça na presença dele

Permaneçam em mim, e eu permanecerei em vocês. Nenhum ramo
pode dar fruto por si mesmo, se não permanecer na videira. Vocês
também não podem dar fruto, se não permanecerem em mim.

João 15:4

Você poderia empregar uma ousadia de alta octanagem? Se quiser que a sua vida valha a pena, poderá. Enquanto você estiver parado, ninguém vai reclamar. Os cães não latem para carros estacionados. Mas assim que você acelerar — assim que passar da embriaguez para a sobriedade, da desonestidade para a integridade ou da letargia para a compaixão — espere a gritaria começar. Espere ser criticado. Espere ser alvo de escárnio. Espere ser perseguido.

Então, como podemos nos preparar? Simples. Imite os discípulos. Permaneça um tempo longo e frequente na presença de Cristo. Medite sobre sua graça. Pense em seu amor. Memorize suas palavras. Fite seu rosto. Fale com ele. A coragem vem quando vivemos com Jesus.

Pedro disse isso da seguinte forma: "Como vocês serão felizes se tiverem de sofrer por fazerem o que é certo! Não tenham medo de ninguém, nem fiquem preocupados. Tenham no coração de vocês respeito por Cristo e o tratem como Senhor. Estejam sempre prontos para responder a qualquer pessoa que pedir que expliquem a esperança que vocês têm" (1Pedro 3:14-15, NTLH).

Ao meditarmos sobre a vida de Cristo, encontramos força para a nossa própria...

Você será ousado amanhã? Então esteja com Jesus hoje. Esteja com sua Palavra. Esteja com seu povo. Esteja em sua presença. E, quando a perseguição vier (e virá), seja forte. Quem sabe? As pessoas podem reconhecer que você, como os discípulos, esteve com Cristo.

Faça a vida valer a pena

5 de março

Uma oração... por graça e misericórdia

*Alegra o coração do teu servo, pois a ti, Senhor, elevo
a minha alma. Tu és bondoso e perdoador, Senhor,
rico em graça para com todos os que te invocam.*

Salmos 86:4-5

Deus, tu és tão abundante em perdão, em misericórdia e em bondade que não posso compreender-te nesta vida. Eu te adoro com o meu coração e com a minha alma.

Enquanto me lamento em arrependimento e culpa pelos pecados passados, lembra-me do teu perdão. Por favor, deixa que eu sinta a tua misericórdia. Enche-me dela de modo que eu possa oferecê-la às pessoas que encontrar hoje.

Caminha bem perto da minha família para que ela possa conhecer a tua graça. Ergue o fardo dessas pessoas e volta o rosto delas para ti.

Eu te dou graças pela graça que não mereço e pelo teu perdão, que são renovados a cada manhã.

Em nome de Cristo, amém.

Diário de oração

6 de março

Um trabalho nas mãos dele

Em todas as minhas orações em favor de vocês, sempre oro com alegria por causa da cooperação que vocês têm dado ao evangelho, desde o primeiro dia até agora. Estou convencido de que aquele que começou boa obra em vocês vai completá-la até o dia de Cristo Jesus.

Filipenses 1:4-6

O mesmo trabalho que Deus fez através de Cristo há muito tempo em uma cruz é o trabalho que Deus faz através de Cristo neste exato momento em você.

Deixe-o fazer o trabalho dele. Deixe que a graça triunfe sobre sua história de prisão, crítica e consciência culpada. Veja a si mesmo pelo que você é — projeto pessoal de reconstrução de Deus. Não um mundo para si mesmo, mas um trabalho nas mãos dele. Não mais definido pelos fracassos, mas refinado por eles. Confiar menos no que você faz e mais no que Cristo fez. Menos falta de graça, mais moldado pela graça. Profundamente convencido no substrato de sua alma de que Deus está apenas fazendo o aquecimento desta abertura chamada vida, que essa esperança tem suas razões e a morte tem data de vencimento.

Graça. Deixe que ela e Cristo se infiltrem nas fendas ásperas de sua vida, pois assim tudo suaviza. Depois, deixe que ela, deixe que ele, borbulhem até a superfície, como uma fonte no Saara, em palavras de bondade e feitos de generosidade. Deus vai mudar você, meu amigo. Você é um troféu de sua bondade, um participante de sua missão. Não perfeito, mas o mais próximo à perfeição que você jamais esteve. Constantemente mais forte, gradualmente melhor, certamente mais próximo.

Isso acontece quando a graça se manifesta. Deixe que ela se manifeste em você.

Graça

7 de março

Receba o que Deus dá

*Mas os manassitas não conseguiram expulsar os habitantes dessas
cidades, pois os cananeus estavam decididos a viver naquela região.*

Josué 17:12

Não seja como os hebreus. Quando Deus entregou a Terra Prometida em suas
mãos e Josué distribuiu os lotes, eles não fizeram sua parte do negócio.

Eu queria poder contar que cada tribo rapidamente tomou posse de sua
terra, expulsou os habitantes e fez bom uso dela. Mas não foi o que aconteceu.
Em alguns casos, as tribos não expulsaram os inimigos (Josué 13:13, 16:10,
17:12). Seu inimigo, o diabo, está decidido a permanecer em sua terra também.
Você precisa expulsá-lo. Ele tentará seduzir você com pensamentos de ganância,
poder ou inveja. Fique atento.

Outras tribos caíram vítimas não dos cananeus, mas de sua própria pre-
guiça. Muito tempo após Josué distribuir as terras, sete das doze tribos ainda
estavam no acampamento militar. Josué teve que repreendê-las: "Até quando
vocês vão negligenciar a posse da terra que o SENHOR, o Deus dos seus antepassados, deu a vocês?" (Josué 18:3).

Não cometa o mesmo erro. Você é herdeiro com Cristo da propriedade de
Deus. Ele colocou seu Espírito em seu coração como adiantamento. O que Deus
disse a Josué ele diz também a você: "Todo lugar onde puserem os pés eu darei a
vocês" (Josué 1:3).

Mas você precisa tomar posse. Você precisa receber o que Deus dá com
tanta graça.

Tudo que você precisa fazer para entrar na Terra Prometida é caminhar pela
fé. Então caminhe! Avance! Encontre seu lote na vida e viva nele.

Dias de glória

8 de março

Como você responderá?

Com grande poder os apóstolos continuavam a testemunhar
da ressurreição do Senhor Jesus, e grandiosa graça estava sobre
todos eles. Não havia pessoas necessitadas entre eles.

Atos 4:33-34

Ninguém pode fazer tudo, mas todos podem fazer alguma coisa.

Alguns anos atrás, um repórter que cobria o conflito em Sarajevo viu uma garotinha ser baleada por um franco atirador. A parte de trás da cabeça da garota tinha sido despedaçada pela bala. O repórter atirou longe o bloco e o lápis e deixou de ser repórter por alguns minutos. Ele correu até o homem que estava segurando a criança e os ajudou a entrar em seu carro. Conforme o repórter pisou no acelerador, correndo para o hospital, o homem que segurava a criança ensanguentada disse:

— Depressa, meu amigo. Minha criança ainda está viva.

No minuto seguinte:

— Depressa, meu amigo. Minha criança ainda está quente.

Por fim:

— Depressa. Ai, meu Deus, minha criança está ficando fria.

Ao chegarem ao hospital, a garotinha estava morta. Quando os dois foram ao banheiro, para lavar o sangue das mãos e das roupas, o homem virou para o repórter e disse:

— Esta é uma tarefa terrível para mim: contar ao pai que sua filha está morta. Ele vai ficar inconsolável.

O repórter parou, estupefato. Olhou para aquele homem angustiado e disse:

— Pensei que ela era sua filha.

O homem o encarou e respondeu:

— Não. Mas não são todos nossos filhos?

De fato. Os que sofrem pertencem a todos nós. E se todos nós respondermos, haverá esperança.

Faça a vida valer a pena

9 de março

Agradeça a Deus pelas batidinhas!

Meu filho, não despreze a disciplina do Senhor, nem se magoe
com a sua repreensão, pois o Senhor disciplina a quem ama,
e castiga todo aquele a quem aceita como filho.

Hebreus 12:5-6

Quando um oleiro fabrica uma panela, ele verifica sua solidez, colocando-a e tirando-a do forno e batendo nela. Se ela "canta", está pronta. Se ela solta um ruído, é devolvida ao forno.

Também se pode conferir o caráter de uma pessoa por batidinhas. Elas são os inconvenientes irritantes que provocam o pior em nós. Elas nos pegam desprevenidos. Despreparados. Elas não são grandes o suficiente para seres crises, mas, se forem demasiadas, cuidado!

Como posso responder? Eu canto, ou solto um ruído?

Jesus disse que um homem fala a partir da natureza do coração (Lucas 6:45). Não há nada como uma boa batidinha para revelar a verdadeira natureza de um coração. Se você tem uma tendência maior a emitir um ruído do que a cantar, tome o coração.

Há esperança para nós, que soltamos ruídos:

1. Comece agradecendo a Deus pelas batidinhas. Cada uma é um lembrete de que Deus está moldando você (Hebreus 12:5-8).

2. Aprenda com cada batida. Veja cada inconveniência como uma oportunidade para desenvolver paciência e persistência.

3. Esteja ciente dos momentos de ruído e crise. Conheça seus momentos de pressão. Reforce-se com oração extra e não desista.

Lembre-se, nenhuma batidinha é desastrosa. Todas elas trabalham para o bem se formos amorosos e obedientes a Deus.

Moldado por Deus

10 de março

A vida na Terra Prometida

O Senhor, o seu Deus, lhes prometeu descanso

Josué 1:13

Nossa Terra Prometida não é um território físico. É uma realidade espiritual. Não é um terreno ou imóvel, mas um estado de mente e espírito.

Uma vida na Terra Prometida, na qual "somos mais que vencedores, por meio daquele [Cristo] que nos amou" (Romanos 8:37).

Uma vida na qual "não desanimamos" (2Coríntios 4:16).

Uma vida na qual "o amor de Cristo nos constrange" (2Coríntios 5:14).

Uma vida na qual nossa "alegria transborda em todas as tribulações" (2Coríntios 7:4).

Uma vida na qual andamos "ansiosos por coisa alguma" (Filipenses 4:6), na qual oramos "em todas as ocasiões" (Efésios 6:18), na qual fazemos tudo "em nome do Senhor Jesus, dando por meio dele graças a Deus Pai" (Colossenses 3:17).

No plano de Deus, na *Terra Prometida* de Deus, vencemos mais do que perdemos, perdoamos assim que somos ofendidos e damos tanto quanto recebemos. Nós servimos baseados em nossos talentos e nos alegramos com nossas tarefas. Podemos tropeçar, mas não caímos. Podemos lutar, mas não nos desesperamos. Gabamo-nos apenas de Cristo, confiamos apenas em Deus, dependemos apenas de seu poder. Gozamos de um fruto abundante e de uma fé cada vez maior.

Vivemos na Terra Prometida.

Dias de glória

11 de março

O maior dos tesouros

Pois Deus, que disse: "Das trevas resplandeça a luz", ele mesmo brilhou em nossos corações, para iluminação do conhecimento da glória de Deus na face de Cristo. Mas temos esse tesouro em vasos de barro, para mostrar que este poder que a tudo excede provém de Deus, e não de nós.

2Coríntios 4:6-7

Ele próprio é o tesouro. A graça é preciosa porque ele é. A graça modifica vidas porque ele modifica. A graça nos protege porque ele nos protege. O presente é o Doador. Descobrir a graça é descobrir a devoção total de Deus por você; a insistência dele decide dar a você um amor que limpa, cura, purifica, e que restabelece os feridos. Ele fica no alto da montanha e ordena que você saia do vale? Não; ele desce e carrega você. Ele constrói uma ponte e ordena que você a atravesse? Não; ele cruza a ponte e o coloca nos ombros. "Isto não vem de vocês, é dom de Deus" (Efésios 2:8).

Esse é o dom que Deus dá. Uma graça que nos concede primeiro o poder de receber o amor e, depois, o poder de dá-lo. Uma graça que nos muda, nos molda e nos guia para uma vida que é eternamente alterada. Você conhece essa graça? Você confia nessa graça? Se não confia, pode confiar. Tudo o que Deus quer de nós é fé. Coloque sua fé em Deus.

E crie raízes na graça de Deus. Mais verbo do que substantivo, mais tempo presente do que passado, a graça não simplesmente se manifestou; ela se manifesta. A graça se manifesta aqui.

Graça

12 de março

Uma oração... para estender a mão aos outros

Ele respondeu: "Ame o Senhor, o seu Deus, de todo o seu coração, de toda a sua alma, de todas as suas forças e de todo o seu entendimento" e "Ame o seu próximo como a si mesmo".

Lucas 10:27

Pai gracioso, o Senhor tomou a iniciativa de me estender a mão, apesar do meu pecado e do meu egoísmo, para me trazer a teu reino eterno, realizando a obra de Cristo. Não posso compreender tamanho amor! Ainda assim, Pai, admito que muitas vezes tento me apropriar da tua graça, erguendo paredes que poderiam me manter protegido e abençoado. Confesso que sou como o marisco que se fecha em sua concha, com medo das ameaças externas. Reconheço que me convidas a arrancar minha concha e participar contigo em tua missão de amor. Tira-me da minha concha, Deus, para que eu também possa estender a mão a esse mundo desolado, desanimado e sem esperança. Em nome de Jesus eu oro, amém.

Faça a vida valer a pena

13 de março

O que o Mestre quer

Cada um tem o seu próprio dom da parte de Deus; um de um modo, outro de outro.

1Coríntios 7:7

Todos recebem um dom. E esses dons vêm em doses e combinações diferentes. "A cada um, porém, é dada a manifestação do Espírito, visando ao bem comum" (1Coríntios 12:7).

Nossa herança se fundamenta na graça e é igual. Mas nossas tarefas são personalizadas. Não existem dois flocos de neve idênticos. Não existem digitais idênticas. Por que nossos dons seriam iguais? Não surpreende Paulo ter dito: "Procurem compreender qual é a vontade do Senhor" (Efésios 5:17).

Você entende o que seu Mestre quer? Você sabe o que faz de você, você? Já identificou as qualidades que o distinguem de qualquer outro ser humano que já respirou o ar deste planeta?

Você tem um lote na vida que precisa desenvolver. Por isso, "examine os próprios atos, e então poderá orgulhar-se de si mesmo, sem se comparar com ninguém" (Gálatas 6:4).

Seja você mesmo.

Dias de glória

14 de março

Mantenha-se navegando

A sua vida está escondida com Cristo em Deus. Quando Cristo, que é a sua vida, for manifestado, então vocês também serão manifestados com ele em glória.

Colossenses 3:3-4

Uma miríade de anjos poderosos nos cerca, a presença de nosso Criador nos envolve completamente, o testemunho de milhares de galáxias e constelações nos chama, a maré da história de Deus nos carrega, a coroação de Cristo como Rei do Universo nos espera, mas não podemos tirar nossos olhos das distrações da vida diária: contracheques, dispositivos eletrônicos, férias e fins de semana.

Abra os olhos, Cristo convida. *Levante o olhar.* "Busquem, pois, em primeiro lugar o Reino de Deus" (Mateus 6:33). Se olhar para baixo e se concentrar nas pequenas coisas da vida— e, escreva o que digo — você vai ficar desapontado. Limite sua história aos dias entre o nascimento e a morte, e prepare-se para um final triste. Você foi feito para mais do que esta vida.

Quinhentos anos atrás, os marinheiros temiam o horizonte. "Se navegarmos para muito longe, correremos o risco de cair da borda", pensavam eles.

Mas então vieram Cristóvão Colombo e a viagem de 1492. A descoberta do Novo Mundo mudou tudo. A Espanha reconheceu isso em suas moedas, que passaram a ostentar o slogan *plus ultra* — "mais além".[8]

Por que você não risca fora o *não* de seu futuro? Deus colocou seu coração em casa. Continue a navegar até chegar lá.

God's Story, Your Story [A história de Deus, a sua história]

15 de março

Siga a estratégia de Deus

E disse o Senhor a Josué: "Não tenha medo! Não desanime!
Leve todo o exército com você e avance contra Ai. Eu entreguei
nas suas mãos o rei de Ai, seu povo, sua cidade e sua terra.

Josué 8:1

A poucos quilômetros ao norte de Jericó ficava a cidade de Ai. Josué marcou o nome da cidade em seu mapa e ordenou aos oficiais que a atacassem. Embevecido com a vitória em Jericó, ele acreditava que a pequena cidade seria presa fácil. Josué estava prestes a ter uma surpresa. A cidade era um canil de pitbulls. O povo de Ai latiu e mordeu. A divisão de Josué correu para casa desencorajada, desfeita e lambendo suas feridas.

Josué estava no fim, mas Deus não havia acabado ainda.

Deus instruiu Josué a voltar para o local do fracasso. Basicamente, o que Deus disse a Josué foi: "Vamos tentar mais uma vez. Mas, dessa vez, do meu jeito."

Josué não precisou ser convidado duas vezes. Ele e seus homens aproveitaram a madrugada e marcharam para Ai.

O rei de Ai, ainda extasiado com a primeira vitória, marchou contra Josué, deixando a cidade desprotegida. O comando de elite entrou na cidade e a incendiou. E Josué interrompeu sua fuga, voltando-se contra o inimigo. O exército de Ai estava encurralado, e a vitória, assegurada.

Compare esse ataque com o primeiro. No primeiro, Josué consultou os espiões. No segundo, seguiu as instruções de Deus. No primeiro, ele ficou em casa. No segundo, ele liderou seu exército. O primeiro ataque foi executado por poucos soldados. O segundo envolveu um número muito maior de homens. No primeiro, não houve tática. No segundo, havia uma estratégia sofisticada.

A moral da história? O Senhor deu a Josué um novo plano: "Tente de novo, ao meu modo." Quando Josué seguiu a estratégia de Deus, a vitória foi o resultado.

Dias de glória

16 de março

Para a imensidão

Assim acontece para que fique comprovado que a fé que vocês têm, muito mais valiosa do que o ouro que perece, mesmo que refinado pelo fogo, é genuína.

1Pedro 1:7

Satanás não está ausente ou às margens da história de Deus. Ele está no centro. Não podemos entender a narrativa de Deus sem compreender a estratégia de Satanás. Na verdade, "Para isso o Filho de Deus se manifestou: para destruir as obras do diabo" (1João 3:8).

Nada entusiasma Satanás mais do que o ceticismo atual com o qual ele é visto. Quando as pessoas negam sua existência ou creditam suas obras aos males da sociedade, ele esfrega as mãos em contentamento. Quanto mais duvidamos de sua existência, mais ele pode trabalhar sem obstáculos.

Jesus não duvida da existência do diabo. O Salvador foi para o deserto com um objetivo, desmascarar Satanás, e fez a primeira parada em seu itinerário. "Então Jesus foi levado pelo Espírito ao deserto, para ser tentado pelo diabo" (Mateus 4:1).

Será que Deus faz o mesmo conosco? Pode o Espírito de Deus nos levar para o deserto? Se eu fosse o diabo, eu diria que não. Eu iria querer que você pensasse que eu, na ocasião, iria me aproximar às escondidas, quando Deus não estivesse olhando, e arrancar seus filhos de seu alcance.

Mas a Escritura revela o contrário. Deus usa a tentação de Satanás para nos fortalecer. Tempos de testes são na verdade momentos de formação, purificação e construção de força. Vocês podem até mesmo considerar "motivo de grande alegria o fato de passarem por diversas provações, pois vocês sabem que a prova da sua fé produz perseverança" (Tiago 1:2-3).

God's Story, Your Story [A história de Deus, a sua história]

17 de março

Ele ora por nós

*Mas eu orei por você, para que a sua fé não desfaleça. E
quando você se converter, fortaleça os seus irmãos.*

Lucas 22:32

Na noite anterior à sua morte, Jesus fez este pronunciamento: "Ainda esta noite todos vocês me abandonarão. Pois está escrito: 'Ferirei o pastor, e as ovelhas do rebanho serão dispersas'. Mas, depois de ressuscitar, irei adiante de vocês para a Galileia" (Mateus 26:31-32).

Tradução? Sua queda será grande, mas minha graça será maior. Vocês me encontrarão esperando por vocês na Galileia.

Pedro não manteve a promessa que fez. "Ainda que todos te abandonem, eu nunca te abandonarei" (v. 33).

Não foi um dos melhores momentos de Pedro. Arrogante. Autossufi-ciente. A confiança de Pedro estava na própria força. Mesmo assim, a força de Pedro vacilaria. Jesus sabia disso.

Satanás atacaria e testaria Pedro. Mas ele nunca teria direito a Pedro. Por quê? Por que Pedro era forte? Não, porque Jesus era. "Orei por você" (Lucas 22:32). As orações de Jesus por um dos seus paralisa Satanás.

Jesus também ora por você (João 17:11,20).

Deus ouvirá os apelos intercessores de seu Filho? É claro que ouvirá. Como Pedro, podemos ser peneirados como trigo. Nossa fé enfraquecerá, nossas resoluções oscilarão; mas não cairemos. Somos "guardados por Jesus" (Judas v. 1) e "protegidos pelo poder de Deus" (1Pedro 1:5). E esse poder não é pequeno. É o poder de um Salvador vivo e sempre persistente... que ora por nós.

Graça

18 de março

Os anjos responderão ao seu chamado

*Se você fizer do Altíssimo o seu abrigo,
do SENHOR o seu refúgio,
nenhum mal o atingirá,
desgraça alguma chegará à sua tenda.
Porque a seus anjos ele dará ordens
a seu respeito,
para que o protejam em todos
os seus caminhos;*

Salmos 91:9-11

Quando minhas filhas eram pequenas, de vez em quando, elas gritavam no meio da noite. O vento fazia um galho bater contra a janela. Ou alguém gritava na rua. Então elas chamavam: "Papai!"

Eu fazia o que todos os pais fazem — chamar a mãe. Estou brincando. Eu ia pelo corredor e entrava no quarto delas. Quando eu fazia isso, o clima mudava. Barulhos estranhos? Sons aterrorizantes? Não importava. Papai estava ali.

Você precisa saber disso: seu Pai está aqui. Está aqui como seu Comandante. Está aqui com seus exércitos celestiais.

Essa é a promessa que Deus deu a você. Ele está com você. Ele ainda é o Comandante dos exércitos. "Deus colocou todas as coisas debaixo de seus pés" (Efésios 1:22). Ele sustenta "todas as coisas por sua palavra poderosa" (Hebreus 1:3).

Toda autoridade foi dada a ele. Ele precisa apenas mexer um dedo, e milhares e milhares de anjos responderão ao seu chamado.

Dias de glória

19 de março

Uma oração...
pois Jesus é o Senhor!

Respondeu Jesus: "Eu sou o caminho, a verdade e a vida.
Ninguém vem ao Pai, a não ser por mim.

João 14:6

Ó Senhor, vitorioso sobre a morte, quão glorioso é ouvir-te dizer: "Está consumado!" Meus lábios confessam que não há nada que eu possa fazer ou dizer que acrescente algo àquilo que fizeste na cruz. És minha única esperança de salvação. Em nome de Jesus. Amém.

No monte Calvário

20 de março

Sua atitude sobre si mesmo

Se eu subir com as asas da alvorada
e morar na extremidade do mar,
mesmo ali a tua mão direita me guiará
e me susterá.

Salmos 139:9-10

Aceitar a graça de Deus é aceitar a oferta de ser adotado em sua família.

Sua identidade não são suas posses, talentos, tatuagens, glórias ou realizações. Nem você é definido por seu divórcio, deformidade, dívida ou escolhas tolas. Você é filho de Deus. Você pode chamá-lo de "Papai". Você tem "livre acesso a Deus em confiança" (Efésios 3:12). Você recebe as bênçãos do seu amor especial (1João 4:9-11) e provisão (Lucas 11:11-13). E você herdará as riquezas de Cristo e reinará com ele para sempre (Romanos 8:17).

A adoção é horizontal e vertical. Você está incluído na família eterna. As paredes divisórias de hostilidade são derrubadas e a comunidade é criada com base em um pai comum. Família instantânea mundial!

Em vez de ficar imaginando motivos para sentir-se bem em relação a si mesmo, confie no veredito de Deus. Se Deus o ama, é porque você deve ser digno de amor. Se ele quer tê-lo no reino dele, então é porque você deve ser digno disso. A graça de Deus o convida — não, *exige de você* — a mudar de atitude sobre si mesmo e tomar partido de Deus contra seus próprios sentimentos de rejeição.

Graça

21 de março

Que tipo de homem Judas era?

Esta é a vida eterna: que te conheçam, o único Deus
verdadeiro, e a Jesus Cristo, a quem enviaste.

João 17:3

Por vezes me perguntei que tipo de homem Judas era. Como ele era, como agia, quem seus amigos eram. Eu o imaginei afastado de outros apóstolos. Sem amigos. Distante.

No entanto, gostaria de saber se isso é verdade.

Talvez ele fosse exatamente o oposto. Em vez de ardiloso e seco, talvez fosse consistente e jovial.

Mas, apesar de todas as coisas que não sabemos sobre Judas, há uma que temos certeza: ele não tinha nenhuma relação com o Mestre. Ele tinha visto Jesus, mas não o conhecia. Ele tinha uma religião, mas não um relacionamento.

Conforme Satanás abria caminho à mesa no Cenáculo, ele precisava de um homem que tivesse visto Jesus, mas que não o conhecia.

Aprendemos com o traidor essa lição atemporal. As melhores ferramentas de destruição de Satanás não são de fora da igreja; são de dentro da igreja.

Judas carregava o manto da religião, mas nunca conheceu o coração de Cristo. Vamos estabelecer como nosso objetivo conhecer... profundamente.

Moldado por Deus

22 de março

Permaneça à sombra dele

*Mas aquele que me negar diante dos homens, eu também
o negarei diante do meu Pai que está nos céus.*

Mateus 10:33

Pedro era esperto. Ele manteve a distância de Jesus. *Vou ficar perto o suficiente para vê-lo*, pensava Pedro. *Mas não muito perto, ou eu posso ser pego.*

Bem pensado, Pedro. Não fique muito envolvido — pode doer. Não seja muito leal — você pode ficar marcado. Não mostre muita preocupação — eles vão crucificá-lo também.

Precisamos de mais homens como você, Pedro. Homens que mantêm a religião em seu lugar. Os homens que não agitam a água. Os homens que cheiram à mediocridade.

Sim, senhor. Esse é o tipo de homem de que Deus precisa. Aquele que sabe manter distância: *Agora, vou pagar minhas dívidas e virei uma vez por semana, mas... bem... você pode se deixar levar, sabe.*

Sim, você pode se deixar levar... para cima de um monte... até uma cruz — e à morte.

Pedro aprendeu uma lição naquele dia — uma dura lição. É melhor nunca ter seguido Jesus do que tê-lo seguido e negado.

Marque estas palavras:

Se seguir à distância, você vai negar o Mestre. Ponto.
Você não vai morrer por um homem que você não pode tocar. Ponto.
Mas se ficar perto dele, à sua sombra...
Você vai morrer com ele, de bom grado.

Moldado por Deus

23 de março

Abandonado

Por volta das três horas da tarde, Jesus bradou em alta voz: "Eloí, Eloí, lamá sabactâni?" que significa: "Meu Deus! Meu Deus! Por que me abandonaste?"

Mateus 27:46

A morte de Jesus na cruz não é um tema secundário na Escritura, é central. A realização crucial de Cristo ocorreu na cruz. Para que não perdêssemos a mensagem, Deus envolveu o clímax de sua história em um grande drama:

O jardim: Jesus clamando, os discípulos fugindo, os soldados chegando.

Os julgamentos: zombarias e fraudes de manhã cedo. Os judeus escarnecendo. Pilatos lavando as mãos.

Os soldados: tecendo espinhos, cortando chicotes, batendo pregos.

Jesus: ensanguentado, espancado. Mais ensanguentado do que limpo. Cada tendão com dor lancinante.

E Deus: ele escureceu o céu e sacudiu a terra. Clivou as rochas e rasgou a cortina do templo. Desenterrou os sepultados e revelou o Santo dos Santos.

Mas primeiro ele ouviu o grito do Filho: "Meu Deus! Meu Deus! Por que me abandonaste?" (Mateus 27:46).

Esse foi o momento em que "Deus tornou pecado por nós aquele que não tinha pecado" (2Coríntios 5:21). "O Senhor fez cair sobre ele a iniquidade de todos nós... como um cordeiro foi levado para o matadouro, e como uma ovelha que diante de seus tosquiadores fica calada, ele não abriu a sua boca" (Isaías 53: 6-7).

Ele foi abandonado por você e por mim.

God's Story, Your Story [A história de Deus, a sua história]

24 de março

O dia em que a graça alcançou você

Ele mesmo levou em seu corpo os nossos pecados sobre o madeiro,
a fim de que morrêssemos para os pecados e vivêssemos para
a justiça; por suas feridas vocês foram curados.

1Pedro 2:24

Cristo retirou seus pecados. Para onde ele os levou? Para o alto do monte Calvário, onde ele suportou não apenas os cravos dos romanos, a zombaria da multidão e a lança do soldado, como também a ira de Deus.

Encha seu coração com o melhor resumo da maior realização de Deus: "Deus, em sua infinita bondade, nos declara inocentes, através de Cristo Jesus, que nos libertou dos nossos pecados. *Deus enviou Jesus para receber o castigo por nossos pecados* e para aplacar a sua ira contra nós. Nós nos tornamos unidos com Deus quando cremos que Jesus derramou o seu sangue, dando a sua vida por nós". (Romanos 3:24-25 – tradução livre, grifo meu)

Deus não ignorou seus pecados, pois se o fizesse os endossaria. Ele não puniu você, para que não o destruísse. Em vez disso, ele encontrou uma maneira de punir o pecado e preservar o pecador. Jesus assumiu sua punição e Deus deu a você o crédito pela perfeição de Jesus. Enquanto a cruz for vista como um presente de Deus ao mundo, ela irá tocar você, mas não mudá-lo. Assim como é precioso proclamar "Cristo morreu pelo mundo", é ainda mais doce sussurrar "Cristo morreu por *mim*".

Agradeça a Deus pelo dia em que Jesus assumiu seu lugar, pelo dia em que a graça alcançou você.

Graça

25 de março

Lembre-se do pão

Eu sou o pão vivo que desceu do céu. Se alguém comer deste pão, viverá para sempre. Este pão é a minha carne, que eu darei pela vida do mundo".

João 6:51

Assegure-se de receber o pão. E, recebendo, passe-o adiante. Afinal, se não o fizermos, quem o fará? Os governos não alimentam as almas. Os abrigos de assistência seculares podem dar uma cama, alimento e conselhos valiosos. Mas nós podemos dar muito mais. Não só ajuda para esta vida, mas esperança para a próxima.

"Arrependam-se, e cada um de vocês seja batizado em nome de Jesus Cristo para que os seus pecados sejam perdoados, e vocês receberão de Deus o Espírito Santo. Pois essa promessa é para vocês, para os seus filhos e para todos os que estão longe, isto é, para todos aqueles que o Senhor, nosso Deus, chamar" (Atos 2:38-39, NTLH).

Assim, juntamente com copos de água, pratos de comida e frascos de medicamentos, sejamos aqui a mensagem de pecados perdoados e de morte derrotada.

Lembre-se do pão.

Faça a vida valer a pena

26 de março

Uma oração...
na cruz

Certamente ele tomou sobre si as nossas enfermidades e sobre si levou as nossas doenças; contudo nós o consideramos castigado por Deus, por Deus atingido e afligido. Mas ele foi transpassado por causa das nossas transgressões, foi esmagado por causa de nossas iniquidades.

Efésios 53:4-5

Homem de tristeza, homem de luto, foi por mim que enfrentaste o terror de tomar sobre ti meu pecado. Não compreendo por que assumiste meu lugar e pleiteaste por minha vida. Dou graças e louvores a ti por teu supremo sacrifício. Em nome de Jesus. Amém.

No monte Calvário

27 de março

A oferta

"Portanto, que todo o Israel fique certo disto: Este Jesus, a quem vocês crucificaram, Deus o fez Senhor e Cristo".

Atos 2:36

Corria a palavra de que a Palavra já não estava mais ali.

As pessoas começaram a perceber o engano. A gravidade do crime caiu sobre elas como um canto fúnebre. Deus veio ao mundo delas, e elas o mataram. Este foi o golpe do sermão de Pedro: *"Vocês mataram Deus.* Vocês mesmos o mataram por mãos de homens maus."

Vocês. Vocês. Vocês.

A pergunta do momento mudou. "Irmãos, que faremos?" (Atos 2:37).

Eles se inclinaram para ouvir a resposta de Pedro. Pois muita coisa estava em jogo. E se ele dissesse: "É tarde demais"?

Pedro, certamente com os braços estendidos e os olhos marejados, fez este convite: "Arrependam-se, e cada um de vocês seja batizado em nome de Jesus Cristo para que os seus pecados sejam perdoados, e vocês receberão de Deus o Espírito Santo." (Atos 2:38)

No devido tempo, Pedro falaria sobre a pobreza. Em breve, a igreja discorreria sobre a questão das viúvas, da doença e da intolerância. Mas ainda não. A ênfase do primeiro sermão da Igreja foi esta: perdão por todos os nossos pecados. Pedro entregou o pão.

Será que poderia fazer o mesmo? Antes de virar a página e prosseguir com seu dia, você consideraria a oferta de Jesus? "Eu sou o pão da vida. Aquele que vem a mim nunca terá fome" (João 6:35).

Faça a vida a valer a pena

28 de março

Onde há graça em abundância

Sejam bondosos e compassivos uns para com os outros,
perdoando-se mutuamente, assim como Deus os perdoou em Cristo.

Efésios 4:32

Dê a graça que você recebeu.

Você não está endossando os feitos de seu agressor quando faz isso. Jesus não endossou seus pecados ao perdoá-los. A graça não pede que a filha goste do pai que a molestou. Ela não pede ao oprimido que ignore a injustiça. A pessoa definida pela graça ainda envia ladrões para a prisão e espera que o ex-marido pague a pensão dos filhos.

A graça não é cega. Ela enxerga a mágoa muito bem. Mas a graça escolhe ver ainda mais o perdão de Deus. Ela se recusa a envenenar seu coração. "Cuidem que ninguém se exclua da graça de Deus. Que nenhuma raiz de amargura brote e cause perturbação, contaminando a muitos" (Hebreus 12:15). Onde há falta de graça, há amargura em abundância. Onde há graça em abundância, cresce o perdão.

Graça

29 de março

Deixe a graça acontecer

A minha alma descansa somente em Deus;
dele vem a minha salvação.
Somente ele é a rocha que me salva.

Salmos 61:1-2

As tentativas de autossalvação não levam a nada, a não ser à exaustão. Corremos e nos apressamos, tentando agradar a Deus, colecionando medalhas de mérito e pontos extras e franzindo a testa a qualquer um que questione nossas conquistas. Chamam-nos de "a igreja dos rostos de cães de caça e ombros caídos".

Pare com isso! De uma vez por todas, chega desse frenesi. "É bom sermos espiritualmente fortes por meio da graça de Deus, e não por meio da obediência à regra" (Hebreus 13:9 NTLH). Jesus não diz: "Venham a mim, todos os que são perfeitos e sem pecados." Ao contrário: "Venham a mim todos os que estão cansados e sobrecarregados, e eu lhes darei descanso" (Mateus 11:28).

Não há letras miúdas. Isso é certo. A promessa de Deus não tem linguagem subliminar. Deixe que a graça aconteça, pelo amor de Deus! Chega de representações para Deus, chega de gritar atrás de Deus. De todas as coisas que você deve adquirir na vida, a afeição ilimitada de Deus não é uma delas. Você já a tem. Espreguice-se na rede da graça.

Você pode descansar agora.

Graça

30 de março

Deixe o diabo para trás

Para trás de mim, Satanás!

Mateus 16:23

Uma vez tive a oportunidade de levar um grupo de quinhentas pessoas para Israel. Certa manhã, realizamos um estudo bíblico na escada sul do monte do Templo.

Como lição, eu havia escolhido uma expressão de João 3:16 —"unigênito". Já que estávamos sentados onde Jesus estivera, parecia absolutamente adequado falar sobre a reivindicação de Jesus de ser o Filho unigênito de Deus.

Após alguns minutos de mensagem, uma voz misteriosa começou a zombar das minhas palavras. Era uma voz estridente e assombrosa. Toda vez que eu dizia "unigênito", ela me imitava: "unigênito". Quando eu dizia o nome "Jesus", a voz com um sotaque forte repetia: "Jesus".

Quanto mais eu pregava, mais alta a voz ficava. Temendo conceder a vitória a essa força estranha, eu continuei. Eu orei e o proclamei: "Jesus é a autoridade suprema deste lugar, de qualquer lugar e de todos os lugares, o que inclui também qualquer demônio, qualquer servo do inferno e o próprio Satanás. Vocês não são bem-vindos nessa reunião!"

De repente, a voz se calou. Como se alguém tivesse acionado o interruptor, ela parou. Completamos o estudo bíblico em paz. Mais tarde, perguntei ao guia turístico se o culpado havia sido encontrado. "Tentamos", ele me contou, "mas não encontramos ninguém." O guia não tinha explicação.

Eu tenho.

Quando a autoridade de Cristo é proclamada, a obra de Satanás é obrigada a parar. Peça a ajuda de Deus. Declare o nome de Deus e coloque o diabo para trás de você.

Dias de glória

31 de março

O pão da vida

Pois o pão de Deus é aquele que desceu do céu e dá vida ao mundo.

João 6:33

O processo que vai do grão ao pão exige esforço. Para que possa crescer, antes a semente precisa ser plantada. Quando o grão está maduro, deve ser cortado e moído para virar farinha. Antes de poder se transformar em pão, ele deve passar pelo forno. O pão é o resultado final do plantio, da colheita e do cozimento.

Jesus experimentou um processo idêntico. Ele nasceu neste mundo. Foi cortado, ferido e açoitado na eira do Calvário. Experimentou o ímpeto da ira de Deus, por nossa causa. "Cristo sofreu pelos pecados uma vez por todas, o justo pelos injustos, para conduzir-nos a Deus" (1 Pedro 3:18).

Pão da Vida? Jesus faz jus ao título. Mas um pão que não é repartido não faz bem a pessoa alguma. Você recebeu o pão? Você recebeu o perdão de Deus?

Faça a vida valer a pena

Abril

1º de abril

O Rei ressuscitou

O anjo disse às mulheres: "Não tenham medo! Sei que vocês estão procurando Jesus, que foi crucificado. Ele não está aqui; ressuscitou, como tinha dito."

Mateus 28:5-6

"Ele ressuscitou."

Duas palavras em português. Apenas uma em grego. *Ēgerthē*. Há tanta validade nessa única palavra. Se for falsa, todo o cristianismo entra em colapso como uma piada mal contada. Mas, se for verdade, a história de Deus transformou o capítulo final em um prefácio. Se o anjo estava correto, então você pode crer: Jesus desceu à cela mais fria da prisão da morte e permitiu que o guarda trancasse a porta e fundisse as chaves em uma fornalha. E justamente quando os demônios começaram a dançar e a pavonear-se, Jesus pressionou as mãos premidas nas paredes interiores da caverna. De dentro ele sacudiu o cemitério. O chão tremeu, e as lápides caíram.

Ele marchou para fora, o corpo sem vida transformado em rei, com a face da morte em uma das mãos e as chaves do céu na outra. Ele ressuscitou!

Não ressuscitou do sono. Não ressuscitou de um estado de confusão. Não ressuscitou espiritualmente dentre os mortos; ressuscitou *fisicamente*.

A ressurreição corporal significa tudo. Se Jesus vive apenas em espírito e ações, ele é apenas um entre milhares de heróis mortos. Mas, se ele vive em carne e osso, é o Rei que pisou na cabeça da morte. O que ele fez com a própria sepultura, ele promete fazer com a sua: esvaziá-la.

God's Story, Your Story [*A história de Deus, a sua história*]

2 de abril

Uma oração...
por coragem para confiar

Entregue o seu caminho ao SENHOR;
confie nele, e ele agirá.

Salmos 37:5

Pai amado, venho a ti como Jesus o fez, com todos os meus medos e minhas fraquezas expostos. Tiro as máscaras por trás das quais me escondo e abro meu coração para ti. Dá-me a coragem para confiar em ti em tudo que estou enfrentando. Em nome de Jesus. Amém.

No monte Calvário

3 de abril

Graça sobre graça

*Foi assim que Deus manifestou o seu amor entre nós: enviou o seu Filho
Unigênito ao mundo, para que pudéssemos viver por meio dele. Nisto
consiste o amor: não em que nós tenhamos amado a Deus, mas em que ele
nos amou e enviou seu Filho como propiciação pelos nossos pecados.*

1João 4:9-10

Graça é simplesmente outra palavra para o acrobata e retumbante reservatório de força e proteção de Deus. Vem até nós não ocasional ou miseravelmente, mas constante e agressivamente, onda após onda. Mal recuperamos nosso equilíbrio de um vagalhão quando, *bum!*, chega outro.

"Graça sobre graça" (João 1:16). Ousamos pendurar nosso chapéu e fixar nossa esperança na melhor notícia de todas: se Deus permite o desafio, ele proverá a graça necessária.

Nunca exaurimos seu suprimento. Deus tem graça suficiente para resolver todos os dilemas que você enfrenta, secar suas lágrimas e responder todas as perguntas que você faz.

Você esperaria menos de Deus? Se ele enviou o próprio Filho para morrer por nós não enviaria seu poder para nos sustentar? Paulo achava impossível essa lógica. "Aquele que não poupou seu próprio Filho, mas o entregou por todos nós, como não nos dará juntamente com ele, e de graça, todas as coisas?" (Romanos 8:32).

Fique à sombra do Filho de Deus crucificado. Agora faça suas perguntas. *Jesus está ao meu lado?* Olhe as feridas dele. *Ele ficará comigo?* Tendo dado maior presente possível e o mais caro "como não nos dará juntamente com ele, e de graça, todas as coisas?" (Romanos 8:32).

Graça

4 de abril

O que deu em Pedro?

Mas o Conselheiro, o Espírito Santo, que o Pai enviará em meu nome, lhes ensinará todas as coisas e lhes fará lembrar tudo o que eu lhes disse.

João 14:26

O que deu em Pedro? Sete semanas antes ele estava se escondendo por causa de Jesus; hoje ele está proclamando a morte de Jesus. Na véspera da Sexta-Feira Santa, você não poderia fazê-lo falar. Hoje, você não consegue fazê-lo ficar quieto!

Ele foi um covarde na crucificação.

Mas olhe para ele no dia de Pentecostes, declarando a uma multidão de milhares: "Deus o fez Senhor e Cristo" (Atos 2:36). Palavras audaciosas. A mesma multidão que gritava: "Crucifiquem-no!" poderia crucificar Pedro.

De covarde a guerreiro em cinquenta dias.

O que deu em Pedro?

O Espírito de Deus realizou tal mudança. Dez dias após a ascensão de Jesus ao céu, "Todos ficaram cheios do Espírito Santo" (Atos 2:4). O Espírito Santo, em seu próprio tempo e de acordo com o seu próprio caminho, encheu os seguidores com força sobrenatural.

Jesus prometeu esse evento. Ele disse: "Se eu for, eu o enviarei" (João 16:7).

A má notícia: Jesus estava indo embora. A notícia maravilhosa: Jesus estava enviando-lhes o Espírito. Durante seu ministério terreno, Jesus viveu perto dos discípulos. O Espírito Santo, no entanto, viveria *nos* discípulos. O que Jesus fez com os discípulos, o Espírito faria por eles e por nós. O Espírito continua a obra de Cristo... em nós e por nosso intermédio.

God's Story, Your Story [A história de Deus, a sua história]

5 de abril

Aprendendo a aguardar

Conduz os humildes na justiça e lhes ensina o seu caminho.

Salmos 25:9

Espere no Espírito. Se Pedro e os apóstolos precisavam da ajuda do Espírito, nós não precisaríamos? Eles caminharam com Jesus durante três anos, ouviram seus sermões e viram seus milagres. Viram o corpo de Cristo enterrado no túmulo e o viram ressuscitado dentre os mortos. Testemunharam sua aparição no Cenáculo e ouviram suas instruções. Será que eles não tinham recebido o melhor treinamento possível? Será que não estavam prontos?

Mas Jesus lhes disse para esperar no Espírito. "Não saiam de Jerusalém, mas esperem pela promessa de meu Pai... o Espírito Santo" (Atos 1: 4-5).

Aprender a aguardar, a ficar em silêncio, a escutar sua voz. Valorize a quietude; sensibilize-se ao toque dele. "Não lhes falta nenhum dom espiritual, enquanto vocês *aguardam* que o nosso Senhor Jesus Cristo seja revelado. Ele os manterá firmes até o fim, de modo que vocês serão irrepreensíveis no dia de nosso Senhor Jesus Cristo" (1Coríntios 1: 7-8, grifo meu). Você não precisa se apressar ou correr. A vida, quando dirigida pelo Espírito, não entra em pânico; nos dá confiança.

Aprenda a aguardar no Espírito.

God's Story, Your Story [*A história de Deus, a sua história*]

6 de abril

Apenas o começo

Disse-lhe Jesus: "Eu sou a ressurreição e a vida; quem crê em mim, ainda que esteja morto, viverá; E todo aquele que vive, e crê em mim, nunca morrerá."

João 11:25-27

Este coração sentirá um pulso final. Estes pulmões vão se esvaziar em um sopro final. A mão que orienta esta caneta pela página vai cair vacilante e imóvel. A menos que Cristo regresse, eu irei morrer. Você também. Como o salmista perguntou: "Que homem há, que viva, e não veja a morte? Livrará ele a sua alma do poder da sepultura?" (Salmos 89:48). Jovens e velhos, bons e maus, ricos e pobres. Nenhum dos dois gêneros é poupado; nenhuma classe está isenta. "Nenhum homem há que tenha... poder sobre o dia da morte" (Eclesiastes 8:8).

Os gênios, os ricos, os pobres, ninguém a supera nem a ignora. Júlio César morreu. Elvis morreu. John Kennedy morreu. A princesa Diana morreu. Todos nós morreremos. Não escapamos da morte.

O cirurgião pode melhorar sua vida, mas não pode remover sua morte. O escritor aos Hebreus foi contundente: "Aos homens está ordenado morrerem uma vez" (Hebreus 9:27). Faça quantos exercícios quiser. Coma só alimentos saudáveis e punhados de vitaminas. Fique longe do sol, do álcool e das drogas. Faça seu melhor para se manter vivo. Ainda assim, você morrerá.

A morte parece ser o fim da linha.

Até lermos a história da ressurreição de Jesus.

"Ele não está aqui, porque já ressuscitou, como havia dito" (Mateus 28:6).

God's Story, Your Story [*A história de Deus, a sua história*]

7 de abril

A última palavra

Jesus lhe disse: "Retire-se, Satanás!"

Mateus 4:10

Satanás nunca fecha a boca. O apóstolo João o chamou de Acusador: "Ele e os seus anjos foram lançados à terra. 'O acusador dos nossos irmãos, que os acusa diante do nosso Deus, dia e noite'" (Apocalipse 12:9-10).

Dia após dia, hora após hora. Implacável, incansável. O Acusador é especialista em acusar. Diferente da convicção do Espírito Santo, a condenação de Satanás não traz nenhum arrependimento ou resolução, só pesar. Ele tem um objetivo: "roubar, matar e destruir" (João 10:10). Roubar sua paz, matar seus sonhos e destruir seu futuro. Mas ele não terá a última palavra. Jesus agiu em seu favor.

Ele inclinou-se. O suficiente para dormir em uma manjedoura, trabalhar em uma carpintaria, dormir em um barco pesqueiro. O suficiente para sociabilizar com trapaceiros e leprosos. O suficiente para ser cuspido, espancado, pregado e furado com uma lança. O suficiente. O suficiente para ser enterrado.

E, então, ele se ergueu. Da cripta da morte. Da sepultura de José de Arimateia e bem na cara de Satanás. Alto. Elevado. Ergueu-se para a mulher e silenciou os acusadores dela, e ele faz o mesmo por você.

Graça

8 de abril

Finalmente face a face

Grande é o Senhor, e muito digno de louvor, e a sua grandeza inescrutável.

Salmos 145:3

No grande dia você ouvirá bilhões de vozes fazerem a mesma afirmação sobre Jesus Cristo. "Para que ao nome de Jesus se dobre todo o joelho dos que estão nos céus, e na terra, e debaixo da terra, e toda a língua confesse que Jesus Cristo é o Senhor" (Filipenses 2:10-11).

Multidões de pessoas se curvarão como um campo de trigo diante do vento, cada uma dizendo: "Tu, ó rei, és o mais digno."

Haverá uma diferença monumental. Algumas pessoas vão continuar a confissão que começou na terra. Coroarão Cristo mais uma vez, de bom grado. Outras irão coroá-lo pela primeira vez. Elas o farão com tristeza. Elas negaram Cristo na terra, então ele vai negar-lhes no céu.

Mas aqueles que o aceitaram na terra viverão com Deus para sempre. "E ouvi uma grande voz do céu, que dizia: Eis aqui o tabernáculo de Deus com os homens, pois com eles habitará, e eles serão o seu povo, e o mesmo Deus estará com eles, e será o seu Deus" (Apocalipse 21:3). O narrador repete a mesma coisa quatro vezes em quatro frases consecutivas:

"Eis aqui o tabernáculo de Deus"

"com eles habitará"

"eles serão o seu povo"

"ele será o seu Deus"

O anúncio vem com a energia de uma criança de seis anos, declarando a chegada do pai após uma longa viagem. É uma grande notícia, digna de repetição.

Vamos finalmente ver Deus face a face.

God's Story, Your Story [A história de Deus, a sua história]

9 de abril

Uma oração... pela jornada

E disse Jesus: "Sigam-me, e eu os farei pescadores de homens."

Mateus 4:19

Meu Senhor e Salvador, obrigado por convidar-me a caminhar contigo! Alegro-me em seguir-te e ouvir a tua voz. És o grande e poderoso Rei, e eu te escolhi. Em teu precioso nome, Jesus. Amém.

No monte Calvário

10 de abril

Triunfante em Cristo

Graças a Deus, que nos dá a vitória por meio de nosso Senhor Jesus Cristo.

1Coríntios 15:57

O triunfo é uma coisa preciosa. Honramos o triunfante. O soldado galante sentado montado em seu corcel. O explorador determinado, retornando de sua descoberta. O atleta vencedor erguendo o troféu triunfante da vitória. Sim, nós amamos o triunfo.

O triunfo, não obstante, é passageiro. A vitória se vai sem que tenhamos saboreado seu gosto.

O triunfo de Cristo não é temporário. Ter "a vitória por meio de nosso Senhor Jesus Cristo" não é um evento ou uma ocasião. Não é passageiro. Ser triunfante em Cristo é um estilo de vida... um estado de espírito! Triunfar em Cristo não é algo que fazemos; é algo que somos.

Eis a grande diferença entre a vitória em Cristo e a vitória no mundo: um vencedor no mundo regozija-se com algo que fez. Mas o cristão regozija-se com quem é — um filho de Deus, um pecador perdoado, um herdeiro da eternidade.

Nada pode nos separar de nosso triunfo em Cristo. Nada! Ele se baseia não em nossos sentimentos, mas no dom de Deus. Nosso triunfo não se baseia em nossa perfeição, mas no perdão de Deus. Quão precioso é esse triunfo! Pois, apesar de sermos pressionados por todos os lados, a vitória ainda é nossa. Nada pode alterar a fidelidade de Deus.

Ser triunfante em Cristo não é algo que fazemos. É algo que somos.

Moldado por Deus

11 de abril

Quando Deus fecha uma porta

*Ao mesmo tempo, orem também por nós, para que Deus abra
uma porta para a nossa mensagem, a fim de que possamos
proclamar o mistério de Cristo, pelo qual estou preso.*

Colossense 4:3

Você conhece a frustração do que é ter uma porta fechada? Se sim, você tem um amigo no apóstolo Paulo.

Ele, Silas e Timóteo estavam em sua segunda viagem missionária. Na primeira, Paulo teve êxito em todas as paradas. "Relataram tudo o que Deus tinha feito por meio deles e como abrira a porta da fé aos gentios" (Atos 14:27).

Os missionários sentiram as lufadas às suas costas e depois, de repente, ventos contrários.

Paulo e os companheiros viajaram por toda a região da Frígia e da Galácia, tendo sido impedidos pelo Espírito Santo de pregar a palavra na província da Ásia. Quando chegaram à fronteira da Mísia, tentaram entrar na Bitínia, mas o Espírito de Jesus não lhes permitiria (Atos 16: 6,7).

Paulo voltou as atenções para a Ásia. No entanto, as portas não se abriram. Então, os três se voltaram para o norte, para Bitínia, mas encontraram mais portas fechadas. Eles giraram as maçanetas e forçaram a entrada, mas não conseguiram entrar. Não nos é dito como ou por que Deus bloqueou a porta. Só que o fez.

E ainda o faz.

Deus possui a chave para cada porta. "O que ele abre ninguém pode fechar, e o que ele fecha ninguém pode abrir" (Apocalipse 3:7). Se Deus fecha uma porta, ninguém pode abri-la. Quando Deus fechar uma porta, ore para que ele lhe mostrar a que escolheu abrir para você.

God's Story, Your Story [*A história de Deus, a sua história*]

12 de abril

Confie no propósito de Deus

Os caminhos do Senhor são justos; os justos andam neles.

Oseias 14:9

À medida que a história de Deus torna-se a sua, as portas fechadas assumem um novo significado. Você já não as vê como uma interrupção para seu plano, mas como uma indicação do plano de Deus.

É o que Paulo aprendeu. Deus impediu sua equipe missionária de seguir para o norte, sul ou leste. Só sobrou o oeste. As portas fechadas na Ásia levaram a um convite de braços abertos para Filipos (Atos 16:11-12).

Uma vez lá, Paulo e sua equipe começaram a trabalhar. Seus esforços em Filipos foram tão eficazes que os líderes religiosos pagãos ficaram irritados. Então, forjaram uma história contra Paulo e Silas.

"A multidão ajuntou-se contra Paulo e Silas, e os magistrados ordenaram que se lhes tirassem as roupas e fossem açoitados. Depois de serem severamente açoitados, foram lançados na prisão. O carcereiro... os lançou no cárcere interior e lhes prendeu os pés no tronco" (Atos 16: 22-24).

Ouça com atenção. Está ouvindo? O velho e familiar barulho de chaves girando e trancando. Paulo e Silas poderiam ter resmungado: "Ah, não. Mais uma porta trancada!" Mas não se queixaram. Das entranhas da prisão emergiu o mais inesperado dos sons: louvor e oração (Atos 16:25).

Seus pés estavam presos, mas suas mentes estavam no céu. Como poderiam cantar em um momento como aquele? De onde veio a música? Há apenas uma resposta: confiaram em Deus e em seu propósito para eles.

God's Story, Your Story [A história de Deus, a sua história]

13 de abril

Três perguntas

Se com renúncia própria você beneficiar os famintos e satisfizer o anseio dos aflitos, então a sua luz despontará nas trevas, e a sua noite será como o meio-dia.

Isaías 58:10

Alguns anos atrás, três perguntas chacoalharam meu mundo. Primeira pergunta: se você fosse um cristão alemão durante a Segunda Guerra Mundial, teria se posicionado contra Hitler? Segunda pergunta: se vivesse no sul dos Estados Unidos durante o conflito pelos direitos civis, você teria se posicionado contra o racismo? Terceira pergunta: quando seus netos descobrirem que você viveu em um tempo em que 1,75 bilhão de pessoas eram pobres e 1 bilhão passava fome, como irão julgar sua reação?

Não me preocupei com as duas primeiras perguntas, pois eram hipotéticas. Gosto de pensar que eu teria me posicionado contra Hitler e lutado contra o racismo. Mas esses dias já se passaram e as escolhas não foram minhas.

A terceira pergunta, porém, me tirou o sono. Eu vivo o hoje, assim como você. A nós foi dada uma escolha, a oportunidade de fazer uma diferença enorme durante um tempo difícil.

E se fizéssemos de fato diferença? E se chacoalhássemos o mundo com esperança? Se infiltrássemos o amor e a vida de Deus em todos os cantos do mundo? E se seguíssemos o exemplo da igreja de Jerusalém? Aquele grupo minúsculo se expandiu com uma força capaz de mudar o mundo.

Ainda bebemos do poço e comemos das árvores de fé deles. E se vivêssemos nossas vidas de acordo com esta oração:

Faz isso de novo, Jesus. Faz isso de novo.

Faça a vida valer a pena

14 de abril

Deixe o diabo sem escolhas

*Vistam toda a armadura de Deus, para poderem
ficar firmes contra as ciladas do diabo*

Efésios 6:11

Sua batalha — sua verdadeira batalha — é contra seu arqui-inimigo, o diabo. Ele tem ocupado essa fortaleza em sua vida durante anos. Você tentou de tudo para conquistá-la: disciplina renovada, livros de autoajuda, gurus da cultura pop. Nada ajudou. Mas agora você pode vir com o poder de Deus, com Deus no centro, com Jesus em seu coração, com anjos à sua dianteira e retaguarda. Você vem não com esperança de uma possível vitória, mas com a certeza da vitória completa.

Marche como Josué contra as muralhas de Jericó. Toque seu shofar. Cante hinos de redenção e declame passagens de triunfo. Impregne sua mente com a declaração de Jesus: "Está consumado!" (João 19:30), e com o anúncio dos anjos: "Ele não está aqui, ele ressuscitou" (Mateus 28:6). Personalize as proclamações de Paulo: "Somos mais que vencedores por meio daquele que nos amou [Cristo]" (Romanos 8:37), e "Tudo posso naquele que me fortalece" (Filipenses 4:13). Quando você fizer isso, os demônios começarão a recuar. Eles não têm outra escolha senão fugir.

Invoque a Deus e deixe o diabo sem escolhas.

Dias de glória

15 de abril

Deus age

*Sabemos que Deus age em todas as coisas para o bem daqueles que o
amam, dos que foram chamados de acordo com o seu propósito.*

Romanos 8:28

Há tantas coisas que não sabemos. Não sabemos se a economia vai afundar ou
se nosso time vai vencer. Não sabemos o que nosso cônjuge está pensando ou
como nossos filhos vão se sair. Nós nem sequer "sabemos como orar" (Romanos
8:26). Mas, de acordo com Paulo, podemos estar absolutamente certos de quatro
coisas. Nós sabemos:

1. *Deus age.* Ele está ocupado nos bastidores, acima da disputa, dentro da
   fúria. Ele não se retira ou segue em frente. Ele é constante e incansável.
   Ele nunca para de agir.
2. *Deus age para o bem.* Não para nosso conforto, lazer ou entretenimento,
   mas para nosso bem supremo. Uma vez que ele é o bem maior, poderíamos esperar algo menos?
3. *Deus age para o bem daqueles que o amam.* Eis o benefício de amar a
   Deus! Faça da história dele a sua história, e sua história tem um final
   feliz. Garantido. Por ser o autor de nossa salvação, ele inscreve um tema
   de salvação em nossa biografia.
4. *Deus age em todas as coisas.* Deus abrange tudo. Ele age, não através de
   algumas coisas ou das coisas boas, melhores ou fáceis. Mas em "todas
   as coisas" Deus age.

Isso nós sabemos.

God's Story, Your Story [A história de Deus, a sua história]

16 de abril

Uma oração...
para proteger você

*Mas tu, Senhor,
és o escudo que me protege;
és a minha glória
e me fazes andar de cabeça erguida.
Ao Senhor clamo em alta voz,
e do seu santo monte ele me responde.*

Salmos 3:3-4

Querido, santo e poderoso Deus, tu mereces todo louvor, toda honra. Teu amor leal me deixa admirado a cada manhã.

Quando eu ouvir vozes ao redor me dizendo que não sou suficientemente bom, ajuda-me a ouvir a tua verdade em meu coração e me dá forças.

Sê com aqueles que se sentem inadequados e que duvidam de que alguém cuida deles. Quando questionarem o próprio valor, dá-lhes uma percepção mais profunda do valor que têm em Cristo, e em Cristo apenas.

Obrigado por não termos de lutar por nosso valor, pois tu já nos chamaste de teus filhos.

Em nome de Jesus, amém.

Antes de dizer amém — Diário de oração

17 de abril

Encontrando o caminho certo

Se alguém fala, faça-o como quem transmite a palavra de Deus.

1Pedro 4:11

Como você pode saber o que deve fazer com sua vida? Qual é o seu destino? Primeiro, responda a esta pergunta: qual é a sua habilidade? Pense a respeito. O que você faz bem? O que as pessoas pedem que você faça de novo? Que tarefas você executa com facilidade? Que assuntos prendem sua atenção? Essa é a sua habilidade. E a habilidade revela o destino.

Seu conjunto de habilidades — a sua capacidade — é seu mapa. Ele leva você ao seu destino. Observe suas qualidades. São migalhas de pão que o guiarão para onde Deus quer que você esteja, ao trabalho e ao ministério que ele quer que você execute. Deus ama você demais para lhe dar uma missão sem as habilidades necessárias para fazê-la. Identifique as suas.

O que você faz para ganhar sua vida deveria estar em conformidade com o seu propósito. Poucas coisas o deixam mais infeliz do que um emprego errado. No entanto, existem poucos males mais comuns do que esse. Uma pesquisa apontou que apenas 13% de todos os trabalhadores veem um sentido em seu trabalho. Não surpreende, então, que os ônibus e metrôs estejam lotados de pessoas mal-humoradas. Quase nove em cada dez pessoas não querem ir ao trabalho. Imagine o impacto que essa infelicidade tem sobre a saúde, a família e o desempenho dessas pessoas. Se alguém pessoa passa quarenta horas ou mais por semana sofrendo num emprego com o qual não se importa, o que acontece?

Encontre algo que você goste de fazer, e faça isso tão bem que as pessoas o paguem por isso. Isso não é apenas um conselho, é um projeto divino.

Dias de glória

18 de abril

Tome a iniciativa

Façam todo o possível para viver em paz com todos.

Romanos 12:18

Você pode achar difícil de acreditar, mas nem todos gostam do pregador. Há momentos em que eu falo ou faço algo errado que provoca o desgosto do membro da igreja. Nos primeiros anos do meu ministério, quando ficava sabendo da insatisfação de alguém, eu costumava ignorar o problema. "Se ele não vier falar comigo, não tenho como resolver o problema."

Mas então eu li as palavras de Jesus: "Portanto, se você estiver apresentando sua oferta diante do altar e ali se lembrar de que seu irmão tem algo contra você, deixe sua oferta ali, diante do altar, e vá primeiro reconciliar-se com seu irmão; depois volte e apresente sua oferta" (Mateus 5:23-24). Jesus ordena que o ofensor, mesmo que não tenha tido qualquer intenção de ofender, tome a iniciativa. Em minha opinião, é uma passagem um tanto desagradável.

Mesmo assim, tenho tentado aplicá-la em meus relacionamentos frágeis.

"Bob", eu pergunto, "eu disse algo que o incomodou?"

"Mary", eu pergunto, "parece haver alguma tensão entre nós. Está tudo bem?"

Esse passo sempre resultou em restauração. Jamais em quatro décadas de ministério esse ensinamento prático deixou de alcançar seu objetivo. Quando misturamos as Escrituras com obediência, produzimos uma poção curadora.

Dias de glória

19 de abril

A queda de um muro

Indo Filipe para uma cidade de Samaria, ali lhes anunciava o Cristo.

Atos 8:5

Há muros separando seu mundo em duas partes? Você está em um dos lados. E quem está do outro lado? O adolescente cheio de tatuagens, o patrão endinheirado, o imigrante cujo sotaque é difícil de entender. Ou os samaritanos excluídos de Jerusalém.

Vamos falar sobre um muro, antigo e alto. "Os judeus", como escreveu João em seu Evangelho, "não se dão bem com os samaritanos" (João 4:9).

Jesus, porém, procedia de acordo com um conjunto de regras diferente. Ele passou a maior parte de um dia no território de uma mulher samaritana (cf. João 4:1-26). Jesus passou por cima do tabu cultural como se esse tabu fosse um cachorro dormindo na porta. Jesus ama derrubar barreiras.

Foi por isso que enviou Filipe a Samaria. E, quando a cidade explodiu em um reavivamento, homens e mulheres foram batizados. Pedro e João ouviram falar daquela reação e viajaram de Jerusalém ao povoado a fim de confirmá-la. "Então Pedro e João lhes impuseram as mãos, e eles receberam o Espírito Santo" (Atos 8:15-17).

Mas por que o batismo dos samaritanos não fora acompanhado do Espírito Santo? Por que o atraso do dom?

Simples. Para comemorar a queda de um muro. O evangelho estava rompendo, pela primeira vez, um preconceito antigo. Deus marcou o momento com um desfile digno de banda de música e papel picado. Ele estendeu o tapete de boas-vindas e enviou seus apóstolos a fim de verificar o reavivamento e impôr as mãos sobre os samaritanos. Que não reste nenhuma dúvida: Deus aceita todas as pessoas.

Faça a vida valer a pena

20 de abril

Uma chance

*Portanto, se alguém está em Cristo, é nova criação. As coisas
antigas já passaram; eis que surgiram coisas novas!*

2Coríntios 5:17

Considere a mulher samaritana. Quando Jesus a encontrou, ela era a versão do século I de uma vida em queda livre. Cinco ex-maridos e meia dúzia de filhos, cada um com a cara de um pai diferente. Décadas de uma vida desregrada haviam deixado seus rastros na forma de tatuagens e tabus. Ela estava vivendo com um namorado que acreditava que o casamento era uma perda de tempo.

Ela era o assunto preferido das fofoqueiras. Essa é a única explicação para ela aparecer no poço ao meio-dia. As outras mulheres enchiam seus baldes ao nascer do sol, mas a mulher samaritana preferia o sol do meio-dia, suponho, ao calor do desdém das outras mulheres.

Se não tivesse aparecido um estranho, sua história teria se perdido nas areias do deserto samaritano. Mas ele entrou na vida dela com a promessa de água viva e de sede saciada. O passado da mulher samaritana não o assustou, muito pelo contrário. Ele ofereceu a ela a oportunidade de um novo começo, uma lousa em branco. Ela aceitou a oferta dele. Sabemos disso por causa daquilo que aconteceu em seguida. "Muitos samaritanos daquela cidade creram nele por causa do seguinte testemunho dado pela mulher: 'Ele me disse tudo o que tenho feito.' (João 4:39)"

A mulher à margem se transformou na mulher com a mensagem. Nenhuma outra pessoa lhe deu uma chance. Jesus lhe ofereceu a chance única de uma vida. Ele veio por causa de pessoas como ela. Ele veio para pessoas como você e eu.

Dias de glória

21 de abril

Deus no meio do turbilhão

*Por que você está assim tão triste,
ó minha alma?
Por que está assim tão perturbada
dentro de mim?*

Salmos 42:5

O autor do salmo 42 estava triste e desanimado. As lutas da vida ameaçavam puxá-lo para baixo e fazer outra vítima. Mas, no momento certo, o escritor tomou esta decisão: "Ponha a sua esperança em Deus! Pois ainda o louvarei; [...] por isso de ti me lembro desde a terra do Jordão, das alturas do Hermom, desde o monte Mizar" (vs. 5-6).

Há determinação nessas palavras. "Ponha... de ti me lembro." O autor tomou a decisão consciente de tratar sua alma abatida seus problemas com pensamentos divinos. *Por onde quer que ande, de ti me lembro.*

Em seu caso, o versículo diria: "Desde a UTI até o cemitério, desde a fila de desempregados até o tribunal, de ti me lembrarei."

Não há nada de fácil nisso tudo. Os problemas batem em nós como as gotas de chuva numa tempestade. Encontrar Deus no meio do turbilhão exigirá cada bocadinho de disciplina que você puder reunir. Mas o resultado vale o esforço. Além do mais, você realmente prefere meditar sobre sua miséria? Recitar seus problemas o transforma em uma pessoa melhor? Não. Mas mudar sua mentalidade sim.

"Não se perturbe o seu coração, nem tenham medo" (João 14:27). Em vez disso, *impregne sua mente com os pensamentos de Deus.*

Dias de glória

22 de abril

Fazendo Satanás tremer

Confessem os seus pecados uns aos outros e orem uns pelos outros
para serem curados. A oração de um justo é poderosa e eficaz.

Tiago 5:16

A maioria de nós luta com a oração. Esquecemo-nos de orar, e, quando nos lembramos, temos pressa, fazemos orações com palavras vazias. Nossa mente divaga, nossos pensamentos se dispersam como um bando de codornas. Por que isso? A oração requer um esforço mínimo. Nenhum local é prescrito. Nenhuma roupa especial é necessária. No entanto, a sensação é a de estarmos lutando com um porco besuntado.

Falando em porcos, Satanás procura interromper as nossas orações. A batalha que temos com a oração não é inteiramente culpa nossa. Ele conhece as histórias, ele testemunhou o anjo na cela de Pedro e o reavivamento em Jerusalém. Ele sabe o que acontece quando oramos. "As armas que usamos [...] são armas poderosas de Deus, capazes de destruir fortalezas" (2Coríntios 10:4, NTLH).

Satanás não fica perturbado quando eu escrevo livros ou preparo sermões, mas seus joelhos nodosos tremem quando eu oro. Satanás não gagueja nem tropeça quando você atravessa as portas da igreja ou participa das reuniões eclesiásticas. Mas as paredes do inferno chacoalham quando uma pessoa com um coração honesto em confissão sincera diz: "Oh, Deus, quão grande és tu."

Satanás nos afasta da oração. Ele tenta se posicionar entre nós e Deus. Mas foge como um cachorro assustado quando avançamos. E que assim façamos.

Faça a vida valer a pena

23 de abril

Uma oração...
para se aproximar de Cristo

*O que é nascido de Deus vence o mundo; e esta é a
vitória que vence o mundo: a nossa fé.*

1João 5:4

Filho de Deus, não há nada que eu esteja enfrentando ou que jamais enfrentarei que tu não tenhas enfrentado, suportado e superado. E a maior maravilha é que vens me socorrer quando preciso de tua ajuda. Venho a ti agora. Aproxima-te de mim, Jesus. Em teu nome. Amém.

No monte Calvário

24 de abril

Aquele que move montanhas

Mas bendito é o homem cuja confiança está no SENHOR, *cuja confiança nele está.*

Jeremias 17:7

Quando problemas cruzam nosso caminho, podemos nos estressar e nos irritar, ou podemos confiar em Deus.

"Mantenham o pensamento nas coisas do alto, e não nas coisas terrenas" (Colossenses 3:2). Quando houver gigantes na terra, quando dúvidas atacarem sua mente, volte seus pensamentos para Deus. Seus melhores pensamentos são os pensamentos de Deus.

Ele está acima do caos!

Ele é "o Altíssimo sobre toda a terra" (Salmos 83:18).

O salmista perguntou: "Quem nos céus poderá comparar-se ao SENHOR? Quem dentre os seres celestiais assemelha-se ao SENHOR?" (Salmos 89:6).

A dor não o atormenta.

A economia não o atinge.

O tempo não o abala.

Eleições não o definem.

Doenças não o contagiam.

A morte não o afeta.

E ele "é capaz de fazer infinitamente mais do que tudo o que pedimos ou pensamos" (Efésios 3:20).

Olhe menos para a montanha e mais para aquele capaz de movê-las. Medite sobre a santidade de Deus. Permita que o esplendor dele o maravilhe e o inspire.

Dias de glória

25 de abril

Tapinha ou safanão?

*Meu filho, não despreze a disciplina do Senhor, nem se magoe
com a sua repreensão, pois o Senhor disciplina a quem ama,
e castiga todo aquele a quem aceita como filho.*

Hebreus 12:5-6

Desperte! Eis o que Deus estava realmente dizia a Saul. Saul, o primeiro rei de Israel, se consumiu de ciúmes. Ele foi ofuscado por Davi, o filho mais novo de uma família que cuidava de ovelhas. Davi fazia tudo melhor: ele cantava melhor, impressionava mais as mulheres e até matou os gigantes que Saul temia. Mas, em vez de comemorar as habilidades dadas por Deus a Davi, Saul ficou loucamente hostil. Deus, em um visível esforço para despertá-lo da névoa de ciúmes, recrutou a ajuda de seu relutante servo, Satanás. "No dia seguinte, um espírito maligno mandado por Deus apoderou-se de Saul e ele entrou em transe em sua casa" (1Samuel 18:10).

Observe um princípio sério: há momentos em que o coração fica tão duro e os ouvidos tão insensíveis que Deus nos leva a sofrer as consequências de nossas escolhas.

Por mais drástico que pareça, Deus, na verdade, permitirá que uma pessoa vivencie o inferno na terra, na esperança de despertar sua fé. O amor santo faz a escolha difícil que consiste em levar o filho a sofrer as consequências de sua rebeldia.

Lembre-se de que a disciplina deveria resultar em misericórdia, não em tormento. Alguns santos são despertados por um tapinha no ombro, enquanto outros precisam de um safanão na cabeça. E sempre que Deus precisa aplicar um safanão, Satanás recebe o chamado.

Dias melhores virão

26 de abril

Pôr à prova

*Mas ele conhece o caminho por onde ando; se me
puser à prova, aparecerei como o ouro.*

Jó 23:10

Satanás gosta de pôr os santos à prova. Veja a advertência que Jesus faz a Pedro: "Simão, Simão, Satanás pediu vocês para peneirá-los como trigo. Mas eu orei por você, para que a sua fé não desfaleça. E quando você se converter, fortaleça os seus irmãos" (Lucas 22:31-32).

Satanás pode gostar de pôr os santos à prova, mas note quem está no controle. Mesmo tendo um plano, Satanás teve de obter permissão. "Foi-me dada toda a autoridade nos céus e na terra", Jesus disse, e esta é a prova (Mateus 28:18). O lobo não pode chegar à ovelha sem a permissão do Pastor, e o Pastor só permitirá o ataque se, a longo prazo, a dor compensar o ganho.

Jesus estava permitindo que Pedro passasse por uma provação para que ele pudesse encorajar seus irmãos. Talvez Deus esteja fazendo o mesmo com você. Sua dificuldade, sua doença, seu conflito estão preparando você para que seja uma voz de encorajamento para seus irmãos. Tudo de que você precisa é se lembrar destas palavras:

Nenhuma tentação, nenhum teste que surge no caminho de vocês é maior que o enfrentado por outros. Tudo que vocês precisam lembrar é que Deus não deixará que fracassem. Ele nunca permitirá que sejam pressionados além do limite, mas estará sempre com vocês para ajudá-los a vencer a tentação (1Coríntios 10:13, *A Mensagem*).

Recorra a Deus.

Dias melhores virão

27 de abril

O poder da confissão

Sonda-me, ó Deus,
e conhece o meu coração;
prova-me, e conhece as minhas inquietações.
Vê se em minha conduta algo te ofende,
e dirige-me pelo caminho eterno.

Salmos 139: 23-24

Talvez sua oração precise de uma investigação mais profunda. Por baixo da epiderme dos feitos de hoje estão as ações não resolvidas dos anos passados. Como o rei Davi, você tomou uma decisão estúpida após a outra. Você ficou quando deveria ter ido embora, olhou quando deveria ter virado as costas, seduziu quando deveria ter se contido, machucou quando deveria ter ajudado, negou quando deveria ter confessado.

Fale com Deus sobre essas lâminas enterradas. Vá até ele da mesma maneira que você iria até um médico de confiança. Explique a dor e revisite a transgressão juntos. Receba com prazer sua sondagem e toque curativo. E, isso é importante, confie na habilidade dele de receber sua confissão mais do que sua habilidade de realizá-la. Oh, que perfeccionista insubordinado que vive em nós! Ele traz dúvidas cancerígenas: "Minha confissão foi sincera? Suficiente? Esqueci algum pecado?"

Claro que sim. Quem entre nós conhece todas as nossas transgressões? Quem de nós já sentiu arrependimento suficiente por nossas falhas? Se a purificação da confissão depende de quem confessa, todos estamos arruinados, pois nenhum de nós confessou precisamente ou adequadamente. O poder da confissão não está com a pessoa que a realiza, mas com o Deus que a ouve.

Graça

28 de abril

Um instrumento na mão de Deus

O orgulho vem antes da destruição; o espírito altivo, antes da queda.

Provérbios 16:18

Deus usa Satanás. Isso mesmo. O Soberano de todos usa o governante do mal para os propósitos divinos.

Mesmo o mais humilde entre nós tem uma tendência a se admirar excessivamente. Ao que parece, o apóstolo Paulo também. Seu currículo impressionava: uma audiência pessoal com Jesus, um participante das visões celestiais, um apóstolo escolhido por Deus, um autor da Bíblia. Poucos poderiam rivalizar com ele em suas realizações. E talvez ele soubesse disso. Talvez tenha havido um momento em que Paulo começou a se fazer elogios. Deus, que amava Paulo e odeia o orgulho, o protegeu contra o pecado. E ele usou Satanás para isso.

"Para impedir que eu me exaltasse por causa da grandeza dessas revelações, foi-me dado um espinho na carne, um mensageiro de Satanás, para me atormentar" (2 Coríntios 12:7).

Não nos é dito qual é a natureza do espinho, mas nos é dito qual é o seu propósito: manter Paulo humilde. Também nos é revelada a sua origem: um mensageiro de Satanás. O mensageiro poderia ter sido uma dor, um problema ou uma pessoa que fosse um tormento. Não sabemos. Mas, por favor, observe o que Paulo diz a seguir:

"Três vezes roguei ao Senhor que o tirasse de mim. Mas ele me disse: 'Minha graça é suficiente para você, pois o meu poder se aperfeiçoa na fraqueza'" (vs. 8-9).

Satanás e suas forças foram simplesmente um instrumento nas mãos de Deus para fortalecer um servo.

Graça

29 de abril

Vestido de bondade

É grande o meu prazer no SENHOR! Regozija-se a minha alma em meu Deus!
Pois ele me vestiu com as vestes da salvação e sobre mim pôs o manto da justiça.

Isaías 61:10

Na cruz, Cristo nos substituiu e sentiu toda a força da Queda. Ele tomou o castigo dos culpados. Ele morreu, não à semelhança de um pecador, mas como um pecador — em nosso lugar. Seu sacrifício é suficiente. Nossos méritos não o exaltam. Nossos tropeços não o diminuem. O sacrifício de Cristo é uma obra total, incessante e concluída.

"Está consumado", anunciou Jesus (João 19:30). Sua oração de abandono é seguida por um clamor de realização. Não "Está iniciado" ou "Está em andamento". Não. "Está consumado".

Será que existe uma notícia melhor? Na verdade, sim. Tem mais. Ele é a "sabedoria de Deus para nós" (1Coríntios 1:30).

Deus não simplesmente retira nossas falhas; ele nos veste com a bondade de Cristo! "Pois os que em Cristo foram batizados, de Cristo se revestiram" (Gálatas 3:27).

Esse é um guarda-roupa que vale a pena vestir.

God's Story, Your Story [A história de Deus, a sua história]

30 de abril

Uma oração...
para verdadeira luz divina

O seu sol nunca se porá, e a sua lua nunca desaparecerá, porque o Senhor
será a sua luz para sempre, e os seus dias de tristeza terão fim.

Isaías 60:20

Pai, tu tens o poder de controlar o sol e a lua. Tu és a luz eterna.

Ajuda-me a ver uma luz no fim do meu túnel. Às vezes, eu mal consigo me lembrar do que é a luz ou de como é sentir uma simples alegria. Ajuda-me a me concentrar em ti até mesmo na escuridão.

Apoia os meus amigos enquanto eles sofrem perdas como fracasso, morte ou doença. Quando essas provações afligem os que amo, eu me sinto muito impotente. Tu poderias mostrar tua luz na vida deles?

Obrigado, Deus, por seres a nossa rocha e o nosso curador, por trazeres um fim ao nosso lamento.

Em nome da Luz eterna, amém.

Diário de oração

Maio

1º de maio

Ainda não estamos em casa

Na casa de meu Pai há muitas moradas; se não fosse assim, eu vo-lo teria dito.
Vou preparar-vos lugar. E quando eu for, e vos preparar lugar, virei outra vez,
e vos levarei para mim mesmo, para que onde eu estiver estejais vós também.

João 14:2-3

Você nasceu equipado para o céu e com fome de ir para o seu lar celestial. Precisa de provas?

Considere suas perguntas. Perguntas sobre morte e tempo, significado e relevância. Os animais não parecem fazer as perguntas que fazemos. Os cães uivam para a lua, mas nós a contemplamos. Como chegamos aqui? Por que estamos aqui? Será que somos um plano de alguém ou algum acidente? Por que estamos nesta terra?

Fazemos perguntas sobre a dor. As palavras *leucemia* e *criança* não deveriam aparecer na mesma frase. E a guerra. Será que o conflito não pode seguir o caminho das fitas cassete e dos telegramas? E a sepultura. Por que o traço entre as datas na lápide é tão pequeno? Algo nos diz que isso não é certo, bom, justo. Aqui não é nossa casa.

De onde vêm essas agitações? Quem colocou esses pensamentos em nossas cabeças? Por que não podemos, como coelhos, ser felizes com cenouras e cópulas? Porque, de acordo com Jesus, ainda não estamos em casa.

God's Story, Your Story [A história de Deus, a sua história]

2 de maio

Um alvo imóvel

Toda a Escritura é inspirada por Deus e útil para o ensino, para a repreensão, para a correção e para a instrução na justiça, para que o homem de Deus seja apto e plenamente preparado para toda boa obra.

2Timóteo 3:16-17

A chave para o crescimento espiritual não é uma frequência maior nos cultos ou um envolvimento maior em atividades espirituais. As pessoas não crescem em Cristo porque se envolvem em atividades da igreja. Elas crescem em Cristo quando leem suas Bíblias e confiam nelas.

Deseja crescimento? Interaja com a Bíblia. Medite nela dia e noite. Pense e repense a Palavra de Deus. Permita que ela seja seu guia. Faça dela a autoridade final em sua vida.

Não trace seu percurso segundo as opiniões de pessoas ou as sugestões da cultura. Se você fizer isso, cometerá o mesmo erro do filho do fazendeiro. O pai enviou o menino para preparar um campo, lembrando-o de que precisava arar em linhas retas.

— Escolha um objeto no lado oposto do campo e guie o arado nessa direção.

Mais tarde, quando o pai foi verificar o trabalho do garoto, ele não encontrou um único sulco reto no campo. Cada um dos sulcos estava torto.

— Pensei que tinha lhe dito para escolher um objeto e guiar o arado em sua direção — o pai disse.

— Foi o que fiz — respondeu o garoto —, mas o coelho não parou de pular.

Uma linha reta — assim como uma vida boa — exige um alvo imóvel. Fixe seu olhar nos princípios imutáveis de Deus. Deixe que a Palavra de Deus seja a palavra de autoridade em seu mundo.

Dias de glória

3 de maio

Majestade inesperada

*O Rei responderá: "Digo-lhes a verdade: O que vocês fizeram
a algum dos meus menores irmãos, a mim o fizeram."*

Mateus 25:40

Às 7h51 de 12 de janeiro de 2007, um jovem músico se posicionou encostado em uma parede de uma estação de metrô em Washington, capital dos Estados Unidos. Abriu a caixa do violino, pegou o instrumento, atirou alguns dólares e umas moedas na caixa, para servirem de chamariz, e começou a tocar.

Em 43 minutos, ele tocou seis músicas clássicas. Durante esse tempo, 1.097 pessoas passaram por ele. Das 1.097 pessoas, sete — apenas sete — pararam mais que um minuto. E, das sete, uma — só uma — reconheceu o violinista Joshua Bell.

Três dias antes dessa apresentação no metrô, Bell lotou a Symphony Hall de Boston. Talentos como Joshua Bell podem fazer jus a mil dólares por minuto. Naquele dia, na estação de metrô, ele nem chegou a ganhar o suficiente para comprar um par de sapatos baratos.

Nada majestoso era esperado naquele contexto. Um engraxate de um lado, um quiosque do outro. Era um dia de trabalho. Quem tinha tempo para reparar na beleza em meio a tanta ocupação? A maioria não tinha.

Muitos um dia ainda vão perceber o que não perceberam. Da perspectiva divina, vamos olhar para trás — para estes dias ocupados e confusos — e perceber: *Era Jesus tocando violino. Era Jesus vestindo roupas esfarrapadas. Era Jesus no orfanato, na cadeia, no barraco feito de papelão. A pessoa que precisava da minha ajuda era Jesus.*

O que podemos fazer por Jesus?

Faça a vida valer a pena

4 de maio

Seu sermão

Considero que os nossos sofrimentos atuais não podem ser comparados com a glória que em nós será revelada.

Romanos 8:18

Se Jesus curá-lo instantaneamente, louve-o.

Se ainda está esperando pela cura, confie nele. O sofrimento é o seu sermão.

Meu amigo Jim enfrentou um problema muscular durante a maior parte de sua vida adulta. A atrofia o faz gaguejar e prejudica o caminhar. Mas isso não diminuiu sua fé ou apagou seu sorriso. Em um domingo em especial, tínhamos pedido aos membros da igreja para pararem na parte de trás do estacionamento e deixarem as vagas mais próximas para os convidados. Quando cheguei, vi Jim. Ele tinha estacionado no canto mais distante e estava caminhando rumo ao templo. *Não queríamos dizer que você tinha de estacionar tão longe*, senti vontade de falar.

A vida dele é um exemplo. Oro para que Deus cure o corpo de Jim. Mas até ele curar, Deus o está usando para inspirar gente como eu. Deus fará o mesmo com você. Ele usará seu sofrimento para inspirar os outros.

Deus pode usar o seu sofrimento como o sermão dele.

Antes de dizer amém

5 de maio

A grande notícia da Bíblia

O anjo do Senhor é sentinela ao redor
daqueles que o temem,
e os livra.

Salmos 34:7

Você sabia que Deus luta por você? Que "conosco está o Senhor, o nosso Deus, para nos ajudar e para travar as nossas batalhas" (2Crônicas 32:8)? Que "Deus lutará por nós" (Neemias 4:20)? Que o Senhor "luta contra os que lutam comigo" (Salmos 35:1)?

Deus luta por você. Pense nessas quatro palavras por um momento.

Deus. O Diretor-executivo, o Presidente, o Rei, o Governador Supremo, o Monarca Absoluto, o Czar, o Imperador de toda a história. Ele interfere e fornece proteção. Ele é impecavelmente perfeito, incansavelmente forte, inquestionavelmente capaz. Ele é infinitamente cheio de alegria, sabedoria e disposição. E ele...

Luta. Ele envia anjos e dá ordens ao tempo. Ele derruba Golias e esvazia cemitérios. Ele luta...

Por. Por sua saúde, família, fé e restauração. As probabilidades são contra você? O treinador está contra você? O governo está contra você? É difícil, sim. Mas Deus luta por...

Você. Sim, você! Você com seu passado sórdido. Você com sua careca. Você que cresceu sem pai. Você com dores na coluna, você sem crédito, sem emprego. Ele luta não só pelos ricos, lindos e religiosos. Ele luta pelos vocês do mundo. Você é um *você*?

A grande notícia da Bíblia é que não é você que luta por Deus, mas é Deus que luta por você. E esse conhecimento — saber que seu Pai luta por você — é uma fonte de força sem igual.

Dias de glória

6 de maio

Honestidade em risco

E quando estiverem orando, se tiverem alguma coisa contra alguém,
perdoem-no, para que também o Pai celestial lhes perdoe os seus pecados.

Marcos 11:25

Tarde da noite. Hora de dormir. O travesseiro chama. Assim como sua consciência culpada. Um encontro com um colega de trabalho acabou sendo desagradável pela manhã. Palavras foram trocadas. Acusações feitas. Linhas desenhadas na areia. Nomes chamados. Comportamento vulgar, muito vulgar. Você carrega um pouco, senão a maior parte da culpa.

A sua antiga versão teria impedido a discussão. Amontoando-a em um porão já lotado de conflitos não resolvidos. A discussão viraria amargura e envenenaria outro relacionamento. Mas você não é sua antiga versão. Agora você sabe o que é melhor. Você foi comprado com sangue, pela graça, teve os pés lavados e foi feito morada de Cristo. Você pode arriscar a honestidade com Deus. É hora de se confessar àquele que morreu para perdoar você.

Você diz ao travesseiro que espere e vai para a presença de Jesus. "Podemos conversar sobre a discussão de hoje? Sinto muito se reagi daquela maneira. Fui severo, crítico e impaciente. O Senhor me deu tanta graça. Eu dei tão pouco. Por favor, perdoe-me."

Não se sente melhor assim? Sem necessidade de um local especial. Sem necessidade de cântico ou vela. Apenas uma oração. A oração provavelmente induzirá a um pedido de desculpa, e o pedido de desculpa possivelmente preservará uma amizade e protegerá um coração. Você poderá ainda pendurar um cartaz na parede do seu escritório: "Vive-se a graça aqui."

Graça

7 de maio

Uma oração...
porque o Senhor ama você

Embora sendo Deus, não considerou que o ser igual a Deus era algo a que devia apegar-se; mas esvaziou-se a si mesmo, vindo a ser servo, tornando-se semelhante aos homens. E, sendo encontrado em forma humana, humilhou-se a si mesmo e foi obediente até a morte, e morte de cruz!

Filipenses 2:6-8

Senhor misericordioso, está além da minha compreensão que nada possa me separar de teu amor... ou que tu amas o que vês quando me vês. O fato de que tu, meu Criador e Deus, morrerias por mim é uma maravilha. Obrigado por abrires o caminho de volta até ti para sempre. Em nome de Jesus, amém.

Moldado por Deus

8 de maio

Filhos escolhidos

Aos que o receberam, aos que creram em seu nome, deu-lhes
o direito de se tornarem filhos de Deus.

João 1:12

Filhos adotivos são filhos escolhidos.

Não é o que acontece com filhos biológicos. Quando o médico entregou Max Lucado a Jack Lucado, meu pai não tinha outra saída. Nenhuma escapatória. Nenhuma escolha. Ele não podia me devolver ao médico e pedir um filho mais bonito ou mais esperto. O hospital o fez me levar para casa.

Mas, se você fosse adotado, seus pais o teriam escolhido. Gestações surpresas acontecem. Mas adoções surpresa? Nunca ouvi falar. Seus pais poderiam ter escolhido sexo, cor ou ancestralidade diferentes. Mas selecionaram você. Eles queriam você na família.

Você contesta: "Ah, mas se eles pudessem ter visto o resto de minha vida, eles poderiam ter mudado de ideia." A questão é essa.

Deus viu nossa vida por inteiro, do início ao fim, do nascimento ao caixão, e, apesar do que viu, "Deus já havia resolvido que nos tornaria seus filhos, por meio de Jesus Cristo, pois este era o seu prazer e a sua vontade" (Efésios 1:5, NTLH).

Podemos agora viver como "filhos por adoção, por meio do qual clamamos: 'Aba, Pai' [...] Se somos filhos, então somos herdeiros; herdeiros de Deus e co-herdeiros com Cristo" (Romanos 8:15,17).

É simples assim.

Graça

9 de maio

Quem está empurrando seu balanço?

De repente, uma violenta tempestade abateu-se sobre o mar, de forma que as ondas inundavam o barco. Jesus, porém, dormia.

Mateus 8:24

As crianças amam brincar no balanço. Não há nada igual. Levar os pés em direção ao céu, inclinando-se tão longe para trás que tudo parece virar de cabeça para baixo. As árvores girando, o estômago que pula para a garganta.

Ah, o balanço...

Quando criança, eu só confiava em certas pessoas para me empurrar no balanço. Elas poderiam me enrolar, me virar, me parar... Eu amava! Mas, se um estranho viesse me empurrar no balanço, era: *segure-se!*

Não é divertido quando o balanço está nas mãos de um estranho.

Lembra quando Jesus acalmou a tempestade em Mateus 8? Aquela tempestade não era uma suave chuva de primavera. Era assustadora a ponto de deixar apavorada uma dúzia de discípulos, mesmo pescadores experientes como Pedro. Então eles correram para acordar Jesus.

Eles correram para fazer o quê? Jesus estava dormindo? Como assim ele poderia dormir durante uma tempestade?

Simples. Ele sabia quem estava empurrando o balanço.

Vivemos em um mundo tempestuoso. Para onde quer que eu olhe, tempestades particulares ocorrem. Mortes na família, casamentos complicados, corações partidos, noites solitárias. Devemos nos lembrar de quem está empurrando o balanço. Devemos depositar nossa confiança nele. Ele não vai nos deixar cair.

Que empurra seu balanço? Nas mãos certas, você pode encontrar a paz... mesmo na tempestade.

Moldado por Deus

10 de maio

Testemunha improvável

*Por minha causa vocês serão levados à presença de governadores
e reis como testemunhas a eles e aos gentios.*

Mateus 10:18

À primeira vista, não parecem grande coisa. O alto no canto: aquele é Pedro. A Galileia acentuou seu sotaque. As redes de pesca engrossaram suas mãos. A obstinação adensou seu cérebro.

E seus companheiros: André, Tiago, Bartolomeu. Nunca viajaram além de uma semana de caminhada de casa. Não tiveram uma educação formal. Na realidade, o que eles têm? Humildade? Usaram de todos os meios para chegar a posições importantes. Conhecem teologia? Pedro disse a Jesus para esquecer-se da cruz. Sensibilidade? João quis pôr fogo nos gentios. Lealdade? Quando Jesus foi preso, correram.

No entanto, olhe para eles seis semanas após a morte de Jesus, apinhados no segundo andar de uma casa em Jerusalém, imaginando o que, afinal, Jesus tinha em mente com sua última incumbência: "[Vocês] serão minhas testemunhas". Vocês irão liderar um movimento que explodirá de Jerusalém até os confins da Terra. Vocês farão parte de algo tão poderoso, controverso e vertiginoso que daqui a dois milênios um autor ruivo de meia-idade escreverá esta pergunta em seu *laptop*: *Jesus ainda faz isso?* Será que ele ainda usa pessoas comuns como suas testemunhas?

Pode apostar que sim! A única questão é: você vai testemunhar?

Faça a vida valer a pena

11 de maio

Deus pode fazer maravilhas

Àquele que é capaz de fazer infinitamente mais do que tudo o que pedimos ou pensamos, de acordo com o seu poder que atua em nós, a ele seja a glória na igreja e em Cristo Jesus, por todas as gerações, para todo o sempre! Amém!

Efésios 3:20-21

Graça é Deus caminhar em seu mundo com um brilho nos olhos e uma oferta a que é difícil de resistir. "Sente-se um pouco. Posso fazer maravilhas com essa sua trapalhada."

Acredite nessa promessa. Confie. Agarre-se com toda força nessa esperança e aliança. Imite Rute e ocupe-se. Vá até sua versão do campo de grãos e comece a trabalhar. Não é momento para inatividade nem desespero. Dispa-se das roupas de luto. Agarre novas oportunidades; tome a iniciativa. Você nunca saberá o que pode acontecer. Você poderá ajudar a trazer Cristo ao mundo.

Graça

12 de maio

Viver como filho de Deus

Assim conhecemos o amor que Deus tem por nós e confiamos nesse amor.

1João 4:16

Nunca superamos nossa necessidade de amor paterno. Estamos condicionados a recebê-lo. Posso lhe falar um pouco sobre o que é o amor? Ouça atentamente. As palavras que eu lhe transmitir são de Deus. Receba-as lentamente. Não as filtre, resista, subestime ou não se desvie delas. Apenas as receba.

Meu filho, quero você no meu novo Reino. Tenho afastado suas transgressões como as nuvens pela manhã, e dissipado seus pecados como a névoa ao romper da manhã. Eu o redimi. A redenção está selada; o assunto está encerrado. Eu, Deus, fiz minha escolha. Escolho você para fazer parte da minha família eternamente.

Deixe que essas palavras cimentem em seu coração a confiança profunda, satisfatória e dissipadora de medos de que Deus nunca deixará você. Você pertence a ele.

Viver como filho de Deus é saber que, neste instante, você é amado pelo Criador não porque você tenta agradá-lo e ter sucesso, ou fracassa em agradá-lo e desculpa-se, mas porque ele quer ser seu Pai. Nada mais. Todos os seus esforços de ganhar a afeição dele são desnecessários. Todos os seus medos de perder a afeição dele são sem necessidade. Você não pode fazê-lo querer você mais do que você pode convencê-lo a abandoná-lo. A adoção é irreversível. Aceite seu lugar como filho adotivo de Deus.

Graça

13 de maio

Genialidade pura

*Não há judeu nem grego, escravo nem livre, homem nem
mulher; pois todos são um em Cristo Jesus.*

Gálatas 3:28

Pense na genialidade do plano de Deus. A primeira geração de cristãos era um caldeirão fervilhante de culturas e contextos contrastantes. Pelo menos quinze nacionalidades diferentes ouviram o sermão de Pedro no dia de Pentecoste. Judeus ao lado de gentios. Homens orando com mulheres. Escravos e senhores buscando Cristo igualmente. Pessoas de tal variedade de contextos e culturas podem se entender umas com as outras?

Ficamos imaginando a mesma coisa hoje. Hispânicos podem viver em paz com britânicos? Democratas podem encontrar um ponto em comum com republicanos? Uma família cristã pode dar continuidade a uma amizade com o casal de muçulmanos do fim da rua? Pessoas divergentes podem coexistir?

A Igreja primitiva pôde, e sem a ajuda de templos, clero ou seminários. Assim aquelas pessoas o fizeram por meio da mais clara das mensagens (a Cruz) e do mais simples dos recursos (a casa).

O plano de Deus para a paz = genialidade pura.

Faça a vida valer a pena

14 de maio

Uma oração...
para ser resgatado

*Então reconheci diante de ti o meu pecado
e não encobri as minhas culpas.
Eu disse: Confessarei as minhas transgressões ao SENHOR,
e tu perdoaste a culpa do meu pecado.*

Salmos 32:5

Deus Pai, tu me redimiste dos meus pecados. Tu os levaste para longe de mim. Tu és perfeito amor.

Ajuda-me enquanto procuro encontrar o que vale a pena. Às vezes, eu me sinto muito indigno e preciso da tua ajuda para descobrir onde está meu verdadeiro valor.

Sê apoio para os meus amigos que não acreditam que seus pecados foram perdoados e continuam caminhando com peso desnecessário sobre os ombros.

Como posso agradecer-te por teu sacrifício? Como posso expressar gratidão pela minha liberdade? Minhas palavras não parecem suficientes, mas agradeço-te por teres me curado e resgatado.

É em nome de Jesus que eu oro, amém.

Antes de dizer amém - Diário de oração

15 de maio

Desfaça suas malas

*Quando chegou a plenitude do tempo, Deus enviou seu Filho,
nascido de mulher, nascido debaixo da Lei, a fim de redimir os que
estavam sob a Lei, para que recebêssemos a adoção de filhos.*

Gálatas 4:4-5

Você questiona o seu lugar na família de Deus? Você teme que ele o rejeite. Você reluta com perguntas do tipo: será que realmente faço parte da família de Deus? E se Deus mudar de ideia e reverter sua aceitação? E olha que ele teria toda razão para fazê-lo. Nós avançamos apenas para retroceder. Renovamos nossa determinação apenas para voltar a tropeçar. Nós nos perguntamos: *será que Deus me rejeitará?*

Namorados fazem isso. Chefes também. Treinadores expulsam jogadores de seu time. Professores expulsam alunos da escola. Pais dão à luz um filho e o abandonam numa rodoviária. Como podemos ter certeza de que Deus não fará o mesmo? E se ele mudar de opinião em relação a nós? Afinal de contas, ele é santo e puro, e nós somos tudo, menos isso. É seguro desfazer as malas?

Deus respondeu a essa pergunta na cruz. Quando Jesus morreu, o voto celestial foi lançado eternamente em nosso favor. Ele declarou de forma que todos o ouvissem: "Este é meu filho. Minha aliança jamais mudará."

Desfaça suas malas.

Dias de glória

16 de maio

O que tu achas, Deus?

Não andem ansiosos por coisa alguma, mas em tudo, pela oração e
súplicas, e com ação de graças, apresentem seus pedidos a Deus.

Filipenses 4:6

Consulte Deus em tudo. Sempre. Imediatamente. Rapidamente. Viva com um
ouvido voltado para o céu. Mantenha a linha aberta com Deus.

"Essa oportunidade vem de ti, Deus?"

"Tu estás comigo nesse empreendimento, Deus?"

"Devo seguir este caminho, Deus?"

Diante de cada decisão. Em cada encruzilhada. Reconheça-o, ouça-o, pergunte-o. "Devo ir para a esquerda ou para a direita?" "Confie no Senhor de todo
o seu coração e não se apoie em seu próprio entendimento; reconheça o Senhor
em todos os seus caminhos, e ele endireitará as suas veredas" (Provérbios 3:5-6).

Nosso relacionamento com Deus é isso: um relacionamento. Seu convite
é claro e simples: "Busque a minha face" (Salmos 27:8). E a nossa resposta? "A
tua face, Senhor, buscarei" (v. 8). Nós o seguimos, e ele nos acompanha. Ele
concede sabedoria à medida que necessitamos. Então, não tenha receio em perguntar: *"O que tu achas, Deus?"*

Dias de glória

17 de maio

Um oásis de graça

*Aceitem-se uns aos outros, da mesma forma que Cristo os
aceitou, a fim de que vocês glorifiquem a Deus.*

Romanos 15:7

A cruz de Cristo cria um novo povo, um povo em que a cor da pele não tem importância e que não possui rixas entre os familiares. Um novo conjunto de cidadãos com base não na ancestralidade nem na geografia em comum, mas em um Salvador em comum.

Meu amigo Buckner Fanning experimentou isso pessoalmente. Ele era fuzileiro naval durante a Segunda Guerra Mundial e estava na base de Nagasaki três semanas após o lançamento da bomba atômica. Você consegue imaginar um jovem soldado americano no meio dos escombros e das ruínas da cidade destruída? O soldado vitorioso não sentia o triunfo, mas dor pelo sofrimento à sua volta.

Em vez de raiva e vingança, Buckner descobriu um oásis de graça. Enquanto patrulhava as ruas estreitas, ele se deparou com uma Igreja Metodista. O jovem marine caminhou sobre os escombros, sem saber como seria recebido. Mais ou menos quinze japoneses estavam arrumando as cadeiras e removendo o entulho. Quando o americano uniformizado entrou, todos pararam e se viraram.

Ele só sabia uma palavra em japonês. Ele a ouviu. *Irmão*. "Eles me acolheram como um amigo", relata Buckner. Ofereceram-lhe um assento. Naquele instante de silêncio, a inimizade entre seus países e a dor da guerra foram postas de lado enquanto um cristão servia ao outro o corpo e o sangue de Cristo.

Um irmão deu boas-vindas ao outro. Aceito. Abraçado.

Somos um novo povo, uma nova família criada em Cristo.

Faça a vida valer a pena

18 de maio

Empilhe algumas pedras

Quando os filhos perguntarem aos seus pais: "Que significam essas pedras?", expliquem a eles: Aqui Israel atravessou o Jordão em terra seca. Pois o Senhor, o seu Deus, secou o Jordão perante vocês até que o tivessem atravessado. O Senhor, o seu Deus, fez com o Jordão como fizera com o mar Vermelho, quando o secou diante de nós até que o tivéssemos atravessado.

Josué 4:21-23

Qual o segredo para sobreviver em território inimigo? *Lembrem-se...*

Lembrem-se daquilo que Deus fez. Registrem seus feitos na memória. Deus sabe que precisamos lembrar. É por isso que ele pede aos israelitas que empilhem algumas pedras. Assim eles olhariam para trás, veriam e se lembrariam.

Alguns anos atrás, minha filha Andrea me lembrou dessa verdade. Certa manhã, quando a levava para a escola, ela percebeu que eu estava ansioso.

— Por que você está tão calado, pai?

Eu lhe disse que estava preocupado com o prazo de entrega de um livro.

— Você não escreveu outros livros?

— Sim.

— Quantos?

Na época, a resposta era quinze.

— Alguma vez você já perdeu um prazo?

— Não.

— Então Deus já o ajudou quinze vezes?

— Sim.

— Se ele já o ajudou em 15 ocasiões diferentes, você não acha que ele o ajudará também dessa vez?

Tradução: Vá empilhar algumas pedras, pai.

Dias de glória

19 de maio

Salvação imerecida

Se é pela graça, já não é mais pelas obras; se fosse, a graça já não seria graça.

Romanos 11:6

Faça.

Seja.

Faça. Seja. Faça.

Faça-seja-faça-seja-faça.

Conhece a letra? Deveria. A maioria das pessoas se apega à suposição de que Deus salva as pessoas boas. Então, seja bom! Seja correto. Seja honesto. Seja decente. Reze o rosário. Guarde o sábado. Mantenha suas promessas. Ore cinco vezes ao dia em direção ao leste. Fique sóbrio. Pague impostos. Ganhe medalhas de mérito.

E, mesmo assim, com toda essa conversa sobre ser bom, ninguém consegue responder à pergunta fundamental: que quantidade de bondade é boa o bastante? Bizarro. Nosso destino eterno está em jogo; mesmo assim, estamos mais seguros com relação às receitas de lasanha do que com as exigências para a entrada no céu.

Deus tem uma ideia melhor: "Vocês são salvos pela graça, por meio da fé, e isto não vem de vocês, é dom de Deus" (Efésios 2:8). Não contribuímos com nada. Nadica de nada. Ao contrário da medalha de mérito do escotismo, a salvação da alma não é adquirida. Um presente. Nossos méritos não merecem nada. O trabalho de Deus é que merece todo o mérito.

Graça

20 de maio

A história sem fim de Deus

Ouvi uma grande voz do céu, que dizia: "Eis aqui o tabernáculo de Deus com os homens, pois com eles habitará, e eles serão o seu povo, e o mesmo Deus estará com eles, e será o seu Deus."

Apocalipse 21:3

Quem pode entender o que Deus está fazendo? Estes dias sobre a terra podem parecer tão difíceis, marcados por conflitos, entristecidos pela separação. Lutamos, poluímos, discriminamos e matamos. As sociedades sofrem com inúmeros feudos, pequenas pretensas dinastias. *Onde este mundo vai parar?*, nós nos perguntamos.

A resposta de Deus: em um grande Dia.

No grande Dia toda a história será consumada em Cristo. Ele assumirá sua posição "muito acima de todo governo e autoridade, poder e domínio, e de todo nome que se possa mencionar, não apenas nesta era, mas também na que há de vir." (Efésios 1:21). E ele, o Autor de tudo, vai fechar o livro sobre esta vida e abrir o livro para a próxima e começar a ler para nós a partir de sua história sem fim.

God's Story, Your Story [A história de Deus, a sua história]

21 de maio

Uma oração...
para se manter no caminho de Deus

*E, porque vocês são filhos, Deus enviou o Espírito de seu
Filho ao coração de vocês, e ele clama: "Aba, Pai".*

Gálatas 4:6

Aba, obrigado por enviares um Ajudador para dirigir meus passos. Tu sabes tudo e me guiarás em tua vontade.

Ajuda-me a conhecer a tua vontade. Mantém-me no caminho que preparaste para mim. Dá-me o desejo de continuar em conformidade com esse caminho e me perdoa pelas vezes que me desgarrei de ti.

Sê com meus amigos e com minha família, que se encontram numa encruzilhada e não sabem o que fazer. Que o teu Espírito possa orientá-los e deixar clara a melhor decisão.

Obrigado por cuidares dos detalhes da minha vida, por não acreditares que um pedido qualquer seja pequeno demais.

Assim eu oro em nome de Jesus, amém.

Antes de dizer amém - Diário de oração

22 de maio

Seus melhores dias

*Vocês sabem, lá no fundo do coração e da alma, que nenhuma
das boas promessas que o SENHOR, o seu Deus, lhes fez deixou de
cumprir-se. Todas se cumpriram; nenhuma delas falhou.*

Josué 23:14

Você não precisa atravessar o rio Jordão ou o mar Vermelho, mas precisa sobreviver à semana. Você não precisa enfrentar Jericó ou um gigante, mas está enfrentando rejeição ou sofrimento. Os inimigos não o perseguem, mas e quanto a doenças, desencorajamentos, perigos? Eles correm soltos. Você se pergunta se possui a força necessária para enfrentar o amanhã.

Creio que você talvez se identifique com o garotinho que eu vi num terminal de aeroporto. Ele e sua família estavam a caminho das férias de verão. Toda a linguagem corporal do pai dizia: "Apressem-se!" O corredor era seu campo de futebol; o portão de embarque, seu gol. Ele estava determinado a marcar.

Será que esse homenzinho conseguirá acompanhar sua família? Perguntei-me. A mãe conseguia. Os irmãos maiores conseguiam. Mas, e quanto ao garotinho? Ele tinha cinco anos de idade, talvez seis. Ele tentou acompanhar o ritmo dos pais, mas simplesmente não conseguiu.

No meio daquela confusão toda, ele desistiu. Jogou a mala no chão, sentou-se nela e gritou na direção da sua família cada vez mais distante: "Não consigo acompanhar vocês!"

Você se reconhece nisso?

Às vezes, o desafio é simplesmente grande demais. Você quer acompanhar o ritmo. Você tenta. Não é que você não queira. A vida tem um jeito de sugar o ânimo da gente.

Quando você fugir da briga, lembre-se de que as promessas de Deus são suas, para que você as reivindique. A Palavra de Deus nos desafia a acreditar que nossos melhores dias ainda estão por vir. Deus reserva a você uma Terra Prometida.

Dias de glória

23 de maio

Neutralizando Satanás

Aproximem-se de Deus, e ele se aproximará de vocês!

Tiago 4:8

Não encare Satanás olhando para ele. Encare-o olhando para Deus.

Não fique obcecado com o diabo. Você não precisa ser mestre em conhecimentos da hierarquia do inferno. Não precisa solucionar o quebra-cabeças dos principados. Não dê ao velho sedutor a honra do dia. Encare o diabo, mas fixe seu olhar em Cristo.

Sim, há uma guerra lá fora. Mas a guerra já foi vencida. "Tendo despojado os poderes e as autoridades, fez deles um espetáculo público, triunfando sobre eles na cruz" (Colossenses 2:15).

Satanás é um anjo caído, e pouco tempo lhe resta.

Não permita que ele estrague seus dias de glória. Neutralize-o.

Lembre-se daquilo que Deus tem feito. Encare o futuro lembrando-se do passado.

Lembre-se a quem você pertence. Você não é mais aquele que costumava ser. Você é filho de Deus.

Dias de glória

24 de maio

A definição de pecado

*Mas os seus súditos o odiavam e por isso enviaram uma delegação
para lhe dizer: "Não queremos que este homem seja nosso rei."*

Lucas 19:14

Jesus nos deu uma definição de um parágrafo sobre o pecado.

Certo homem de uma família importante foi para um país que ficava bem longe, para lá ser feito rei e depois voltar. Antes de viajar, chamou dez dos seus empregados, deu a cada um uma moeda de ouro e disse: "Vejam o que vocês conseguem ganhar com este dinheiro, até a minha volta." Acontece que o povo do seu país o odiava e por isso mandou atrás dele uma comissão para dizer que não queriam que aquele homem fosse feito rei deles. (Lucas 19:12-14, NTLH)

Pecar é declarar: "Deus, eu não quero que sejas meu rei. Prefiro um reino sem rei. Ou, melhor ainda, um reino em que eu seja o rei."

A palavra da Bíblia para isso é *pecado*. O pecado não é um lapso lamentável ou um tropeço ocasional. O pecado arma um golpe contra o regime de Deus. O pecado ataca o castelo, reivindica o trono de Deus e desafia a autoridade dele. O pecado grita "quero administrar minha própria vida, muito obrigado!" O pecado pede a Deus que saia, suma e não volte. O pecado é a insurreição à ordem mais elevada e você é um rebelde. Eu também sou. Assim como toda pessoa que respira.

Mas... ah, esta palavra maravilhosa... *mas,*

"Deus prova o seu amor para conosco, em que Cristo morreu por nós, sendo nós ainda pecadores" (Romanos 5:8).

Cristo morreu para libertar os rebeldes — você e eu.

Graça

25 de maio

O que o diabo teme

Orem no Espírito em todas as ocasiões, com toda oração e súplica; tendo isso em mente, estejam atentos e perseverem na oração por todos os santos.

Efésios 6:18

O diabo teme a oração. Imagine esta cena. Ele senta-se no fundo do recinto durante uma reunião estratégica. Uma dúzia de demônios se reuniu para ouvir um relatório sobre a vida de um justo particularmente forte.

— Ele não vai tropeçar — lamentou o diabinho responsável pelo fim do justo. — Não importa o que fizermos, ele não vai virar as costas para Deus.

O conselho começou a dar sugestões.

— Tire sua pureza — disse um.

— Eu tentei — respondeu o demônio —, mas ele é extremamente moral.

— Tire sua saúde — instigou outro.

— Eu tirei, mas ele recusou-se a murmurar ou reclamar.

— Tire seus bens.

— Você está brincando? Arranquei do homem cada centavo e bens materiais. Mesmo assim, ele ainda se alegra.

Por alguns segundos, ninguém pronunciou uma palavra. Por fim, do fundo da sala, veio a voz baixa e comedida do próprio Satanás. Todo o conselho virou-se quando o anjo caído levantou. Seu rosto pálido era quase oculto pelo capuz. Uma capa longa cobria seu corpo. Ele ergueu a mão esquelética e deu sua opinião.

— Você tem de tirar o que é mais importante.

— E o que é? — perguntou o subordinado.

— Você tem de tirar as orações dele.

Antes de dizer amém

26 de maio

Tire as mãos!

Ora, é Deus que faz que nós e vocês permaneçamos firmes em
Cristo. Ele nos ungiu, nos selou como sua propriedade e pôs o seu
Espírito em nossos corações como garantia do que está por vir.

2Coríntios 1:21-23

Jesus prometeu uma nova vida que poderia ser fortificada ou terminada. "Quem ouve a minha palavra e crê naquele que me enviou, tem a vida eterna e não será condenado, mas já passou da morte para a vida" (João 5:24). Pontes são queimadas e a transferência está completa. Fluxos e refluxos continuam, mas eles nunca desclassificam. Altos e baixos podem marcar nossos dias, mas nunca nos expulsam do reino dele. Jesus conclui nossa vida com graça.

Além disso, Deus reclama seu direito sobre nós. "Nos selou como sua propriedade e pôs o seu Espírito em nossos corações como garantia do que está por vir" (2Coríntios 1:22). Você fez algo parecido: estampou seu nome em um anel de compromisso, gravou sua identidade em uma ferramenta ou no iPad. Os boiadeiros marcam o gado com a marca da fazenda. Estampar declara propriedade. Pelo seu Espírito, Deus nos estampa. Futuros conquistadores são repelidos pela presença de seu nome. Satanás é rechaçado pela declaração: "Tire as mãos. Este filho é meu! Eternamente, Deus."

Graça

27 de maio

Quando oramos

*O SENHOR está perto de todos os que o invocam, de
todos os que o invocam com sinceridade.*

Salmos 145:18

Quando os filhos de Israel foram lutar contra os amalequitas, Moisés escolheu o topo da montanha para estar em oração (cf. Êxodo 17:8-13). Os israelitas venceram.

Quando soube da destruição iminente de Sodoma e Gomorra, "Abraão permaneceu diante do SENHOR" em vez de correr para advertir as cidades (Gênesis 18:22).

Os conselheiros informaram a Neemias que Jerusalém se encontrava em ruínas. Ele assentou os alicerces da oração antes de assentar os alicerces de pedra (cf. Neemias 1:4).

As cartas de Paulo contêm mais pedidos de oração do que apelos por donativos, posses ou consolo.

E Jesus. Nosso Jesus em oração.

Levantando-se de madrugada para orar (cf. Marcos 1:35).

Despedindo a multidão para orar (cf. Mateus 14:23).

Subindo a um monte para orar (cf. Lucas 9:28).

Criando um modelo de oração para nos ensinar a orar (cf. Mateus 6:9-13).

Purificando o templo para que as pessoas pudessem orar (cf. Mateus 21:12,13).

Caminhando até um jardim para orar (cf. Lucas 22:39-46).

Jesus imergia suas palavras e obras em oração. Coisas poderosas acontecem quando fazemos o mesmo.

Faça a vida valer a pena

28 de maio

Uma oração...
para ouvir a voz de Deus

*O Senhor lhe disse: "Saia e fique no monte, na presença do Senhor,
pois o Senhor vai passar". Então veio um vento fortíssimo que separou
os montes e esmigalhou as rochas diante do Senhor, mas o Senhor não
estava no vento. Depois do vento houve um terremoto, mas o Senhor não
estava no terremoto. Depois do terremoto houve um fogo, mas o Senhor
não estava nele. E depois do fogo houve o murmúrio de uma brisa suave.*

1Reis 19:11-12

Grande Deus do universo, Rei dos judeus, obrigado por falares comigo em uma
língua que só eu consigo entender. Ajuda-me a aprender a perceber tua voz em
tua Palavra e em todas as outras maneiras que usas para falar comigo. Em nome
de Jesus. Amém.

No monte Calvário

29 de maio

Enfrentando os muros de Jericó

Não fui eu que lhe ordenei? Seja forte e corajoso! Não se apavore, nem desanime, pois o SENHOR, o seu Deus, estará com você por onde você andar.

Josué 1:9

Muros altos. Laterais protegidas. Josué e seus soldados nunca haviam enfrentado tamanho desafio. Haviam travado batalhas no deserto, mas sempre em território próprio e sempre em planícies abertas. Jamais haviam lutado contra uma cidade fortificada. Jamais haviam passado por ali.

Talvez você esteja enfrentando um desafio maior do que o que já enfrentou em qualquer outro momento de sua vida. Ele se ergue no horizonte como uma cidade de Jericó enfurecida. Aterrorizante. Forte. O desafio consome seus pensamentos e suga suas forças. Ele o acorda de manhã e lhe rouba o sono à noite. É antigo, protegido por muros fortes e parece impenetrável. O maior desafio de sua vida.

E, como Josué, você o vê.

Como Josué, você precisa enfrentá-lo.

E, como Josué, você não precisa enfrentá-lo sozinho.

Estando Josué já perto de Jericó, olhou para cima e viu um homem em pé, empunhando uma espada. Aproximou-se dele e perguntou-lhe: "Você é por nós, ou por nossos inimigos?"

"Nem uma coisa nem outra", respondeu ele. "Venho na qualidade de comandante do exército do SENHOR" (Josué 5:13-14).

A mensagem de Josué é inconfundível. Jericó pode ter muros, mas você, Josué, tem mais. Você tem Deus. Ele está com você.

Não era essa a palavra de que Josué precisava? Um lembrete da poderosa presença de Deus? Não é do que todos nós precisamos? Precisamos saber que Deus está próximo! Nunca estamos sozinhos. Em nossa hora mais escura, em nossas dúvidas mais profundas, o Senhor dos exércitos jamais nos abandona.

Dias de glória

30 de maio

Os planos de Deus são melhores

"Pois os meus pensamentos não são os pensamentos de vocês, nem os seus caminhos são os meus caminhos", declara o SENHOR. *"Assim como os céus são mais altos do que a terra, também os meus caminhos são mais altos do que os seus caminhos; e os meus pensamentos, mais altos do que os seus pensamentos*

Isaías 55:8-9

Deus usa portas fechadas para fazer avançar sua causa.

Ele fechou o ventre da jovem Sara a fim de exibir seu poder para o idoso.

Ele fechou a porta do palácio para Moisés, o príncipe, a fim de abrir as algemas por meio de Moisés, o libertador.

Fez Daniel sair marchando de Jerusalém para usá-lo na Babilônia.

E Jesus. Sim, até Jesus conheceu o desafio de uma porta fechada. Quando ele pediu um caminho para contornar a cruz, Deus disse que não. Ele disse não a Jesus no jardim do Getsêmani para dizer sim a nós nos portões do céu.

O objetivo de Deus são as pessoas. Ele vai formar uma tempestade para exibir seu poder. Vai mantê-lo fora da Ásia para que você vá falar com Lídia. Vai colocá-lo na prisão para que você vá falar com o carcereiro. *Não é que nossos planos sejam ruins, mas os planos de Deus são melhores.*

Sua porta fechada não significa que Deus não ama você. Muito pelo contrário. É a prova de que ele o ama.

God's Story, Your Story [A história de Deus, a sua história]

31 de maio

Seu piloto falou

Confiem para sempre no Senhor,
pois o Senhor, somente o Senhor,
é a Rocha eterna.

Isaías 26:4

O voo para Houston sofreu um atraso de horas por causa de tempestades. Pousamos exatamente no momento em que o último voo para San Antonio partiria. Enquanto o avião se aproximava do terminal, fiquei olhando para o relógio, pensando em hotéis, preparando-me para ligar para Denalyn por causa do meu atraso, resmungando sobre meu infortúnio.

Então, o piloto anunciou uma promessa: "Aqui fala o seu piloto. Sei que muitos de vocês têm conexões. Relaxem. Vocês não perderão seus voos. Nossos aviões estão esperando. Temos um lugar para vocês."

Bem, pensei. Ele não diria isso se não estivesse falando sério. Então, decidi confiar em sua promessa.

Relaxei. Esperei minha vez para desembarcar e procurei meu por tão. Avancei com confiança. O piloto não tinha me feito uma promessa?

Outras pessoas no aeroporto não tiveram tanta sorte. Elas, igualmente vítimas do tempo ruim, estavam em pânico. Viajantes corriam para cá e para lá, com rostos pálidos e preocupados. Suas expressões revelavam seu medo.

Que pena que os pilotos deles não os avisaram. Ou talvez eles até falaram, mas os passageiros não ouviram.

Seu Piloto falará com você. Você o ouvirá? Não, você o ouvirá de verdade? Deixe que suas promessas o cubram como o calor de um lindo dia de verão. Quando tudo e todos em sua volta estão em pânico, escolha o caminho da paz. Nesse mundo de palavras vazias e promessas quebradas, faça um favor a si mesmo: agarre-se às promessas de Deus.

Dias de glória

Junho

1º de junho

A tragédia de uma vasilha velha

*E ninguém põe vinho novo em vasilha de couro velha; se o fizer, o vinho
rebentará a vasilha, e tanto o vinho quanto a vasilha se estragarão.
Ao contrário, põe-se vinho novo em vasilha de couro nova.*

Marcos 2:22

Eu nunca esquecerei Steven. Seus 23 anos tinham sido duros com ele, as cicatrizes de agulha no braço e de faca no pulso. Seu orgulho era seu punho, e sua fraqueza era sua namorada.

A resposta inicial de Steve ao amor era linda. Conforme a história de Jesus antes se desenrolava diante dele, seu rosto endurecido amoleceria e seus olhos escuros dançariam.

Porém, sua namorada não queria nada disso. Quaisquer mudanças que Steven fizesse logo seriam abafadas quando o trouxesse com habilidade de volta aos velhos hábitos. Nós pedimos que ele a deixasse. Ele estava tentando colocar vinho novo em uma vasilha velha.

Ele lutou por dias tentando decidir o que fazer. Por fim, chegou a uma conclusão. Não podia deixá-la.

A última vez que vi Steven, ele chorou... incontrolavelmente. A profecia de Jesus era verdade. Ao colocar seu vinho novo em uma vasilha velha, o líquido se perdeu.

Pense por um minuto. Você precisa jogar alguma vasilha fora? Talvez a sua sejam velhas indulgências — comida, roupas, sexo. Ou um velho hábito, como a fofoca ou a profanação. Ou talvez, como Steven, um velho relacionamento. O arrependimento significa mudança. E a mudança significa purgar o coração de qualquer coisa que não pode coexistir com Cristo.

Você não pode colocar a vida nova em um estilo de vida velho. A tragédia inevitável ocorre. A nova vida é perdida.

Moldado por Deus

2 de junho

Cura definitiva

Bendito seja o Deus e Pai de nosso Senhor Jesus Cristo, Pai das misericórdias e Deus de toda consolação.

2Coríntios 1:3

Pois bem, se você está doente, clame a Jesus!

Ele irá curá-lo — instantânea, gradual ou futuramente.

Ele pode curá-lo *instantaneamente*. Uma palavra era suficiente para expulsar os demônios, curar a epilepsia e ressuscitar os mortos. Ele tinha somente que pronunciar uma palavra, e a cura acontecia. Ele pode fazer isso por você.

Ou ele pode curá-lo *gradualmente*. No caso do cego de Betsaida, Jesus o curou por etapas (Marcos 8:22-26).

E não se esqueça da história de Lázaro. Quando Jesus chegou ao cemitério, Lázaro já estava no túmulo há quatro dias. Mas o Senhor o chamou. O Senhor curou Lázaro? Sim, de forma dramática, porém não imediatamente (João 11:1-44).

Entretanto, a nossa maior esperança está na nossa cura *futura*. No céu, Deus restaurará nossos corpos ao esplendor original, "mas sabemos que, quando ele se manifestar, seremos semelhantes a ele, pois o veremos como ele é" (1João 3:2). Deus transformará o seu túmulo em um útero do qual nascerá com um corpo perfeito em um mundo perfeito. Enquanto isso, continue orando. *Pai, tu és bom. Preciso de ajuda. Cura-me.*

Antes de dizer amém

3 de junho

Ele se importa

Os discípulos o acordaram e clamaram: "Mestre, não te importas que morramos?"

Marcos 4:38

Um clamor tão honesto, um clamor obstinadamente doloroso. Já pedi isso antes, não? Foi clamado inúmeras vezes...

Uma mãe chora pelo filho natimorto. Um marido é arrancado da esposa por um trágico acidente. As lágrimas de uma criança de oito anos caem no caixão do papai. E a pergunta lamenta.

"Deus, tu não te importas?" "Por que *eu*?" "Por que *meu* amigo?" "Por que *meu* negócio?"

É a pergunta atemporal. A pergunta feita por literalmente toda pessoa que já buscou algo no mundo.

Enquanto os ventos uivavam e o mar se enfurecia, os discípulos impacientes e assustados gritaram seu medo a Jesus adormecido.

"Mestre, não te importas que estejamos prestes a morrer?" Ele poderia ter continuado a dormir. Poderia ter-lhes dito para calar a boca. Poderia ter destacado a imaturidade deles... Mas não o fez.

Com toda a paciência que só aquele que cuida pode ter, ele respondeu a pergunta. Silenciou a tempestade para que os discípulos trêmulos ouvissem a resposta. Jesus respondeu de uma vez por todas o dilema doloroso do homem: onde está Deus quando me machuco?

Ouvindo e curando. É onde ele está. Ele se importa.

Moldado por Deus

4 de junho

Uma oração...
porque Jesus é a ponte sobre o abismo

E além disso, entre vocês e nós há um grande abismo, de forma que os que desejam passar do nosso lado para o seu, ou do seu lado para o nosso, não conseguem.

Lucas 16:26

Magnífico Deus dos céus, obrigado por teres encontrado um jeito por meio de Jesus para cobrir o abismo que me separava de ti... para sempre. Estive morto nos meus pecados e nos meus erros. Eu te seguirei na sombra da cruz onde encontrei abrigo. Em nome de Jesus. Amém.

No monte Calvário

5 de junho

De leste a oeste, Deus quer você

*Assim como está longe o oriente do ocidente, assim
afasta de nós as nossas transgressões.*

Salmos 103:12

Qual a distância que separa o leste do oeste? Aumenta mais e mais a cada momento. Se viajar para o oeste, você pode dar voltas ao redor do globo e nunca ir para o leste. Se desejar seguir para o leste, você pode manter um rumo indefinido ao leste. Não é assim com as outras duas direções. Se você for para o norte ou para o sul, por fim vai chegar aos polos norte ou sul e mudar de direção. Mas o leste e o oeste não têm pontos em que seja necessário virar.

Deus também não. Quando ele envia seus pecados para o leste e você para o oeste, você pode ter certeza: ele não vê você em seus pecados. O perdão dele é irreversível. "Não nos tratou segundo os nossos pecados, nem nos recompensou segundo as nossas iniquidades" (Salmos 103:10).

Sublinhe esta verdade: quando Deus vê você, vê o Filho dele, não seu pecado. Deus diz: "apago as tuas transgressões" e "dos teus pecados não me lembro" (Isaías 43:25). Sem liberdade condicional. Sem exceção. Sem inversões.

Ele fez sua diligência. Viu os atos secretos que você cometeu e ouviu seus pensamentos não ditos. As mentiras, os desejos, os anseios, ele conhece a todos. Deus avaliou sua vida desde o primeiro dia até o último, desde o pior momento ao melhor e tomou sua decisão.

"Eu quero essa criança no meu reino."

Você não pode convencê-lo do contrário.

God's Story, Your Story [A história de Deus, a sua história]

6 de junho

Deixe sua mente marinar

Dê-me, pois, a região montanhosa que naquela ocasião o Senhor
me prometeu. Na época, você ficou sabendo que os enaquins lá
viviam com suas cidades grandes e fortificadas; mas, se o Senhor
estiver comigo, eu os expulsarei de lá, como ele prometeu.

Josué 14:12

Quando a Calebe foi dada sua parte da Terra Prometida, ainda havia trabalho a ser feito, inimigos a serem expulsos. Em Josué 14:6-12, Calebe falou com Josué sobre as lutas que estavam à frente. Tome um momento para ler suas palavras. Qual é o nome que aparece e reaparece nas palavras de Calebe? O Senhor. Nove referências ao Senhor! Quem estava nos pensamentos de Calebe? Quem estava no coração de Calebe? Sua mente estava centrada no Senhor.

E quanto a você? O que uma transcrição dos seus pensamentos revelaria? Um foco no Senhor? Ou no problema, no problema, no problema? Na economia, na economia? No idiota, no idiota?

O povo da Terra Prometida não nega a presença de problemas. Servos como Calebe não são ingênuos, mas eles impregnam suas mentes com pensamentos de Deus.

Imagine duas panelas no fogão. Uma contém água fresca; a outra, ácido de bateria. Pegue uma maçã, corte-a em duas metades. Coloque uma metade da maçã na água fresca. Coloque a outra metade no ácido de bateria. Deixe cada uma na panela durante cinco minutos e depois retire as metades. Qual você irá querer comer?

Sua mente é a maçã. Deus é a água boa. Os problemas são o ácido de bateria. Se você banhar sua mente em seus problemas, eles eventualmente corroerão e corromperão seus pensamentos. Mas os pensamentos de Deus preservarão e refrescarão suas atitudes. Calebe era diferente porque impregnou sua mente com os pensamentos de Deus.

Dias de glória

7 de junho

Governador de ondas e corações

Ele se levantou, repreendeu o vento e disse ao mar: "Aquiete-se!
Acalme-se!" O vento se aquietou, e fez-se completa bonança.

Marcos 4:39

Incrível. Ele não entoa um mantra ou balança uma varinha mágica. Nenhum anjo é chamado; nenhuma ajuda é necessária. O mar enfurecido se acalma no mesmo instante. Uma calma imediata. Nem uma onda. Nem uma gota. Nem uma rajada de vento. Qual a reação dos discípulos? "Eles estavam apavorados e perguntavam uns aos outros: 'Quem é este que até o vento e o mar lhe obedecem?'" (Marcos 4:41).

Eles nunca conheceram um homem como aquele. As ondas estavam sujeitas a ele, e os ventos eram seus servos. E isso era apenas o começo daquilo que os companheiros de mar de Jesus testemunhariam. Antes de tudo acabar, eles veriam peixes pularem para dentro do barco; demônios se precipitarem em porcos; paralíticos passarem a dançar e cadáveres se tornarem pessoas vivas e com fôlego de vida.

Eles nunca haviam visto tal poder; nunca haviam visto tal glória. Você não teria necessidade de explicar esse versículo para eles; eles saberiam o que ele significava: "Porque teu é o Reino, o poder e a glória para sempre" (Mateus 6:13).

Na verdade, seriam dois desses pescadores resgatados a declarar a autoridade de Jesus mais claramente. Veja o que diz João: "Aquele que está em vocês é maior do que aquele que está no mundo" (1João 4:4). Veja o que diz Pedro: "[Jesus] subiu aos céus e está à direita de Deus; a ele estão sujeitos anjos, autoridades e poderes" (1Pedro 3:22).

É justo que eles declarem a autoridade de Jesus. É justo que façamos o mesmo. E, quando o fazemos, declaramos sem dúvida: o governador do universo governa o nosso coração.

Dias melhores virão

8 de junho

A força das fortalezas

Livremo-nos de tudo o que nos atrapalha e do pecado que nos envolve, e corramos com perseverança a corrida que nos é proposta, tendo os olhos fitos em Jesus, autor e consumador da nossa fé.

Hebreus 12:1-2

Assim como Jericó era uma fortaleza em Canaã, nós também temos fortalezas em nossas vidas. O apóstolo Paulo usou o termo para descrever uma mentalidade ou postura. "As armas com as quais lutamos [...] são poderosas em Deus para destruir *fortalezas*. Destruímos argumentos e toda pretensão que se levanta contra o conhecimento de Deus" (vv. 4-5; grifo meu). O apóstolo Paulo definiu uma fortaleza como argumento ou pretensão que "se levanta contra o conhecimento de Deus". É uma convicção, uma expectativa ou crença que tente interferir na verdade.

Existe uma fortaleza que domine você?

Deus jamais poderá me perdoar (fortaleza da culpa).

Jamais conseguirei perdoar aquela pessoa (fortaleza da mágoa).

Coisas ruins sempre acontecem comigo (fortaleza da autocomiseração).

Preciso estar no controle (fortaleza do orgulho).

Não mereço ser amado (fortaleza da rejeição).

Jamais me recuperarei (fortaleza da derrota).

Preciso ser bom, senão Deus me rejeitará (fortaleza do desempenho).

Sou apenas tão bom quanto minha aparência (fortaleza da aparência).

Meu valor é determinado pelas minhas posses (fortaleza do materialismo).

Mas não precisamos ser um deles. Nossas armas são de Deus e temos o poder "para destruir fortalezas" (v. 4).

Não é isso que queremos? Queremos ver nossas fortalezas destruídas, transformadas em ruína de uma vez por todas! Queremos ver Jericó derrubada. Como isso acontece?

Mantendo Deus no centro.

Dias de glória

9 de junho

Sinais de trânsito e perdões

Por amor do teu nome, SENHOR,
perdoa o meu pecado, que é tão grande!

Salmos 25:11

Nós valorizamos o perdão, certo? Fiquei pensando sobre o perdão em uma tarde dessas enquanto estava em uma estrada no sul do Texas com subidas e curvas, cheia de voltas e ângulos. Conheço-a bem. Agora conheço o guarda rodoviário que a patrulha.

E ele agora me conhece e pediu a minha carteira de habilitação.

— Por que seu nome me parece familiar? Você não é ministro aqui em San Antonio?

— Sim, senhor.

— Você está a caminho de um enterro?

— Não.

— Uma emergência?

— Não.

— Você está indo rápido demais.

— Eu sei.

— Vou lhe dizer o que farei. Vou lhe dar uma segunda chance.

Suspirei.

— Obrigado. E agradeço também por me dar a ideia para um sermão sobre perdão.

Deus coloca seus sinais de trânsito em todo lugar que olhamos: no universo, nas Escrituras, até mesmo no nosso coração. Ainda assim persistimos em não prestar atenção em suas orientações. Mas Deus não nos dá o que merecemos. Ele nos embebeu em seu mundo da graça. Deus oferece segundas chances, como uma cozinha comunitária oferece alimento a todos que pedirem.

E isso inclui você.

Faça a vida valer a pena

10 de junho

Um diálogo

Pois todo o que pede, recebe; o que busca, encontra;
e àquele que bate, a porta será aberta.

Mateus 7:8

Para a maioria de nós, a oração não é uma questão de um longo retiro ou mesmo uma hora de meditação. A oração é um diálogo com Deus enquanto vamos para o trabalho, ou aguardamos uma reunião, ou lidamos com um cliente. A oração consegue ser a voz interna que direciona a ação externa.

Uma coisa é certa: Deus irá ensiná-lo a orar. Não pense um minuto sequer que ele está olhando para você ao longe com os braços cruzados e uma carranca, esperando que você junte-se à sua vida de oração. Ao contrário. "Eis que estou à porta e bato. Se alguém ouvir a minha voz e abrir a porta, entrarei e cearei com ele, e ele comigo" (Apocalipse 3:20).

Jesus aguarda na porta. Ele permanece na soleira. Ele bate e chama. Ele espera que você abra a porta. Orar é abrir a porta. A oração é a mão da fé na maçaneta do seu coração. O anseio atrai. A alegria recepciona Jesus. "Entre, ó Rei. Entre." "A cozinha está uma bagunça, mas entre." "Não sou muito de conversar, mas entre."

Nós falamos. Ele ouve. Ele fala. Nós ouvimos. Isso é oração em sua forma pura. Deus transforma seu povo por meio desses momentos.

Antes de dizer amém

11 de junho

Uma oração...
para lembrar-se do poder de Deus

Dá-nos ajuda contra os adversários,
pois inútil é o socorro do homem.
Ouve o meu clamor, ó Deus;
atenta para a minha oração.

Salmos 60:11-12

Pai, tu podes destruir o exército mais poderoso, mover montanhas e criar a terra do nada. Tua força e tua bondade amorosa não têm fim.

Relembra-me do teu poder agora. Sou rápido em pedir ajuda primeiramente a um amigo e depois me sinto desapontado. Sê minha força em todas as situações.

Às vezes, meus amigos me procuram pedindo ajuda, mas só tu és a resposta à inquietação deles. Ajuda-os a confiar em ti primeiramente e sempre.

Obrigado por estares ao nosso lado e lutares por nós.

Em nome de Cristo, amém.

Diário de oração

12 de junho

Confie no Pai

*Confie no SENHOR de todo o seu coração
e não se apoie
em seu próprio entendimento;
reconheça o SENHOR
em todos os seus caminhos,
e ele endireitará as suas veredas.*

Provérbios 3:5-6

Aqui em casa, o jogo era chamado de "Senhoras e senhores". Do jogo participavam três filhas em idade pré-escolar e um pai disposto a tudo. As filhas já haviam tomado banho, já estavam de pijama e prontas para voar do sofá para a poltrona reclinável. E o pai estava pronto para servir como árbitro, vigia e catapulta.

"Senhoras e senhores", eu anunciava ao público de uma pessoa só — Denalyn, que se perguntava por que precisávamos de acrobacias antes de ir para a cama. "Senhoras e senhores, as garotas Lucado voarão agora pelos ares!"

A sala se transformava em parque de diversões, e eu era o carrossel humano. Eu segurava as garotas pelas pernas e as girava como se fossem bonecas de pano. Elas estendiam seus braços e riam. Eu as jogava no sofá, as rolava por cima do pufe e as pegava quando saltavam da poltrona reclinável. Elas adoravam. E nunca questionaram meu juízo ou minha força. Sua mãe sim. Um pediatra também teria questionado. Mas nunca nesse ciclo de mil giros minhas filhas me disseram: "Você sabe o que está fazendo, pai?"

Nunca elas pensaram que eu as deixaria cair. *Papai diz que consegue, então ele consegue. Papai diz que vai fazer, então ele vai fazer.* Elas confiavam completamente em mim. Afinal de contas, eu era o pai delas.

Ah, se confiássemos no nosso pai também.

Dias de glória

13 de junho

Graça radicalmente incrível

Se afirmarmos que estamos sem pecado, enganamos a nós mesmos, e a verdade não está em nós. Se confessarmos os nossos pecados, ele é fiel e justo para perdoar os nossos pecados e nos purificar de toda injustiça.

1João 1:8-9

Confissão. A palavra evoca muitas imagens, nem todas positivas. Interro-gatórios nos bastidores. Tortura chinesa da água. Admitir flertes para um sacerdote sentado do outro lado de uma cortina negra. Caminhar pelo corredor da igreja e preencher um formulário. Era isso o que João tinha em mente?

A confissão não é dizer aquilo que Deus não sabe. Impossível.

A confissão não é reclamar. Se eu simplesmente recitar meus problemas e repetir minhas aflições, estou lamuriando.

A confissão não é culpar. Apontar os dedos para os outros sem apontar para mim é bom, mas não promove a cura.

A confissão é muito mais que isso. A confissão é uma confiança radical na graça. Uma proclamação de nossa confiança na bondade de Deus. "O que eu fiz foi ruim", reconhecemos, "mas sua graça é maior do que o pecado, por isso eu confesso". Se nosso entendimento de graça for pequeno, nossa confissão será pequena: relutante, hesitante, limitada com desculpas e qualificações, cheia de medo da punição.

Mas a grande graça cria uma confissão honesta.

A confissão honesta abre caminho para a graça radicalmente incrível de Deus.

Graça

14 de junho

O que Deus fará

De todos os lados somos pressionados, mas não desanimados;
ficamos perplexos, mas não desesperados; somos perseguidos,
mas não abandonados; abatidos, mas não destruídos.

2Coríntios 4:8-9

Talvez tudo que você tenha seja apenas Deus e a oração. Você enfrenta batalhas. Desencorajamento, traição, derrota, destruição, morte. Eles invadem seu mundo como uma gangue de motociclistas. Seu objetivo é mandá-lo de volta para o deserto.

Não recue um único centímetro. Reaja em oração — em oração sincera, contínua e audaciosa.

Você é membro da família de Deus. Você entra na presença de Deus não como estranho, mas como herdeiro.

Aproxime-se de seu trono com confiança. Comunique-lhe seu pedido com sinceridade, não em virtude daquilo que você alcançou, mas em virtude daquilo que Cristo fez. Jesus derramou seu sangue por você. Você pode derramar seu coração aos pés de Deus.

Jesus disse que, se você tiver fé, você pode ordenar uma montanha a saltar no mar (Marcos 11:23). Qual é a sua montanha? Qual é o desafio da sua vida? Peça ajuda a Deus. Ele fará o que você quer? Não sei, mas posso lhe dizer uma coisa: ele fará o que é melhor para você.

Dias de glória

15 de junho

Bênção ou fardo?

Portanto, agora já não há condenação para os que estão em Cristo Jesus.

Romanos 8:1

A culpa está fazendo o que ela quer com você? Em caso afirmativo, considere esta promessa: "Embora os seus pecados sejam vermelhos como escarlate, eles se tornarão brancos como a neve; embora sejam rubros como púrpura, como a lã se tornarão" (Isaías 1:18). Deus é especialista em remover a culpa. Ele pode fazer o que ninguém mais pode: extrair até a última marca da sua alma.

Quando os outros vêm para Deus por meio da fé em Jesus, recebem a maior bênção: a graça para todos os pecados. Jesus libera o perdão para cada ato de rebeldia. Essa graça é um presente. Não a compramos. Não podemos perdê-la. Mas podemos esquecê-la. Se não tomarmos cuidado, podemos tornar-nos cheios de culpa.

Entenda: a culpa é uma ideia de Deus. Ele a usa da mesma forma que os engenheiros de rodovias usam as placas. Quando nos desviamos do caminho, elas sinalizam. A culpa faz o mesmo. A culpa alerta sobre as discrepâncias entre o que somos e o que Deus quer. Ela mexe com o arrependimento e o renovo. Em doses adequadas, a culpa é uma bênção. Entretanto, em doses descontroladas a culpa é um fardo insuportável. Não podemos carregá-la.

Mas Deus pode. Então, vá em frente, entregue-a a ele.

Antes de dizer amém

16 de junho

Escrito no livro

Tinha um grande e alto muro com doze portas. [...] Nas portas estavam escritos os nomes das doze tribos de Israel. [...] O muro da cidade tinha doze fundamentos, e neles estavam os nomes dos doze apóstolos do Cordeiro.

Apocalipse 21:12-14

Deus gravou os nomes dos filhos de Jacó em seus portões. Mais maltrapilhos que reverendos. Suas fichas criminais incluem relatos de assassinato em massa (Gênesis 34), incesto (38:13-18) e traição fraterna (37:17-28). Eles se comportaram mais como uma multidão em uma boate às três da manhã do que um Valhalla de fé. No entanto, Deus esculpiu seus nomes nos portões de Nova Jerusalém.

E será que ousamos mencionar os nomes nas fundações? Pedro, o apóstolo que salvou a própria pele, em vez da pele de seu Salvador. Tiago e João, que brigavam por lugares VIP no céu. Esses foram os discípulos que disseram às crianças para deixar Jesus a sós (Lucas 18:15), que disseram para Jesus deixar os famintos por conta própria (Mateus 14:15) e que optaram por deixar Jesus sozinho para enfrentar a crucificação (Mateus 26:36-45). No entanto, os nomes de todos aparecem nas fundações.

E o seu? Não está gravado no portão, mas está escrito no Livro do Cordeiro. Não a lápis, em inscrições que podem ser apagadas, mas com sangue que não será removido. Não há necessidade de manter Deus feliz; ele está satisfeito. Não há necessidade de pagar o preço; Jesus pagou.

God's Story, Your Story [A história de Deus, a sua história]

17 de junho

O botão de salvar

*Meditarei nos teus preceitos
e darei atenção às tuas veredas.*

Salmos 119:15

Também queremos saber se a Bíblia faz alguma diferença. Ela funciona? Os ensinamentos da Bíblia nos transformam? Existe apenas uma maneira de descobrir. Aperte o botão "salvar".

Todos nós sabemos qual é o botão "salvar". Eu sei, e olha que eu sou um aluno de informática terrível. Como é grande a satisfação quando, após criarmos um documento, clicamos naquele botão que diz "salvar".

Esse clique reorganiza a paisagem no disco rígido. As palavras que estão na tela do computador invadem o núcleo da máquina. Enquanto as palavras ficam restritas à tela, elas são vulneráveis e estão expostas ao humor irascível do cursor. Nós injuriamos aquele monstrinho que devora o resultado do nosso trabalho duro. Mas, quando o salvamos, ele está seguro.

Você está clicando esse botão nas Escrituras? Nós salvamos a verdade quando permitimos voluntária e conscientemente que aquilo que ouvimos se torne parte daquilo que somos. Jesus disse: Vocês "conhecerão a verdade, e a verdade os libertará" (João 8:32). Quando conhecemos (salvamos) a verdade, a verdade nos livra da culpa, do medo e da raiva. A verdade salva tem um impacto reconfigurador sobre o coração. Apenas quando permitimos que a verdade das Escrituras seja a autoridade da nossa vida descobrimos se ela funciona.

Dias de glória

18 de junho

Uma oração...
como filho de Deus

*Pois vocês não receberam um espírito que os escravize para
novamente temerem, mas receberam o Espírito que os torna filhos
por adoção, por meio do qual clamamos: "Aba, Pai."*

Romanos 8:15

Pai, tu me tornaste teu filho por meio do Espírito. Em tua bondade, me adotaste e me livraste do pecado e da morte.

Relembra-me hoje o que significa ser teu filho e estar livre por direito. Para mim, é muito fácil viver o dia da minha maneira. Ajuda-me a vivê-lo à luz da tua graça.

Oro por meus amigos e pela minha família. Ajuda-os a experimentar o teu amor de pai e a sentir a tua herança em espírito.

Obrigado por me aceitares como sou e não me deixares como estou.

Em nome de Jesus, amém.

Diário de oração

19 de junho

Como uma criança

Então disse Jesus: "Deixem vir a mim as crianças e não as impeçam;
pois o Reino dos céus pertence aos que são semelhantes a elas".

Mateus 19:14

Jesus faz um convite para que nos aproximemos de Deus como um filho aproxima-se de seu papai.

E como os filhos aproximam-se de seus pais? Fui a um parquinho escolar para descobrir.

Ouvi pedidos: "Papai, Tommy pode vir para casa comigo?" Ouvi perguntas: "Estamos indo para casa?" E vi empolgação: "Papai! Veja o que eu fiz!"

Aqui está o que eu não ouvi: "Pai, é muita gentileza tua dirigir teu carro ao meu local de ensino e prover-me o transporte doméstico." Não ouvi formalidade ou vocabulário impressionante. Ouvi crianças que estavam contentes de verem seus pais e ansiosas por conversar.

Deus nos convida a nos aproximar dele da mesma maneira. Que alívio! Nós, os bananas da oração, tememos orar de forma errada. Quais são as etiquetas e regras de vestimenta esperadas da oração? E se nos ajoelhássemos em vez de ficarmos em pé? E se falássemos as palavras erradas ou usássemos o tom errado?

A resposta de Jesus? "A não ser que vocês se convertam e se tornem como crianças, jamais entrarão no Reino dos céus" (Mateus 18:3). Como crianças. Despreocupadas. Cheias de alegria. Brincalhonas. Confiantes. Curiosas. Animadas. Esqueça a grandeza; procure a pequenez. Confie mais; orgulhe-se menos. Faça muitos pedidos, e aceite todos os presentes. Vir a Deus como uma criança é vir para o Pai.

Antes de dizer amém

20 de junho

Nossa herança

Bendito seja o Deus e Pai de nosso Senhor Jesus Cristo, que nos abençoou com todas as bênçãos espirituais nas regiões celestiais em Cristo.

Efésios 1:3

Quando você nasceu em Cristo, passou a ser membro da família real de Deus. "Aos que o receberam, aos que creram em seu nome, deu-lhes o direito de se tornarem filhos de Deus" (João 1:12). Já que é parte da família, você tem acesso também às bênçãos da família. A todas elas. "Nele fomos também escolhidos" (Efésios 1:11).

Surpreso? Você ainda não ouviu nada. Em outra passagem, o apóstolo Paulo descreveu o valor do seu portfólio: "O próprio Espírito testemunha ao nosso espírito que somos filhos de Deus. Se somos filhos, então somos herdeiros; herdeiros de Deus e co-herdeiros com Cristo" (Romanos 8:16-17).

Somos coerdeiros com Cristo. O termo grego nessa passagem é *sugkleronómoi* (*Sun/sug* — juntos; *kleronómoi* — herdeiro). Compartilhamos com Cristo a mesma herança! Nossa porção não é uma esmola. Não herdamos os restos. Não vestimos roupas de segunda mão. Não somos deixados no frio com nossos primos distantes. Na tradição dos dias de Paulo, o primogênito recebia uma porção dupla, e o restante dos irmãos dividia o que restava. Com Cristo não é assim que funciona. "Neste mundo somos como ele" (1João 4:17). A porção de Cristo é a nossa porção! O que ele tem, nós também temos!

Dias de glória

21 de junho

Simples trocas de óleo

Jesus olhou para eles e respondeu: "Para o homem é impossível, mas para Deus não; todas as coisas são possíveis para Deus."

Marcos 10:27

Quando eu tinha quinze anos, herdei um carro Rambler do meu irmão mais velho. Não havia muito o que apreciar ali, mas era meu.

— Você tem que colocar gasolina no tanque — aconselhou papai.

— Eu sei.

— Calibrar os pneus.

— Eu sei

— Consegue trocar o óleo e manter o carro limpo?

— Claro que consigo — menti. Minha inaptidão apareceu no sábado. Papai lembrou-me de que era hora de trocar o óleo do Rambler. Deveria ter dito que sim.

Gastei uma hora embaixo do carro procurando o cárter de óleo e mais uma hora lutando com o bujão. Por fim, o removi, drenei o óleo, escoei e enchi com quase seis litros novos. Finalmente terminei.

Assim eu pensei. Papai estava esperando por mim na garagem.

— Tudo certo?

— Tudo certo.

— Então, o que é aquilo?

Ele apontou para um rio de óleo escorrendo pela entrada da garagem — óleo limpo. Tinha me esquecido de rosquear o bujão no cárter.

— Filho— disse ele—, conserto as coisas para ganhar a vida. O que é difícil para você é fácil para mim. Posso não ser bom em tudo, mas sou bom com as máquinas. Deixe-me ajudá-lo. Sou um mecânico. E, além disso, sou seu pai.

Eis o que eu penso: nossos desafios mais difíceis são simples trocas de óleo para Deus.

Antes de dizer amém

22 de junho

Aquele que ouve a oração

E quando orarem, não fiquem sempre repetindo a mesma coisa, como fazem os pagãos. Eles pensam que por muito falarem serão ouvidos.

Mateus 6:7

Jesus minimizou a importância das palavras na oração. Temos a tendência de fazer o oposto. Quanto mais palavras, melhor. Quanto *mais palavras bonitas*, melhor.

O vocabulário e a geografia podem impressionar as pessoas, mas não a Deus. Não existe um júri angelical com cartões de pontos. "Uau, Lucado, essa oração merece um dez. Certamente, Deus irá ouvi-lo!" "Oh, Lucado, você alcançou um dois esta manhã. Vá para casa e pratique!" As orações não são classificadas de acordo com o estilo.

Assim como uma criança feliz não pode deixar de abraçar, o coração sincero não pode deixar de orar. O céu sabe que a vida já tem fardos suficientes sem o fardo de orar da maneira correta. Se a oração depender de como eu oro, estou perdido. Entretanto, se o poder da oração depender daquele que ouve a oração, se aquele que ouve a oração é o meu Papai, então eu tenho esperança.

A oração é realmente algo simples. Resista ao impulso de complicá-la. Não se orgulhe de orações bem elaboradas. Não se desculpe por orações incoerentes. Sem jogos. Sem pretextos. Apenas seja sincero — sincero com Deus. Suba em seu colo. Conte-lhe tudo o que está em seu coração. Ou não lhe diga nada. Apenas eleve seu coração e declare, *Pai... Papai...*

Às vezes, "papai" é tudo o que podemos dizer. Estresse. Medo. Culpa. Sofrimento. Exigências de todos os lados. Tudo que podemos dizer é um lamentoso "Oh, Pai". Se sim, isso é suficiente.

Antes de dizer amém

23 de junho

Nosso defensor

Quem os condenará? Foi Cristo Jesus que morreu; e mais, que ressuscitou e está à direita de Deus, e também intercede por nós.

Romanos 8:34

A muitos anos atrás, preguei meu primeiro sermão. Nenhum sermão é perfeito. Mas o primeiro sermão de um pregador? Nem tentarei defender o meu. Numa tentativa de dizer tudo, eu disse muito pouco.

Mesmo assim, eu não mereci a crítica que recebi do pastor. Ele me convidou para o seu escritório para apresentar sua crítica. Ele dilacerou o sermão como uma águia devora um rato. No fim, senti-me como um cachorrinho largado na chuva.

Enfiei o rabo entre as pernas e me arrastei até o estacionamento da igreja, onde meu pai me esperava no carro. Eu lhe contei o que acontecera na reunião, e seu rosto foi ficando cada vez mais vermelho. Ele se agarrou ao volante, e seus lábios desapareceram, formando uma linha muito tênue. Ele me deixou em casa e disse: "Voltarei logo. Preciso fazer uma visita."

Ele me ligou no dia seguinte e pediu meu perdão.

Repito: não estou defendendo meu sermão. Mas foi maravilhoso ver como meu pai me defendeu.

Como é? Você queria poder contar algo parecido? Você adoraria se alguém viesse defendê-lo?

Ah, querido filho dos céus, Deus já fez isso por você!

Dias de glória

24 de junho

O que um pai faz

E verão o seu rosto.

Apocalipse 22:4

Você verá o rosto de Deus.

Deixe essa informação assentar. *Você verá o rosto de Deus.* Você vai olhar nos olhos daquele que sempre viu; você contemplará a boca que comanda a história. E se houver alguma coisa mais surpreendente do que o momento em que você vir o rosto dele, é o momento em que ele toca o seu. "E Deus limpará de seus olhos toda a lágrima" (Apocalipse 21:4).

Deus vai tocar suas lágrimas. Não flexionar os músculos ou mostrar seu poder. Reis menores exibiriam seus garanhões ou dariam um discurso de vitória. Deus, não. Ele prefere acariciar seu rosto com o polegar, como se dissesse: "Pronto... Chega de lágrimas."

Não é o que um pai faz?

God's Story, Your Story [A história de Deus, a sua história]

25 de junho

Uma oração...
para ouvir e seguir

Siga-me e seja meu discípulo.

Mateus 9:9

Príncipe da Paz, a voz do inimigo tem sido forte na minha vida e ela tem me ludibriado a acreditar em todo tipo de mentira. Fala comigo agora, Senhor, e deixa-me ouvir a tua voz claramente. Que jamais possam dizer que eu quase ouvi e quase te segui. Eu te seguirei! Em nome de Jesus. Amém.

No monte Calvário

26 de junho

Deus falou. Acredite.

Ele respondeu: "Antes, felizes são aqueles que ouvem
a palavra de Deus e lhe obedecem."

Lucas 11:28

Deus prometeu a Josué: "Os seus caminhos prosperarão e você será bem-sucedido" (Josué 1:8). Esse é o único lugar no Antigo Testamento em que encontramos as palavras *prosperar* e *sucesso* juntas. Isso é uma promessa com destaque. Alinhe-se com a Palavra de Deus e você pode esperar prosperidade e sucesso.

Não se assuste. Josué 1:8 não é uma garantia de aposentadoria antecipada. A Bíblia não é tão limitada assim. Suas promessas de prosperidade às vezes incluem dinheiro, mas normalmente se referem a um espírito, a uma mente e a um corpo ricos. Os líderes de Deus prosperam com novas habilidades; os bons trabalhadores, com descanso; os professores, com paciência maior; as mães, com um afeto mais profundo; os idosos, com uma esperança maior. Fluência nas Escrituras gera afluência espiritual.

A ordem de Deus bastou para Josué.

Nenhuma hesitação. Nenhuma cautela. Diferentemente de Sara, que disse: "Sou velha demais" (veja Gênesis 18:12). Diferentemente de Moisés, que disse: "Não sou homem eloquente" (veja Êxodo 4:10). Diferentemente dos discípulos, que disseram: "Não temos bastante comida para alimentar os famintos" (veja Mateus 14:17). Outros resistiram ao chamado de Deus, mas não Josué. Deus falou. Ele acreditou.

Faça o mesmo. Aprenda uma lição com Josué.

Dias de glória

27 de junho

A maravilha de uma segunda chance

*Quando o fizeram, pegaram tal quantidade de peixes
que as redes começaram a rasgar-se.*

Lucas 5:6

No barco de pesca, vazio e exausto, Pedro descobriu a maravilha da segunda chance de Deus. Um dia, Jesus usou seu barco como púlpito. A multidão na praia era tão grandiosa que Jesus precisou improvisar. Então, do barco de Pedro, ele pregou. Depois pediu a Pedro que o levasse para pescar.

Pedro não estava nem um pouco a fim. Ele estava cansado; havia passado a noite inteira pescando. Estava desencorajado; não havia pegado um peixe sequer. Ele duvidava. O que Jesus sabia sobre pescaria? Pedro estava ciente de sua situação. A praia estava lotada de gente. Quem gosta de fracassar publicamente?

Mas Jesus insistiu. E Pedro cedeu: "Porque és tu quem está dizendo isto, vou lançar as redes" (Lucas 5:5).

Esse era o momento da verdade para Pedro. Ele estava dizendo: "Tentarei mais uma vez. Do seu jeito." Quando o fez, pegou tantos peixes que seu barco quase afundou. Às vezes, precisamos apenas tentar de novo com Cristo no barco.

Erros são fatais apenas quando não aprendemos com eles.

Dias de glória

28 de junho

Agradeça a Deus por tudo

*Deem graças em todas as circunstâncias, pois esta é a
vontade de Deus para vocês em Cristo Jesus.*

1Tessalonicenses 5:18

Li sobre um advogado que ganhou um caso para seu cliente. Os dois homens comemoraram com um bom jantar. Ao final da refeição, o cliente entregou para o advogado uma carteira luxuosa feita de couro marroquino. "Por favor, aceite isto como um símbolo de agradecimento."

O advogado resistiu. "Não posso contentar-me com uma carteira. Meus honorários são 500 dólares."

O cliente olhou para o advogado e encolheu os ombros. "Seja como quiser." Ele abriu a carteira com duas notas de quinhentos. Ele ficou com uma e entregou a carteira e a outra nota para o advogado.

Não seja tão rápido em seu julgamento acerca dos presentes de Deus para você. Agradeça-o. A cada momento. Dia a dia. Agradeça a Deus por... tudo.

Antes de dizer amém

29 de junho

Não há futuro no passado

Humilhem-se diante do Senhor, e ele os exaltará.

Tiago 4:10

Todo mundo tropeça. A diferença está em nossa reação. Alguns caem na cova da culpa. Outros caem nos braços de Deus. Quem encontra a graça é aquele que "vive [...] segundo o Espírito" (Romanos 8:4). Ele ouve a voz de Deus e decide conscientemente se levantar e se apoiar na graça de Deus.

O filho pródigo fez isso. Ele decidiu: "Eu me porei a caminho e voltarei para meu pai" (Lucas 15:18).

Lembra dessa história? Ele recebeu uma herança igual a você, ele era membro da família. E, talvez como você, ele a desperdiçou com uma vida selvagem e escolhas ruins. Perdeu cada centavo. Acabou jogado num chiqueiro.

Certo dia, sentiu tanta fome que a comida dos porcos lhe parecia um bife delicioso. Ele se curvou sobre o cocho, cheirou a comida dos porcos, amarrou um guardanapo em torno do pescoço, tirou um garfo do bolso e temperou a gororoba com sal. Ele estava prestes a dar início ao seu banquete, quando algo dentro dele despertou: *Espere aí. O que estou fazendo aqui, revirando-me na lama, lutando com os porcos pela comida?* Então tomou uma decisão que mudou sua vida para sempre. "Eu me porei a caminho e voltarei para meu pai."

Você pode fazer o mesmo! Talvez você não consiga resolver todos os seus problemas ou desatar todos os nós. Mas você pode se pôr a caminho e voltar para o Pai.

Levante-se e saia. Até mesmo o apóstolo Paulo teve que fazer uma escolha como essa: "Esquecendo-me das coisas que ficaram para trás e avançando para as que estão adiante, prossigo para o alvo" (Filipenses 3:13-14).

Não há futuro no passado. Você não pode mudar o passado, mas você pode fazer algo a respeito do futuro. Execute o plano de Deus.

Dias de glória

30 de junho

Deus ainda está no trono

Quando os fundamentos
estão sendo destruídos,
que pode fazer o justo?
O Senhor está no seu santo templo;
o Senhor tem o seu trono nos céus.

Salmos 11:3-4

Quando tudo o que é bom for destruído, o que as pessoas justas podem fazer? A pergunta de Davi não é nossa também? Quando a doença ataca, quando o casamento acaba, quando os filhos sofrem e quando a morte nos assalta, o que devemos fazer?

Curiosamente, Davi não responde à sua pergunta com uma resposta, mas com uma declaração: "O Senhor Deus está no seu santo templo; o seu trono está no céu."

Sua intenção é inconfundível: Deus não muda por causa de nossas tempestades. Ele não recua diante de nossos problemas. Ele não se espanta com esses problemas. Ele está no seu santo templo. Ele está no seu trono nos céus.

Prédios podem cair, carreiras podem desmoronar, mas Deus, não. Destroços e escombros nunca o desanimaram. Deus sempre transformou a tragédia em triunfo.

Em nossos momentos mais difíceis, talvez vejamos o que os seguidores de Cristo viram na cruz. A inocência sacrificada. A bondade assassinada. A fortaleza dos céus atravessada. Mães choravam, o mal dançava e os apóstolos tinham de se perguntar: *O que pode fazer a pessoa honesta quando a lei e os bons costumes são desprezados?*

Deus respondeu à pergunta deles com uma declaração. Com o rumor da terra e o rolar da pedra, ele os fez se lembrar: "O Senhor Deus está no seu santo templo; o seu trono está no céu."

E, hoje, devemos lembrar que ele ainda está lá. Ele ainda está no seu templo, ainda está no seu trono, ainda está no controle. O que ele fez em situações como essas, ele voltará a fazer.

Dias melhores virão

Julho

1º de julho

Ensina-nos a orar

Certo dia Jesus estava orando em determinado lugar. Tendo terminado, um dos seus discípulos lhe disse: "Senhor, ensina-nos a orar".

Lucas 11:1

Os primeiros seguidores de Jesus pediram: "Senhor, ensina-nos a orar."

Talvez o interesse deles tivesse a ver com as promessas de cair o queixo e de arregalar os olhos que Jesus atribuiu à oração? "Peçam, e lhes será dado" (Mateus 7:7) "E tudo o que pedirem em oração, se crerem, vocês receberão" (Mateus 21:22).

E ele deu um exemplo convincente. Jesus orava antes das refeições. Ele orava pelas crianças. Orava pelos doentes. Jesus até desapareceria por uma noite inteira em oração. Estou pensando em uma ocasião em especial. Em um curto espaço de tempo, ele lutou contra a tristeza, o estresse, as exigências e as necessidades. Merecia uma boa noite de descanso. Todavia, quando finalmente anoiteceu, ele disse para a multidão partir e para os discípulos entrarem no barco, e "tendo-a despedido, subiu a um monte para orar" (Marcos 6:46).

Certamente foi a escolha certa. Porque quando explodiu uma tempestade no mar da Galileia, Jesus andou sobre o mar como se a água fosse um gramado e a tempestade, uma brisa de primavera.

Pensa que os discípulos conectaram-se com aquela oração poderosa? "Senhor, ensina-nos a orar *dessa forma*. Ensina-nos a encontrar forças na oração. Dissipar o medo em oração."

E você? Os discípulos enfrentaram ondas bravias e um túmulo d'água. Você enfrenta clientes irritados, uma economia turbulenta, mares em fúria de estresse e desgosto.

"Senhor", ainda pedimos, "ensina-nos a orar."

Antes de dizer amém

2 de julho

Uma oração...
para Cristo amar através do seu coração

Que aconteça comigo conforme a tua palavra.

Lucas 1:38

Ó Senhor, vive em mim. Que teu amor bata dentro e através de meu coração. Que tu possas falar através de minha voz. Jesus, sê a força de minha alma e o fogo que purifica os erros de meus desejos. Enche-me com tua grande graça abundante. Em nome de Jesus, amém.

Moldado por Deus

3 de julho

Cristo em você

*Se alguém confessa publicamente que Jesus é o Filho de
Deus, Deus permanece nele, e ele em Deus.*

1João 4:15

Como disse Paulo: "Já não sou eu quem vive, mas Cristo vive em mim" (Gálatas 2:20). Quando a graça acontece, Cristo entra. "Cristo em vocês, a esperança da glória" (Colossenses 1:27).

Por muitos anos eu deixei passar essa verdade. Acreditava em todas as outras preposições: Cristo *para* mim, *comigo, à minha frente*. E eu sabia que estava trabalhando *ao lado de* Cristo, *sob a direção de* Cristo, *com* Cristo. Mas nunca imaginara que Cristo estava *em* mim.

Nenhuma outra religião ou filosofia faz tal afirmação. Nenhum outro movimento implica na presença viva de seu fundador em seus seguidores. Influenciam? Instruem? Seduzem? Sim. Mas ocupam? Não.

Já os cristãos abraçam essa promessa enigmática. "O mistério, em poucas palavras, é este: Cristo está em vocês" (Colossenses 1:27, MSG). O cristão é uma pessoa em quem Cristo está acontecendo.

Somos de Jesus Cristo; pertencemos a ele. Aliás, somos *cada vez mais* ele. Ele entra e recruta nossas mãos e nossos pés, solicita nossa mente e língua. Ele redireciona decisões ruins e escolhas sórdidas. Aos poucos, vai surgindo uma nova imagem. "Pois aqueles que de antemão conheceu, também os predestinou para serem conformes à imagem de seu Filho, a fim de que ele seja o primogênito entre muitos irmãos" (Romanos 8:29).

Cristo vive e age e se move *em* você.

Graça

4 de julho

Silencie as trombetas

Mas quando você der esmola, que a sua mão esquerda não saiba o que está fazendo a direita, de forma que você preste a sua ajuda em segredo. E seu Pai, que vê o que é feito em segredo, o recompensará.

Mateus 6:3-4

"Olhe para mim! Olhe para mim!" é o que se pode falar no *playground*, não no reino de Deus. Silencie as trombetas. Cancele o desfile. Chega de citar nome de pessoas famosas como se fossem amigas suas. Se os elogios vierem, desvie educadamente antes que você acredite neles. Aniquile o desejo de ser notado. Desperte o desejo de servir a Deus.

Preste atenção no conselho de Cristo: "Limpe primeiro o interior do copo e do prato, para que o exterior também fique limpo" (Mateus 23:26). Concentre-se no interior, e o exterior cuidará de si mesmo. Coloque seus motivos diante de Deus todos os dias, a cada hora. "Sonda-me, ó Deus, e conhece o meu coração; prova-me, e conhece as minhas inquietações. Vê se em minha conduta algo te ofende, e dirige-me pelo caminho eterno" (Salmos 139:23-24).

Faça coisas boas. Só não as faça para ser notado. Você pode ser muito bom para o seu próprio bem. Você sabe.

Faça a vida valer a pena

5 de julho

Diretamente ao alto

Dois cegos estavam sentados à beira do caminho e, quando ouviram falar que Jesus estava passando, puseram-se a gritar: "Senhor, Filho de Davi, tem misericórdia de nós!"

Mateus 20:30

Três anos alimentando, curando e ensinando tinham elevado o Senhor ao nível de uma estrela do rock. As pessoas amavam-no. Ele ficava diante das autoridades. Chamava os cadáveres e dava ordens. Ele era um trabalhador, tinha um grande coração e era um herói da cidade natal.

A multidão o estava escoltando para Jerusalém a fim de celebrarem a Páscoa. Eles conversavam, riam e cantavam músicas alegres. De um canto, ouviram este clamor: "Senhor, Filho de Davi, tem misericórdia de nós!" A multidão virou-se e olhou para os dois cegos. Olhares vagos, vestes esfarrapadas e peles enrugadas pelo sol. Lamentável. O povo falou para calarem a boca. Aquilo era uma marcha da vitória, um dia de triunfo. Jesus estava em uma missão importante. O povo teria deixado os dois cegos à beira da estrada.

Parece familiar? Os dois cegos trouxeram o problema para Jesus. Eles não pediram a Pedro ou a João. Eles foram direto ao mestre. Eles clamaram para Jesus. Pessoalmente, com persistência e paixão. *Preciso de ajuda. Cura-me.*

Aqui está o porquê de você precisar fazer o mesmo. O objetivo de Deus para sua vida é a plenitude. "Que o próprio Deus da paz os santifique inteiramente. Que todo o *espírito*, a *alma* e o *corpo* de vocês sejam preservados irrepreensíveis na vinda de nosso Senhor Jesus Cristo" (1Tessalonicenses 5:23, ênfase do autor).

Dois cegos foram curados porque levaram seus problemas diretamente ao alto. Você não deveria fazer o mesmo?

Antes de dizer amém

6 de julho

Valeu a pena

Ninguém tem maior amor do que aquele que dá a sua vida pelos seus amigos.

João 15:13

Pense por um minuto sobre as pessoas em seu mundo. O que elas pensam de seu compromisso para com elas? Como você classificaria sua fé? Sua lealdade nunca vacila? Você tem uma pessoa com quem seu "contrato" é inegociável?

Uma vez, dois amigos estavam lutando juntos em uma guerra. O combate foi feroz, e muitas vidas estavam sendo tomadas. Quando um dos dois jovens soldados foi ferido e não poderia voltar para as trincheiras, o outro saiu para buscá-lo contra as ordens de seu oficial. Ele voltou mortalmente ferido, e o amigo, a quem havia levado de volta, estava morto.

O oficial olhou o soldado moribundo, sacudiu a cabeça e disse: "Não valia a pena."

O rapaz, ouvindo a observação, sorriu e disse: "Mas valeu a pena, senhor, porque quando cheguei, ele disse: "Jim, eu sabia que você viria."

Faça o melhor por seus relacionamentos. Siga o conselho de Benjamin Franklin: "Seja lento na escolha de seus amigos e seja ainda mais lento em deixá-los."

Moldado por Deus

7 de julho

Problemas acontecem

Quem é que vence o mundo? Somente aquele que crê que Jesus é o Filho de Deus.

1João 5:5

Você nunca terá uma vida sem problemas. Você nunca cairá no sono pensando: O dia de hoje veio e se foi sem problemas no mundo. Esta manchete jamais será publicada no jornal: "Hoje noticiamos apenas coisas boas."

Você pode ser eleito presidente da Rússia. Você pode descobrir um jeito de entregar pizzas por e-mail e se tornar bilionário. Você pode ser chamado do banco de reservas quando seu time estiver perdendo por um gol na final da Copa do Mundo e marcar dois gols nos últimos cinco minutos e ver seu rosto estampado em todos os jornais do mundo.

Não é provável. Mas é possível.

Mas uma existência sem problemas, um céu eternamente rosado? Não aposte nisso.

Problemas acontecem. Pessoas ricas, pessoas bonitas, pessoas educadas, pessoas sofisticadas têm problemas. Problemas ocorrem nas vidas de pessoas aposentadas, solteiras, espirituais e seculares.

Todas as pessoas têm problemas.

Mas nem todas os encaram da mesma forma. Algumas pessoas são vencidas pelos problemas. Outras pessoas os derrotam. Algumas pessoas ficam amarguradas. Algumas pessoas saem ganhando. Algumas pessoas encaram seus desafios com medo. Outras, com fé.

Você não pode escolher ter ou não problemas. Mas pode escolher o que fazer quanto a eles. Escolha a fé.

Dias de glória

8 de julho

Deus guarda você sempre

Que, mediante a fé, são protegidos pelo poder de Deus até chegar a salvação prestes a ser revelada no último tempo.

1Pedro 1:5

Quando Deus se fez carne, ele lutou por sua alma. Quando Jesus enfrentou o diabo no deserto, ele lutou por sua paz. Quando defendeu os negligenciados, ele não estava defendendo você também? Quando morreu na cruz pelos seus pecados, ele lutou por sua salvação. Ao deixar seu Espírito Santo para orientar, fortalecer e confortá-lo, ele estava lutando pela sua vida.

Se você não entender isso, pode instalar uma caixa de correios no deserto. Pois é onde você passará muito tempo. Mas se você acreditar nisso, as nuvens se dissiparão.

Acredite nisto:

O SENHOR o protegerá de todo o mal,
protegerá a sua vida.
O SENHOR protegerá a sua saída
e a sua chegada,
desde agora e para sempre (Salmos 121:7-8).
Sempre.

Dias de glória

9 de julho

Uma oração...
para servir

*Pois nem mesmo o Filho do homem veio para ser servido, mas
para servir e dar a sua vida em resgate por muitos.*

Marcos 10:45

Ó, Senhor, que oportunidade maravilhosa colocaste diante de mim: uma chance de fazer a diferença para ti em um mundo desesperadamente ferido. Ajuda-me a ver os necessitados que queres que eu veja, a reagir de maneira que te honre e a abençoar os outros ao servi-los de boa vontade com expressões práticas do seu amor. Ajuda-me a ser as mãos e os pés de Jesus, e por teu Espírito dá-me a força e a sabedoria necessárias para que eu cumpra teu plano para mim em minha própria geração. Em nome de Jesus eu oro, amém.

Faça a vida valer a pena

10 de julho

Seja Moisés

Antes de tudo, recomendo que se façam súplicas, orações, intercessões e ações de graças por todos os homens; pelos reis e por todos os que exercem autoridade, para que tenhamos uma vida tranquila e pacífica, com toda a piedade e dignidade.

1Timóteo 2:1-2

Na verdade, "Deus nos ressuscitou com Cristo e com ele nos fez assentar nas regiões celestiais em Cristo Jesus" (Efésios 2:6). Você não tem um assento na Suprema Corte ou na Câmara dos Deputados. Você tem um lugar mais estratégico; você tem um assento no governo de Deus. Como um deputado, você representa um distrito. Você fala em nome da sua família, da vizinhança ou do time de *softball*. Sua esfera de influência é sua região. À medida que a fé aumenta, seu distrito se expande. Deus o incomoda com uma preocupação pelos órfãos, pelas terras distantes ou pelas pessoas carentes. Você responde a esses sussurros com oração. *Pai, eles precisam de ajuda.*

Você é Moisés em seu beco sem saída. Moisés em sua mão de obra. Moisés em sua sala de aula. Você suplica a Deus em nome de outras pessoas.

A oração de intercessão não é um bicho de sete cabeças. Ela reconhece nossa incapacidade e a capacidade divina. Nós vimos com as mãos vazias, porém com grandes expectativas. Por quê? Deus "[...] é capaz de fazer infinitamente mais do que tudo o que pedimos ou pensamos, de acordo com o seu poder que atua em nós" (Efésios 3:20). Ele "[...] suprirá todas as necessidades de vocês, de acordo com as suas gloriosas riquezas em Cristo Jesus" (Filipenses 4:19). Quando o Senhor dá, ele dá um presente que é "[...] uma boa medida, calcada, sacudida e transbordante será dada a vocês. Pois a medida que usarem também será usada para medir vocês" (Lucas 6:38).

Tome seu lugar aos pés de Jesus. Erga seu mundo em oração. Seja Moisés hoje.

Antes de dizer amém

11 de julho

O ingrediente que faltava

É melhor ter companhia do que estar sozinho, porque maior é a recompensa do trabalho de duas pessoas. Se um cair, o amigo pode ajudá-lo a levantar-se. Mas pobre do homem que cai e não tem quem o ajude a levantar-se!

Eclesiastes 4:9-10

E se o ingrediente que está faltando para mudar o mundo for o trabalho em equipe?

Todas as vezes que dois de vocês que estão na terra pedirem a mesma coisa em oração, isso será feito pelo meu Pai, que está no céu.

Porque, onde dois ou três estão juntos em meu nome, eu estou ali com eles (Mateus 18:19-20, NTLH)

Essa é uma promessa impressionante. Quando os fiéis concordam, Jesus dá notícia, aparece, e ouve as nossas orações.

E quando os fiéis discordam? Quando os obreiros se dividem, o sofrimento é o que mais sofre.

Eles já tinham sofrido o suficiente, não acha? A igreja de Jerusalém encontrou uma maneira de trabalhar unida. Aquelas pessoas encontraram um denominador comum na morte, no sepultamento e na ressurreição de Cristo. E, porque assim o fizeram, muitas vidas foram mudadas.

E, se você e eu o fizermos, o mesmo acontecerá.

Faça a vida valer a pena

12 de julho

A estratégia

*Se vocês permanecerem em mim, e as minhas palavras permanecerem
em vocês, pedirão o que quiserem, e lhes será concedido.*

João 15:7

Meu amigo Greg Pruett é engenheiro, linguista e tradutor da Bíblia. Mas sua contribuição mais significativa pode ser na área de "oração extrema". Em seu livro, que leva esse título, ele conta como retornou da Guiné, no Oeste da África, para assumir seu papel como presidente da organização Pioneer Bible Translators. Era 2008. A grande recessão estava sugando o dinheiro da economia e a confiança do público. As finanças do ministério indicavam uma queda livre em direção à falência. Greg não tinha experiências na liderança desse tipo de organização. Ele não sabia onde cortar despesas. Os recursos eram poucos, e os doadores estavam desaparecendo.

Greg conhecia uma única resposta: orar. "Foi quando aprendi a não orar por estratégias, mas a fazer da oração a estratégia."[11]

Em julho, ele escreveu uma carta de meia página à sua equipe, espalhada pelo mundo, chamando todos para a oração. Ele pediu que se apresentassem ao trono de Deus com pedidos específicos e ousados. Foi o que fizeram. Greg descreve os resultados:

Quando vi nosso balanço financeiro, eu soube que Deus havia ouvido nossas orações. [...] Tentei encontrar tendências e desenvolvimentos que explicassem como aquilo funcionou, para que pudéssemos repeti-lo. Nunca encontrei [...]. Eu sabia que [Deus] havia providenciado. Tudo que eu tinha era Deus e a oração.[12]

Greg fez da oração *a* estratégia para suas necessidades, e Deus respondeu. Ele fará o mesmo por você.

Dias de glória

13 de julho

Continue andando

Finalmente, fortaleçam-se no Senhor e no seu forte poder.

Efésios 6:10

"Resistam ao Diabo, e ele fugirá de vocês" (Tiago 4:7). Ele recuará. Ele precisa recuar. Ele não tem como ficar onde Deus é louvado. Continue louvando e caminhando.

"Mas Max, eu estou caminhando há muito tempo", você diz.

Sim, é o que parece. Foi o que os hebreus devem ter pensado também. Josué não lhes disse quantas voltas teriam que dar em torno do muro de Jericó. Eles simplesmente continuaram caminhando.

Nosso Josué também nos contou. Por meio das palavras de Paulo, Jesus nos encoraja: "Mantenham-se firmes, e que nada os abale. Sejam sempre dedicados à obra do Senhor, pois vocês sabem que, no Senhor, o trabalho de vocês não será inútil" (1Coríntios 15:58).

Continue andando. Pois este pode ser o dia em que os muros cairão. Você pode estar a poucos passos de um momento assim.

"Quando soaram as trombetas o povo gritou. Ao som das trombetas e do forte grito, o muro caiu. Cada um atacou do lugar onde estava, e tomaram a cidade" (Josué 6:20).

Os muros que haviam mantido o povo do lado de fora se transformaram em degraus pelos quais os hebreus entraram na cidade.

Falando nisso, um grande abalo está esperando este mundo também. Nosso Josué, Jesus, dará o sinal, e uma trombeta tocará. Ele reclamará para si cada espólio e repelirá, de uma vez por todas, cada demônio.

Até isso acontecer, continue marchando e crendo.

É apenas uma questão de tempo até sua Jericó cair.

Dias de glória

14 de julho

A unidade é importante

Façam todo o esforço para conservar a unidade do Espírito pelo vínculo da paz.

Efésios 4:3

O corpo de Cristo, sua igreja, tem se tornado conhecido por comportar-se mal. O cérebro não leva em conta o coração. (Os acadêmicos não levam em conta os devotos.) As mãos criticam os joelhos. (As pessoas de ação criticam as pessoas de oração.) Os olhos se recusam a associar-se aos pés. (Os pensadores visionários não querem trabalhar com os operários resolutos.)

Um caso claro de rebelião no corpo.

Se o ouvido disser: "Porque não sou olho, não pertenço ao corpo", nem por isso deixa de fazer parte do corpo. Se todo o corpo fosse olho, onde estaria a audição? Se todo o corpo fosse ouvido, onde estaria o olfato? De fato, Deus dispôs cada um dos membros no corpo, segundo a sua vontade (1Coríntios 12:15-18).

Os primeiros cristãos certamente riram dessas imagens. E se o corpo todo fosse um olho? Se você fosse uma coleção de globos oculares, qual seria sua função? "O olho não pode dizer à mão: 'Não preciso de você!'" (1Coríntios 12:21).

Não podemos dizer: "Não preciso de você". A megaigreja precisa da igreja menor. O liberal precisa do conservador. O pastor precisa do missionário. A cooperação é mais do que uma boa ideia; é uma ordem. "Façam todo o esforço para conservar a unidade do Espírito pelo vínculo da paz" (Efésios 4:3). A unidade importa para Deus. Há "um só rebanho e um só pastor" (João 10:16).

Faça a vida valer a pena

15 de julho

Deus está no comando

Proclamem a grandeza do SENHOR comigo; juntos exaltemos o seu nome.

Salmos 34:3

É duas vezes melhor para nós pensarmos em Deus do que pensarmos em qualquer outra pessoa ou coisa. Deus quer que comecemos e terminemos nossas orações pensando nele. Quanto mais focados estivermos nas coisas lá do alto, mais inspirados estaremos aqui na terra.

Ampliar. Ao ampliar um objeto, você o aumenta para que possa entendê-lo. Quando ampliamos Deus, fazemos o mesmo. Aumentamos nossa consciência acerca dele para que possamos entendê-lo melhor. É exatamente isso o que acontece quando adoramos — tiramos nossa mente de nós mesmos e a colocamos em Deus; a ênfase está nele.

Gosto do modo como a última frase da Oração do Senhor é traduzida na *The Message* [A mensagem] (Mateus 6:13):

Você está no comando!
Você pode fazer o que quiser!
Você resplandece na beleza!
Sim. Sim. Sim.

Poderia ser mais simples? Deus está no comado!

Dias melhores virão

16 de julho

Uma oração...
porque Jesus vestiu seus espinhos

*Vestiram-no com um manto de púrpura, depois fizeram uma coroa de espinhos
e a colocaram nele. E começaram a saudá-lo: "Salve, rei dos judeus!"*

Marcos 15:17-18

Ó Senhor, como posso agradecer-te o suficiente por dar tua vida inteira para que eu fosse beijado por perdão? Tu levaste os espinhos de minhas acusações e a perfuração de minha rejeição. Alegro-me que hoje eu posso seguir teus passos. Em nome de Jesus, amém.

Moldado por Deus

17 de julho

Um novo você

"De sua parte", disse Deus a Abraão, "guarde a minha aliança, tanto você como os seus futuros descendentes. Esta é a minha aliança com você e com os seus descendentes, aliança que terá que ser guardada: Todos os do sexo masculino entre vocês serão circuncidados na carne. Terão que fazer essa marca, que será o sinal da aliança entre mim e vocês.

Gênesis 17:9-11

A circuncisão do Antigo Testamento era uma separação simbólica do passado. Oito dias após o parto todo menino deveria ser simbolicamente separado. O ato declarava uma nova identidade. O menino não era como os pagãos, que não conheciam Deus. Ele era um filho da aliança. "Vocês não são mais aqueles que eram. Vocês são meus." Não mais escravos, mas livres. Não mais em amarras, mas libertados.

Qual a mensagem de Deus aos hebreus? Lembrem-se a quem vocês pertencem.

A mensagem de Deus para nós? Lembrem-se de quem vocês são.

De certa forma, todos os cristãos passaram pela circuncisão. Isso pode ser uma novidade para você. "Nele também vocês foram circuncidados, não com uma circuncisão feita por mãos humanas, mas com a circuncisão feita por Cristo, que é o despojar do corpo da carne" (Colossenses 2:11).

Cristo extraiu a vida antiga. Ele o separou do poder do pecado e da morte. E os antigos desejos e tentações? Ele separou você do poder dessas coisas quando você lhe entregou seu coração. Não podemos repetir isso demais ou de forma clara demais. Você não é a pessoa que costumava ser. Seu eu antigo não existe mais. A vida antiga perdeu seu poder. Quando Cristo morreu, você também morreu. Quando Cristo foi sepultado, você também foi sepultado. Quando Cristo ressuscitou dos mortos, você ressuscitou com ele.

Você é um novo você.

Dias de glória

18 de julho

Povo hospitaleiro

Pois onde se reunirem dois ou três em meu nome, ali eu estou no meio deles.

Mateus 18:20

Dizem que somos uma sociedade rápida, uma sociedade eficiente, mas não dizem que somos uma sociedade pessoal. A nossa sociedade está instalada no isolamento. Usamos fones de ouvido quando nos exercitamos. Comunicamo-nos via *e-mail* e mensagens de texto. Entramos e saímos de nossas casas com portas e portões automáticos. O nosso mantra é: "Eu o deixo em paz e você me deixa em paz".

Mesmo assim, Deus deseja que seu povo seja uma exceção. Que deixe os outros seguirem o caminho dos computadores e dos teclados. Os filhos de Deus serão pessoas hospitaleiras. Muito antes de ter púlpitos e batistérios, a igreja tinha cozinhas e mesas de jantar. "Todos os dias, continuavam a reunir--se no pátio do templo. Partiam o pão *em suas casas*, e juntos participavam das refeições, com alegria e sinceridade de coração" (Atos 2:46). "Todos os dias, no templo e *de casa em casa*, não deixavam de ensinar e proclamar que Jesus é o Cristo" (Atos 5:42).

Até uma leitura casual do Novo Testamento revela a casa como o recurso primário da igreja. "[...] A você, Filemom, nosso amado cooperador [...] e à igreja que se reúne com você em sua casa" (Filemom 1:1-2). "Saúdem Priscila e Áquila [...]. Saúdem também a igreja que se reúne na casa deles" (Romanos 16:3-5).

Não é de admirar que os bispos fossem hospitaleiros (cf. 1 Timóteo 3:2). O local básico de reunião da igreja era a casa.

Faça a vida valer a pena

19 de julho

Tornando a música linda

Meu coração está firme, ó Deus! Cantarei e louvarei, ó Glória minha!

Salmos 108:1

Algumas crianças de Cateura, nos subúrbios de Assunção, no Paraguai, fazem música com seu lixo. Outras orquestras afinam seus celos ou trombones. Essa banda não. Ela toca sonatas de Beethoven em baldes de plástico, bacias e canos de esgoto.

Onde essas crianças moram, lixo é a única coisa disponível. Catadores de lixo coletam e vendem refugos por centavos o quilo. Muitos tiveram o mesmo destino do lixo; foram jogados fora e descartados.

Mas hoje, graças a Don Cola Gomez, eles estão fazendo música.

Don Cola Gomez é lixeiro e carpinteiro. Ele nunca tinha visto, ouvido ou tocado em um violino em toda a vida. Mas quando alguém lhe descreveu o instrumento, esse artesão sem formação catou uma lata de tinta e uma bandeja e construiu um violino em sua oficina. Seu próximo instrumento foi um celo. Ele usou um barril de óleo como corpo e uma escova de cabelos, o salto de um sapato e uma colher de madeira para construir o mecanismo de afinação.

Graças a esse Stradivarius, o lixo recebe uma segunda chance e, assim, também as crianças que vivem cercadas por ele. Desde o dia em que sua história foi noticiada pelas mídias, elas foram instruídas por maestros, apareceram em programas da televisão nacional e fizeram uma turnê mundial. Foram chamadas de Orquestra do Lixão e de Orquestra Reciclada de Cateura.[16]

Poderíamos chamá-las também de imagem da graça de Deus.

Dias de glória

20 de julho

As linhas iniciais

*Na sua aflição, clamaram ao SENHOR, e ele os salvou da tribulação
em que se encontravam. Ele enviou a sua palavra e os curou, e
os livrou da morte. Que eles deem graças ao SENHOR, por seu
amor leal e por suas maravilhas em favor dos homens.*

Salmos 107:19-21

Alguns de vocês vivem em corpos cansados de tanta estrada: os joelhos doem, os olhos estão turvados, a pele está flácida. Outros saíram do ventre em ascendência. Embora eu não tenha respostas fáceis para sua luta, eu lhe imploro para ver seu desafio no âmbito da história de Deus. Ver estes dias sobre a terra como apenas as linhas iniciais de sua saga arrebatadora. Vamos ficar com Paulo sobre a promessa da eternidade.

Por isso não desanimamos; Embora exteriormente estejamos a desgastar-nos, interiormente estamos sendo renovados dia após dia. Pois os nossos sofrimentos leves e momentâneos estão produzindo para nós uma glória eterna que pesa mais do que todos eles. Assim, fixamos os olhos, não naquilo que se vê, mas no que não se vê,, pois o que se vê é transitório, mas o que não se vê é eterno (2Coríntios 4:16-18).

Seu sofrimento não é o fim da história. É a cena inicial da saga de Deus.

God's Story, Your Story [A história de Deus, a sua história]

21 de julho

Território inimigo

O Senhor lutará por vocês; tão somente acalmem-se.

Êxodo 14:14

Para muitas pessoas, a noção de um diabo de verdade é estranha e lhes parece antiquada.

A tendência popular de hoje é jogar a culpa dos problemas na genética, no governo e nas circunstâncias de vida. Mas a Bíblia apresenta um adversário real e presente da nossa fé. Seu nome é Satanás. Alguns o chamam de diabo. Outros o chamam de Belzebu, Belial, o obstruidor, o tentador, o mau, o acusador, príncipe dos demônios, senhor deste mundo ou príncipe do poder do ar. Não importa o nome que você escolher, ele é o inimigo, e ele é real.

Ele não é o personagem fofo e inofensivo das histórias em quadrinhos. Ele não é uma contraparte sombria e imaginária do coelho da Páscoa. Ele é o anjo caído invisível, mas poderoso, chamado Lúcifer, que desejou tomar o lugar que apenas Deus pode ocupar. Ele se revoltou e desobedeceu e quer que você e eu façamos o mesmo. "O Diabo, o inimigo de vocês, anda ao redor como leão, rugindo e procurando a quem possa devorar" (1Pedro 5:8).

Qualquer pessoa que já ousou se aproximar de Deus tem sofrido o ataque de Satanás.

Satanás incita, separa, convence, amarra, cega e governa.

Ele tem um único objetivo: "roubar, matar e destruir" (João 10:10).

Satanás tem você em vista. Você está em território inimigo. Mas a batalha não é somente sua. Deus luta por você.

Dias de glória

22 de julho

"Aba"

*Pois vocês não receberam um espírito que os escravize para
novamente temerem, mas receberam o Espírito que os torna filhos
por adoção, por meio do qual clamamos: "Aba, Pai".*

Romanos 8:15

Jesus nos ensinou a iniciar nossa oração dizendo "Pai nosso, que estás nos céus!" (Mateus 6:9). De forma mais específica, nosso *"Aba* que estás nos céus." *Aba* é um termo íntimo, carinhoso, folclórico, comum, a palavra mais calorosa do aramaico para "pai".[14]

Papai. O termo mira em nosso orgulho. Outras saudações permitem um ar de sofisticação. Como pastor, sei bem como é. Aumentar o tom da voz e fazer uma pausa para um efeito dramático: "Oh, Santo Senhor..." Deixo que as palavras ressoem por todo o universo enquanto eu, o pontífice do pedido, pontifico minha oração.

"Deus, tu és meu Rei, e eu sou teu príncipe."

"Deus, tu és o Mestre, e eu sou teu trovador."

"Deus, tu és o Presidente, e eu sou teu Embaixador."

Mas Deus prefere esta saudação: "Deus, você é o meu Papai, e eu sou seu filho."

Eis o porquê: é difícil exibir-se e chamar Deus de "Papai" ao mesmo tempo.

Antes de dizer amém

23 de julho

Uma oração...
por luz e alegria

Mas o anjo lhes disse: "Não tenham medo. Estou lhes trazendo boas-novas de grande alegria, que são para todo o povo."

Lucas 2:10

Pai, obrigado por não teres nenhuma dificuldade de atravessar as paredes por trás das quais às vezes me escondo. Convido-te hoje para que venhas com teu perdão e lances luz e alegria na minha vida. Em nome de Jesus. Amém.

No monte Calvário

24 de julho

Sou importante?

Todos vocês são filhos de Deus mediante a fé em Cristo Jesus.

Gálatas 3:26

Do escuro, ele escreveu: o "Homem" com *H* maiúsculo, pois não era um homem comum. Por toda a noite os dois lutaram, caindo e rolando na lama do Jaboque. Em certo momento, Jacó levava a melhor do Homem até que o este decidiu resolver o assunto de uma vez por todas. Com um golpe hábil, deixou Jacó contorcido de dor como um toureiro chifrado. O golpe clareou a visão de Jacó e ele percebeu que estava enroscado com Deus. Agarrou o Homem e o segurou com toda sua força. "Não te deixarei ir, a não ser que me abençoes", insistiu (Gênesis 32:26).

Que lição tiramos disso? Deus na lama. Uma briga de unhas e dentes. Um pouco bizarra. Mas e o pedido da bênção? Entendo essa parte. Adaptando para nossa linguagem, temos Jacó perguntando: "Deus, eu sou importante para você?"

Eu perguntaria a mesma coisa. Dado o encontro face a face com o Homem, eu aventuraria: "Você sabe quem sou eu? No plano geral das coisas, eu conto para alguma coisa?"

Muitas mensagens nos dizem que não. Somos demitidos dos nossos empregos, expulsos da escola. Tudo, da acne ao Alzheimer, faz-nos sentir como uma garota sem par para o baile de formatura.

Reagimos. Validamos nossa existência com muitas atividades. Fazemos mais, compramos mais, alcançamos mais. Como Jacó, nós lutamos. Todas as nossas lutas, suponho eu, são meramente para fazer esta pergunta: "Sou importante?"

Toda a graça, acredito eu, é a resposta definitiva de Deus. "Abençoado seja, meu filho. Eu o aceito. Adotei-o na minha família."

Você é importante para Deus.

Graça

25 de julho

Aceite a Palavra de Deus

Acaso ele fala, e deixa de agir? Acaso promete, e deixa de cumprir?

Números 23:19

Precisamos aprender a aceitar a palavra de Deus.

Parece fácil, especialmente quando o mar está calmo. Mas, no meio de uma tempestade, mesmo os discípulos de Jesus precisavam de um lembrete. Em certa ocasião, Jesus lhes disse: "Vamos atravessar para o outro lado" (Marcos 4:35). Foi o que fizeram. Mas, enquanto atravessavam o mar da Galileia, seu barco foi surpreendido por turbulências. "Levantou-se um forte vendaval, e as ondas se lançavam sobre o barco, de forma que este ia se enchendo de água" (v. 37). O céu se abriu e despejou um pé d'água, e as ondas ameaçavam virar o barco. Os discípulos se voltaram para Jesus e o encontraram em sono profundo! Eles gritaram: "Não te importas que morramos?" (v. 38). Jesus acordou, se levantou e ordenou que a tempestade se acalmasse, e então disse aos discípulos: "Ainda não têm fé?" (v. 40).

Que repreensão chocante! O mar estava em alvoroço; as águas estavam fora de controle. Por que Jesus os repreendeu?

Simples. Não confiaram em sua palavra. Ele disse que eles atravessariam para o outro lado. Ele não disse: "Entraremos no barco para afundar." Jesus já havia declarado o resultado. Mas quando a tempestade veio, os discípulos ouviram o uivo do vento e se esqueceram de suas palavras.

Tempestades estão se aproximando. Os ventos soprarão, seu barco será jogado de um lado para o outro, e você terá uma escolha. Você dará ouvidos a Cristo ou à crise? Você ouvirá as promessas das Escrituras ou o barulho da tempestade? Aceitará a palavra de Deus?

Dias de glória

26 de julho

Destruindo os muros

O Espírito e a noiva dizem: "Vem!" E todo aquele que ouvir diga: "Vem!"
Quem tiver sede, venha; e quem quiser, beba de graça da água da vida.

Apocalipse 22:17

Deus mandou Filipe em uma missão transcultural.

Um anjo do Senhor disse a Filipe: "Vá para o sul, para a estrada deserta que desce de Jerusalém a Gaza". Ele se levantou e partiu. No caminho encontrou um eunuco etíope, um oficial importante, encarregado de todos os tesouros de Candace, rainha dos etíopes. Esse homem viera a Jerusalém para adorar a Deus e, de volta para casa, sentado em sua carruagem, lia o livro do profeta Isaías. E o Espírito disse a Filipe: "Aproxime-se dessa carruagem e acompanhe-a" (Atos 8:26-29).

Muros separavam Filipe do eunuco. O etíope era de pele escura; Filipe era claro. O viajante era rico o suficiente para viajar. E quem era Filipe senão um simples refugiado, banido de Jerusalém?

Filipe, porém, não hesitou. Ele "anunciou-lhe as boas-novas de Jesus. Prosseguindo pela estrada, chegaram a um lugar onde havia água. O eunuco disse: 'Olhe, aqui há água. Que me impede de ser batizado?'" (Atos 8:35,36).

Não é uma pergunta trivial.

E se Filipe tivesse dito: "Agora que você mencionou isso, sim. Desculpe. Não aceitamos gente do seu tipo"?

Mas Filipe, membro fundador da equipe dos demolidores de intolerância, dinamitou os muros e convidou: "'Você pode, se crê de todo o coração'. O eunuco respondeu: 'Creio que Jesus Cristo é o Filho de Deus'" (Atos 8:37).

O que ficamos sabendo a seguir é que o eunuco sai das águas do batismo assobiando "Jesus Me Ama", que Filipe parte para a sua próxima missão e que a igreja passa a ter seu primeiro convertido não judeu.

Faça a vida valer a pena

27 de julho

O cirurgião cardíaco

*Mas Deus demonstra seu amor por nós: Cristo morreu em
nosso favor quando ainda éramos pecadores.*

Romanos 5:8

Graça é Deus como um cirurgião cardíaco, abrindo seu peito, removendo seu coração — envenenado com orgulho e dor — e substituindo-o pelo coração dele próprio. Ao invés de nos falar para mudar, ele cria a mudança. Organizamos tudo para que ele nos aceite? Não, ele nos aceita e começa a organização. O sonho dele não é apenas tê-lo no céu, mas que o céu esteja em você. Que diferença isso faz! Não consegue perdoar seu inimigo? Não consegue enfrentar o dia de amanhã? Não consegue perdoar seu passado? Cristo pode, e ele está em movimento, tirando você ousadamente de uma vida sem graça para uma vida moldada em graça. As dádivas concedidas concedendo dádivas. Pessoas perdoadas perdoando as pessoas. Suspiros profundos de alívio. Inúmeros tropeços, mas raro desespero.

A graça é totalmente Jesus. A graça vive porque ele vive, trabalha porque ele trabalha, se importa porque ele se importa. Ele colocou um limite no pecado e fez uma dança vitoriosa em um cemitério. Ser salvo pela graça é ser salvo por ele — não por uma ideia, doutrina, credo ou filiação em uma igreja, mas pelo próprio Jesus, que levará ao céu quem simplesmente acenar para ele.

Graça

28 de julho

Faze-o novamente, Senhor

*Pai nosso, que estás nos céus! Santificado seja o teu nome. Venha o
teu Reino; seja feita a tua vontade, assim na terra como no céu.*

Mateus 6:9-10

Querido Senhor,

A nossa esperança ainda é a de despertarmos. A nossa esperança ainda é a de abrirmos os olhos sonolentos e pensarmos: Que sonho horrível.

Estamos tristes, Pai. E por isso nos achegamos a ti. Não pedimos ajuda a ti; nós a suplicamos. Não pedimos; imploramos. Sabemos o que tu podes fazer. Lemos as histórias. Refletimos nas histórias e agora suplicamos: "Faze-o novamente, Senhor. Faze-o novamente."

Tu te lembras de José? Tu o resgataste do poço. E Sara? Tu te lembras de suas orações? Tu as ouviste. Josué? Tu te lembras de seus medos? Tu o inspiraste. E as mulheres no túmulo? Tu ressuscitaste sua esperança. As dúvidas de Tomé? Tu as levaste embora. Faze-o novamente, Senhor. Faze-o novamente.

Sobretudo, faze novamente o que fizeste no Calvário. Depois de seu Filho permanecer por três dias em um buraco escuro, tu rolaste a pedra, bradaste na terra e transformaste a sexta-feira mais escura no domingo mais brilhante. Faze-o novamente, Senhor. Transforma este Calvário em Páscoa.

Que a tua misericórdia seja sobre todos os que sofrem. Dá-nos graça para que possamos perdoar e fé para que possamos crer.

E olha com bondade para a tua igreja. Por dois mil anos tu a tens usado para curar um mundo ferido.

Faze-o novamente, Senhor. Faze-o novamente.

Por meio de Cristo, amém.

Dias melhores virão

29 de julho

Certeza

Quando virem a arca da aliança do Senhor, o seu Deus, e os sacerdotes levitas carregando a arca, saiam das suas posições e sigam-na.

Josué 3:2-3

Quando Deus disse: "Sigam a arca", ele estava dizendo: "Sigam-me."

Quando os israelitas preparavam-se para atravessar o Jordão, Deus indicou o caminho. Não os soldados. Não Josué. Não os engenheiros e seus planos ou as forças especiais e seu equipamento. Quando veio a hora de atravessar as águas insuperáveis, o plano de Deus era simples: confiem em mim.

E foi o que o povo fez. Uma banda escolhida de sacerdotes vestidos de branco caminhou em direção ao rio. Carregando a arca, avançaram em direção ao Jordão.

As Escrituras não escondem o medo que aqueles homens sentiram: Os sacerdotes "tocaram" a água com seus pés (Josué 3:15). Não correram, mergulharam ou saltaram no rio. Cuidadosamente, tocaram as águas do rio com a ponta dos dedos dos pés. Foi um passo minúsculo, mas Deus consegue operar os maiores milagres com um minúsculo passo de fé. Quando tocaram a água, a correnteza parou como se alguém tivesse fechado a torneira. E o povo atravessou! "Todo o Israel passava, até que toda a nação o atravessou pisando em terra seca" (v. 17).

Se Deus era capaz de transformar uma correnteza feroz em um tapete vermelho, então: "Presta atenção, Jericó, aqui vamos nós!" Como Josué havia lhes dito: "Assim saberão que o Deus vivo está no meio de vocês" (3:10). Os hebreus sabiam que não poderiam perder! Eles tinham tudo em seu favor. Tinham todo o direito de celebrar.

E nós também temos.

Para o povo de Josué, a certeza veio quando se encontrou em terra seca do outro lado do rio Jordão.

Nós adquirimos certeza quando estamos diante da obra consumada de Cristo e olhamos para a cruz.

Dias de glória

30 de julho

Uma oração...
para ajudar

A religião que Deus, o nosso Pai, aceita como pura e imaculada é esta: cuidar dos órfãos e das viúvas em suas dificuldades e não se deixar corromper pelo mundo.

Tiago 1:27

Querido Senhor, Jesus assegurou que sempre teríamos necessitados entre nós. Ajuda-me a ter certeza de que o inverso também é verdade, de que estarei sempre entre os necessitados, ajudando, incentivando e estendendo a mão quando puder. Capacita-me a amar o Deus invisível ao servir aos pobres bem visíveis nas esquinas do meu mundo. Ajuda-me a ser criativo sem ser condescendente, incentivador sem ser narcisista, destemido sem ser imprudente. Que os pobres possam louvar-te por causa de mim e que os meus esforços possam de alguma maneira reduzir o número de pobres. Em nome de Jesus eu oro, amém.

Faça a vida valer a pena

31 de julho

Faça alguma coisa!

O Espírito do Senhor está sobre mim, porque ele me ungiu para pregar boas novas aos pobres. Ele me enviou para proclamar liberdade aos presos e recuperação da vista aos cegos, para libertar os oprimidos.

Lucas 4:18

O dia foi especial. Jesus estava na cidade. Pediram-lhe para ler as Escrituras e ele aceitou. Ele abriu o pergaminho até o fim do texto e leu: "O Espírito do Senhor está sobre mim, porque ele me ungiu para pregar boas novas aos pobres. Ele me enviou para proclamar liberdade aos presos e recuperação da vista aos cegos, para libertar os oprimidos" (Lucas 4:18, citando Isaías 61:1).

Jesus tinha uma plateia em vista. Os pobres. Os presos. Os cegos e oprimidos. "Essa é a minha declaração de intenções", Jesus afirmaria. O Manifesto de Nazaré.

Não deveria ser o nosso também? Nosso manifesto não deveria ser algo como isto:

Deixe a igreja agir em favor dos pobres. A solução final para a pobreza é encontrada na compaixão do povo de Deus.

Deixe que o mais brilhante entre nós nos oriente. "A pobreza é como a ciência espacial", disse-me Rich Stearns, presidente da Visão Mundial nos Estados Unidos. Soluções simples simplesmente não existem. Precisamos dos nossos melhores e mais brilhantes para dar continuidade ao legado da força-tarefa de Jerusalém de Atos 6.

Deixe a indignação aflorar. Irrite-se o suficiente para responder. A pobreza não é a falta de caridade, mas a falta de justiça. Uma ira justa faz um mundo de benevolência.

Ninguém pode fazer tudo, mas todos podem fazer alguma coisa. Saia da sua zona de conforto, em nome de Cristo. Seja ticado da lista. Faça alguma coisa!

Faça a vida valer a pena

Agosto

1º de agosto

Decida agora

O justo passa por muitas adversidades, mas o SENHOR o livra de todas;

Salmos 34:19

Vozes falam com você hoje. No trabalho, na escola, na internet. Estão esperando por você. Elas esperam nos cruzamentos da sua vida social e da família. Você não pode impedir sua presença. Mas você pode se preparar para seu convite.

Lembre-se de quem você é; você é filho de Deus. Você foi comprado pelo bem mais precioso da história do universo: o sangue de Cristo. Em você habita o Espírito do Deus vivo. Você está sendo equipado para uma missão eterna que o capacitará a viver na presença de Deus. Você foi separado para um chamado sagrado. Você pertence a ele.

O diabo não tem autoridade sobre você. Ele age como se tivesse. Ele demonstra uma postura confiante e traz tentações, mas quando você resiste e se volta para Deus, ele é obrigado a fugir (Tiago 4:7).

Decida agora o que você dirá quando ele aparecer.

Escolha a obediência. E, quando você fizer isso, você poderá esperar bênçãos: a bênção de uma consciência leve, a bênção de uma boa noite de sono, a bênção da comunhão com Deus, a bênção do favor de Deus. Isso não é garantia de uma vida fácil. É a garantia da ajuda de Deus. E é sua para que você a reivindique.

Dias de glória

2 de agosto

A realidade do pecado

SENHOR, não me abandones! Não fiques longe de mim, ó meu Deus! Apressa-te a ajudar-me, SENHOR, meu Salvador!

Salmos 38:21-22

A oração mais conhecida da confissão veio do rei Davi, embora ele tenha levado um tempo interminavelmente longo para oferecê-la. Esse herói do Antigo Testamento dedicou uma época de sua vida a tomar decisões estúpidas, idiotas e ímpias.

Sim, Davi. O homem criado segundo o coração de Deus permitiu que o seu próprio coração se endurecesse. Ele suprimiu sua transgressão e pagou um preço alto por isso. Mais tarde, ele descreveu essa situação desta maneira: "Enquanto escondi os meus pecados, o meu corpo definhava de tanto gemer. Pois de dia e de noite a tua mão pesava sobre mim; minha força foi se esgotando como em tempo de seca" (Salmos 32:3-4).

A realidade do pecado substituiu a euforia do pecado. Davi sabia que seu pecado secreto não era completamente secreto.

Enterre o mau comportamento e espere pela dor, ponto final. O pecado não confessado é uma faca alojada na alma. Você não pode escapar da miséria que ele cria, a menos que você ore como Davi:

"Apressa-te a ajudar-me, SENHOR, meu Salvador!"

Então a Graça virá.

Graça

3 de agosto

Por que ficamos doentes?

Cura-me, Senhor, e serei curado; salva-me, e serei
salvo, pois tu és aquele a quem eu louvo.

Jeremias 17:14

Por que ainda ficamos doentes? Pela mesma razão que ainda pecamos. É um mundo decadente e o Reino é um Reino vindouro. A doença e o pecado ainda perseguem o planeta. Mas aqui está a diferença: nem a doença e nem o pecado têm o domínio sobre o povo de Deus. O pecado não pode nos condenar. A doença não pode nos destruir. A culpa foi removida, e a morte perdeu seu efeito. Na verdade, até mesmo o pecado e a doença que Satanás pretendia para o mal Deus redimiu para o bem. O pecado passa a ser uma amostra da graça divina. A doença torna-se uma demonstração da capacidade do Senhor de curar.

Não somos vítimas de moléculas trapaceiras e de células rebeldes. Não vivemos debaixo do espectro de pragas e de emoções incontroláveis. Cada tecido, molécula e onda cerebral atendeu ao chamado do Senhor.

Ele está no controle!

Antes de dizer amém

4 de agosto

Olhe para cima

Levanto os meus olhos para os montes e pergunto: De onde me vem o socorro? O meu socorro vem do SENHOR, que fez os céus e a terra.

Salmos 121:1-2

Deus virá até você. Na forma de um amigo no hospital ou na forma de um Comandante Santo? Talvez. Ele pode vir também por meio de uma passagem da Bíblia ou por meio da gentileza de um amigo. Ele pode até mesmo falar com você por intermédio de um livro como este.

Uma coisa, porém, é certa: Deus vem para o seu povo. "O SENHOR dos Exércitos está conosco" (Salmos 46:7). Não há exceções para essa promessa. Seu amor inclui todas as pessoas.

E ele é por você. "Se Deus é por nós, quem será contra nós?" (Romanos 8:31).

Você está diante de um desafio do tamanho de Jericó? Você está diante de muros altos demais para escalar e fortes demais para derrubar? Você está tendo que lidar com um diagnóstico, com uma dificuldade ou com uma derrota que o impede de entrar na sua Terra Prometida? Faça o que Josué fez.

"Estando Josué já perto de Jericó, *olhou para cima* e viu um homem em pé" (Josué 5:13; grifos meus). Quando Josué olhou para cima, ele viu Jesus. Enquanto estivermos olhando apenas para a nossa Jericó, não veremos Jesus. Olhe para cima. O Senhor, sua Ajuda, está chegando.

Dias de glória

5 de agosto

Nenhum outro Deus

"O céu é o meu trono, e a terra, o estrado dos meus pés. [...]
Não foram as minhas mãos que fizeram todas essas coisas,
e por isso vieram a existir?", pergunta o SENHOR.

Isaías 66:1-2

Muitos sofrem de uma mentalidade pequena a respeito de Deus. Em um esforço de vê-lo como amigo, perdemos sua imensidão. Em nosso desejo de conhecê--lo, temos buscado limitá-lo. O Deus da Bíblia não pode ser limitado. Ele trouxe ordem ao caos e fez a criação. Com uma palavra, chamou Adão do barro e Eva de uma costela. Ele não consultou um comitê. Não buscou conselhos.

Ele não tem colega do mesmo nível. "Eu sou Deus, e não há nenhum outro; eu sou Deus, e não há nenhum como eu" (Isaías 46:9). Os grandes reis renderam suas coroas. Alexandre, o Grande, é um monte de cinzas em um túmulo. A rainha da Inglaterra é chamada de sua majestade; por outro lado, ela ainda tem de se alimentar, tomar banho e descansar. A verdadeira majestade, por outro lado, jamais sente fome. Nunca adormece. Nunca precisou de ajuda ou atenção.

Do menor micróbio à montanha mais imponente, "sustentando todas as coisas por sua palavra poderosa" (Hebreus 1:3).

Ele tem autoridade sobre o mundo e...

Ele tem autoridade sobre o *seu* mundo. Ele jamais fica surpreso. Ele nunca, jamais pronunciou a frase: "Como isso aconteceu?"

Antes de dizer amém

6 de agosto

Uma oração...
para seguir Deus

Bom e justo é o Senhor; por isso mostra o caminho aos pecadores.
Conduz os humildes na justiça e lhes ensina o seu caminho.

Salmos 25:8-9

Querido Pai, tu és bom. Teus caminhos são perfeitos e estão acima dos meus. Tu mereces a minha total obediência e a minha adoração. Tu és o meu mestre e a minha autoridade por causa da tua benevolência.

Frustra-me hoje, quando eu escolho meu caminho em vez dos teus. Usa os meus momentos de orgulho como uma oportunidade para me ensinares e me redirecionares.

Mostra a meus amigos que a tua bondade é mais importante que os desejos deles. Concede-lhes a coragem de buscar o teu caminho bom e justo.

Obrigado por tua orientação e preocupação constantes sobre cada passo da minha vida.

Em nome de Jesus eu oro assim, amém.

Diário de oração – Antes de dizer amém

7 de agosto

A jornada não é nosso destino

Assim, fixamos os olhos, não naquilo que se vê, mas no que não se vê, pois o que se vê é transitório, mas o que não se vê é eterno.

2Coríntios 4:18

Jesus nos diz: "Buscai primeiro o reino de Deus" (Mateus 6:33). Este é o convite para nós. Leve seus corações para casa.

Em seu plano, é tudo sobre o Rei e seu reino. Ele escreveu o roteiro, construiu os cenários, dirige os atores e conhece o ato final — um reino eterno. Este é o plano: "De tornar a congregar em Cristo todas as coisas, na dispensação da plenitude dos tempos, tanto as que estão nos céus como as que estão na terra" (Efésios 1:10).

Vá até ele!

A viagem para casa é boa, mas não é o destino. Aqueles que se contentam com nada mais do que alegria na jornada estão se contentando com muito pouca satisfação. Nossos corações nos dizem que há mais na vida do que esta vida. Nós, como o E.T., levantamos os dedos dobrados para o céu. Podemos não saber para onde apontar, mas sabemos que este mundo não é nossa casa.

"Ele nos deu o desejo de entender as coisas que já aconteceram e as que ainda vão acontecer" (Eclesiastes 3:11, NTLH).

Na narrativa de Deus, a vida na Terra é apenas o começo: a primeira letra da primeira frase no primeiro capítulo da história que o grande Deus está escrevendo com sua vida.

God's Story, Your Story [A história de Deus, a sua história]

8 de agosto

Quando o diabo se aproxima

Resistam ao Diabo, e ele fugirá de vocês.

Tiago 4:7

Quando o diabo se aproximar, enfrente-o. "O que está fazendo aqui? Morri para você!" Não lhe dê nada. Não aceite suas mentiras. Não acredite em suas acusações. Não recue quando ele atacar. Quando ele lhe apresentar uma lista com seus erros do passado, diga-lhe a quem você pertence. Ele não tem como responder a essa verdade. Ele sabe quem você é. Ele espera apenas que você não saiba disso ou que tenha se esquecido. Então prove a ele que você sabe e se lembra. Diga-lhe:

"Eu fui comprado por um preço. Eu pertenço a Deus" (veja 1Coríntios 6:20).

"Eu não recebi um espírito de medo, mas de poder, amor e uma mente sã" (veja 2Timóteo 1:7).

"Eu não posso ser separado do amor de Deus" (veja Romanos 8:35).

"Eu posso encontrar graça e misericórdia em tempos de necessidade" (veja Hebreus 4:16).

"Posso tudo por meio de Cristo, que me fortalece" (Filipenses 4:13).

É assim que as pessoas da Terra Prometida pensam. Andam com uma postura de confiança reverente. Vivem de sua herança. Mostram ao diabo seu novo nome em seu passaporte espiritual.

Qual o segredo para sobreviver em território inimigo? Lembre-se. Lembre-se do que Deus tem feito. Lembre-se a quem você pertence.

Dias de glória

9 de agosto

Ira santa

Um leproso aproximou-se dele e suplicou-lhe de joelhos: "Se quiseres, podes purificar-me!" Cheio de compaixão, Jesus estendeu a mão, tocou nele e disse: "Quero. Seja purificado!"

Marcos 1:40-41

Eu estava em uma sala de emergência tarde da noite na semana passada.

As vítimas de Satanás enchiam os corredores. Uma criança — ofegante, olhos inchados. Espancada pelo pai. Uma mulher — bochechas machucadas, nariz sangrando. "Meu namorado ficou bêbado e me bateu", disse ela, chorando. Um velho inconsciente e bêbado em uma maca. Ele babava sangue em seu sono.

Jesus também viu as vítimas de Satanás. Ele viu um leproso um dia... dedos nodosos... pele ulcerada... rosto desfigurado. E ficou indignado... irritado. Não uma ira egoísta, violenta. Uma ira santa... uma frustração controlada... um desgosto compassivo. E isso o comoveu. Levou-o a agir.

Estou convencido de que o mesmo Satanás está à espreita hoje, causando a fome na Somália... a confusão no Oriente Médio... o egoísmo nas telas do cinema... a apatia na igreja de Cristo.

E Satanás ri entre os moribundos.

Querido pai,

Que nunca nos tornemos tão "santos", a ponto de nunca podermos ser tão "maduros", que nós nunca nos tornemos tão "religiosos" a ponto de podermos ver as pegadas de Satanás e manter a calma.

Moldado por Deus

10 de agosto

Proteção

Por isso não tema, pois estou com você; não tenha medo, pois sou o seu Deus. Eu
o fortalecerei e o ajudarei; eu o segurarei com a minha mão direita vitoriosa.

Isaías 41:10

Nadin Khoury tinha 13 anos, 1,55 metros de altura e pesava mais ou menos 45 quilos. Seus agressores eram adolescentes, maiores do que Nadin. Eram sete contra um. Durante trinta minutos, eles bateram em Nadin, chutaram, surraram. Ele nunca teve uma chance.

Eles o arrastaram pela neve, enfiaram-no numa árvore e o suspenderam numa cerca de ferro de dois metros de altura.

Khoury sobreviveu ao ataque e, provavelmente, teria sofrido outros, se não fosse pela burrice de um de seus atacantes. Ele filmou o ataque e postou tudo no YouTube. Um passante viu a violência e afugentou os agressores. A polícia viu o filme e começou a investigar. Os criminosos acabaram na prisão, e a história chegou aos jornais.

Um funcionário do programa de tevê norte-americano, *The View*, leu o relato e convidou Khoury para uma entrevista. Ele foi. Enquanto mostravam o vídeo do ataque numa tela, ele tentou ser forte, mas seu lábio inferior tremia. Quando o filme do YouTube acabou, uma cortina se abriu, e três homens enormes subiram no palco. Eram membros do time de futebol americano Philadelphia Eagles.

Khoury, um grande fã, se virou e sorriu. Um desses homens era o recebedor DeSean Jackson. Jackson se sentou ao lado de Khoury, chegou o mais perto possível do garoto e lhe prometeu: "Sempre que você precisar de nós, eu tenho dois bloqueadores aqui comigo." Então, na frente da câmera, de forma que todos os brutamontes dos Estados Unidos pudessem ver, ele deu ao garoto o número de seu celular.[16]

Quem iria rejeitar esse tipo de proteção?

Você a recebeu... do Filho de Deus em pessoa.

Dias de glória

11 de agosto

Ele também lava seus pés

Jesus sabia que o Pai havia colocado todas as coisas debaixo do seu poder, e que viera de Deus e estava voltando para Deus; assim, levantou-se da mesa, tirou sua capa e colocou uma toalha em volta da cintura. Depois disso, derramou água numa bacia e começou a lavar os pés dos seus discípulos, enxugando-os com a toalha que estava em sua cintura.

João 13:3-5

Jesus tocou as partes malcheirosas e feias dos discípulos. Sabendo que veio de Deus. Sabendo que iria para Deus. Sabendo que poderia arquear uma sobrancelha ou limpar a garganta que todos os anjos do universo ficariam alertas. Sabendo que toda autoridade era sua, trocou a capa pela vestimenta do servo, ajoelhou-se e começou a limpar a fuligem, a areia e a sujeira que os pés deles haviam juntado durante a jornada.

Jesus não excluiu um único seguidor. Mas nós não o culparíamos caso ele tivesse passado por Felipe. Quando Jesus disse aos discípulos que alimentassem as cinco mil pessoas, Felipe replicou: "Impossível!" (consulte João 6:7). Então, o que Jesus faz com quem questiona seus mandamentos? Aparentemente, ele lava os pés do questionador.

Tiago e João buscavam posições elevadas no Reino de Cristo. Portanto, o que Jesus faz quando as pessoas usam seu Reino para progresso pessoal? Ele desliza uma bacia na direção delas.

Em algumas horas, Pedro negaria o nome de Jesus e fugiria para se esconder. Na verdade, todos os 24 pés dos "seguidores" de Jesus logo fugiriam, deixando-o sozinho para encarar os acusadores. Você já imaginou o que Deus faz com os que quebram promessas? Lava seus pés.

Graça

12 de agosto

Dê as boas-vindas a Deus

*Eis que estou à porta e bato. Se alguém ouvir a minha voz e
abrir a porta, entrarei e cearei com ele, e ele comigo.*

Apocalipse 3:20

Quando convidamos Deus para o nosso mundo, ele entra. Ele traz vários presentes: alegria, paciência, resiliência. As ansiedades surgem, contudo elas não permanecem. Os medos afloram e então desaparecem. Os lamentos pousam no para-brisa, mas então aparece o limpador da oração. O diabo ainda atira pedras de culpa em mim, porém as entrego a Cristo. Estou completando sessenta anos e mesmo assim estou cheio de energia. Estou mais feliz, mais saudável e mais esperançoso do que nunca. As lutas surgem, certamente. Mas também surge Deus.

A oração não é um privilégio só para os religiosos, nem uma arte para poucos escolhidos. Ela é simplesmente um diálogo sincero entre Deus e seus filhos. Meu amigo, ele quer falar com você. Agora mesmo, enquanto lê estas palavras, ele bate à porta. Abra-a. Dê-lhe as boas-vindas. Deixe que o diálogo comece.

Antes de dizer amém

13 de agosto

Uma oração...
para me proteger

Por essa razão, ajoelho-me diante do Pai, do qual se deriva toda a Paternidade nos céus e na terra. Oro para que, com as suas gloriosas riquezas, ele os fortaleça no íntimo do seu ser com poder, por meio do seu Espírito, para que Cristo habite no coração de vocês mediante a fé; e oro para que, estando arraigados e alicerçados em amor, vocês possam, juntamente com todos os santos, compreender a largura, o comprimento, a altura e a profundidade, e conhecer o amor de Cristo que excede todo conhecimento, para que vocês sejam cheios de toda a plenitude de Deus.

Efésios 3:14-19

Ó Senhor, tu és o amor divino que veio até nós, e de ti recebemos graça e verdade. Despeja teu amor e misericórdia sobre mim e protege todas as coisas na minha vida — minhas dores e meu mal e meus segredos. Eu bebo em teu amor para cada necessidade minha. Em nome de Jesus, amém.

Moldado por Deus

14 de agosto

A graça dá mais

*Olho nenhum viu, ouvido nenhum ouviu, mente nenhuma
imaginou o que Deus preparou para aqueles que o amam;*

1Coríntios 2:9

A graça vai além da misericórdia. A misericórdia deu a Rute um pouco de comida; a graça deu a ela um marido e um lar. A misericórdia deu ao filho pródigo uma segunda chance; a graça deu a ele uma festa. A misericórdia fez com que o samaritano cuidasse dos ferimentos da vítima; a graça fez com que ele deixasse o cartão de crédito como pagamento pelos cuidados da vítima. A misericórdia perdoou o ladrão da cruz; a graça escoltou-o para o céu. A misericórdia nos perdoa; a graça nos corteja e nos desposa.

Vamos esclarecer tudo isso. A história de Rute é o quadro de como a graça acontece nos tempos difíceis. Jesus é seu resgatador.

Ele viu você no campo de trigo, destroçado pela mágoa. E ele decidiu deixar seu coração mais romântico. Através de pores do sol. A gentileza de um Boaz. A providência. Sussurros das Escrituras. O livro de Rute. Até mesmo um livro de Max. Marginalizado e descartado? Outros podem pensar que sim. Você pode pensar que sim. Deus vê em você uma obra-prima prestes a surgir.

Graça

15 de agosto

Juntos

"Mas receberão poder quando o Espírito Santo descer sobre vocês, e serão minhas testemunhas em Jerusalém, em toda a Judeia e Samaria, e até os confins da terra".

Atos 1:8

Jesus não distribuiu tarefas individuais. Não pôs um a um em fila e nomeou cada indivíduo. "[Vocês (todos vocês, em grupo)] serão minhas testemunhas" (Atos 1:8)

Jesus trabalha em comunidade. É por essa razão que você não encontra pronomes pessoais nas primeiras descrições da igreja:

Todos os *fiéis* devotaram *a si mesmos* aos ensinamentos dos apóstolos, vivendo em amor cristão, partindo o pão juntos [a Ceia do Senhor] e fazendo orações. E todos os *fiéis* se reuniam em um lugar e compartilhavam tudo o que *eles* tinham. Vendiam as suas propriedades e outras coisas e dividiam o dinheiro com todos, de acordo com a necessidade de cada um. Todos os dias, unidos, se reuniam no pátio do Templo. E nas suas casas partiam o pão e participavam das refeições com alegria e humildade (Atos 2:42-46, NTLH, grifos meus).

A descrição contém apenas plurais.

Não há *eu, meu* ou *seu*. Estamos nisso juntos. Somos mais do que seguidores de Cristo, discípulos de Cristo. "Somos membros do seu corpo" (Efésios 5:30). "Ele é a cabeça do corpo, que é a igreja" (Colossenses 1:18). Eu não sou seu corpo; você não é seu corpo. Nós — juntos— somos seu corpo.

Faça a vida valer a pena

16 de agosto

A promoção

Tudo o que fizerem, seja em palavra ou em ação, façam-no em nome do Senhor Jesus, dando por meio dele graças a Deus Pai.

Colossenses 3:17

Durante vinte anos, fui pastor sênior da nossa igreja. Eu estava envolvido em tudo: orçamento, recursos humanos, construções, contratações e demissões. Eu gostava de cumprir meu papel. Mas me sentia mais feliz quando pregava e escrevia. Meus pensamentos sempre giravam em torno do próximo sermão, dos próximos estudos.

Quando a igreja cresceu, a equipe também aumentou. Uma equipe maior significava mais pessoas para administrar. Administrar mais pessoas significava gastar mais tempo fazendo aquilo para o qual eu não me sentia chamado.

Aos poucos, estava me tornando mal-humorado.

Eu tive a sorte de ser abençoado com duas opções. Tive a sorte de ter uma igreja que me permitia certa flexibilidade. Eu larguei meu emprego como pastor sênior e assumi a função de pastor professor.

Quando passei para a área de ensino, algumas pessoas ficaram surpresas.

"Você não sente falta de ser pastor sênior?"

Tradução: Você foi rebaixado?

No passado, eu teria pensado o mesmo. Mas eu passei a compreender a definição divina de uma promoção: uma promoção não significa subir alguns degraus na escada. É um passo em direção ao seu chamado. Não permita que alguém o "promova" para longe de seu chamado.

Procure maneiras de alinhar seu emprego com suas habilidades. Isso pode levar algum tempo. Tentativa e erro... Mas não desista. Nem todo violinista tem os dons necessários para dirigir uma orquestra. Se você os tiver, aproveite a chance. Se não os tiver, toque seu violino com todo prazer.

Dias de glória

17 de agosto

Bueiros abertos

Não entendo o que faço. Pois não faço o que desejo, mas o que odeio.

Romanos 7:15

Acontece num instante. Em um minuto você está andando e assoviando, no próximo está caindo de olhos arregalados. Satanás retira a tampa do bueiro, e um passeio vespertino inocente torna-se uma história de terror. Impotente, você despenca, incapaz de recobrar o controle.

Esse é o padrão do pecado repentino. Você se identifica com essa situação?

Ninguém que está lendo estas palavras está livre da traição do pecado repentino. Esse demônio do inferno pode escalar a parede mais alta do mosteiro, penetrar a fé mais profunda e profanar o lar mais puro.

Quer melhorar suas defesas um pouco?

Em primeiro lugar, *reconheça Satanás*. Nossa guerra não é com a carne e o sangue, mas com o próprio Satanás. Chame-o pelo nome. Arranque sua máscara. Quando o desejo de pecar eleva sua cabeça feia, olhe-o diretamente nos olhos e aponte o blefe. "Afasta-te, Satanás!"

Em segundo lugar, *aceite o perdão de Deus*. Romanos, capítulo 7, é a Proclamação de Emancipação daqueles de nós que têm a tendência a cair.

"Dou graças a Deus por Jesus Cristo nosso Senhor... Portanto, agora nenhuma condenação há para os que estão em Cristo Jesus" (Romanos 7:25-8:1).

Amém. Aí está. Para aqueles *em* Cristo *não* há condenação. Absoluta-mente nenhuma. Reivindique a promessa. Aceite a purificação. Jogue fora a culpa. Louve o Senhor. E... atente-se para os bueiros abertos.

Moldado por Deus

18 de agosto

A palavra inspirada

Quanto a você, porém, permaneça nas coisas que aprendeu e das quais tem convicção, pois você sabe de quem o aprendeu. Porque desde criança você conhece as Sagradas Letras, que são capazes de torná-lo sábio para a salvação mediante a fé em Cristo Jesus.

2Timóteo 3:14-15

A Bíblia é notável em sua composição. Foi escrita ao longo de 16 séculos por 40 autores. Quem começou a escrevê-la foi Moisés, na Arábia, e foi terminada por João, em Patmos. Foi escrita por reis em palácios, por pastores em tendas e por prisioneiros na prisão. Como quarenta autores, muitos dos quais não se conheciam, que escreveram em três línguas diferentes e em diversos países, separados por 1600 anos, conseguiriam produzir um livro com um único tema sem uma mente e um único organizador por trás dele?

Ela é notável por sua durabilidade. É o livro mais publicado de toda a história. Foi traduzido para, no mínimo, 1200 línguas[17]. Bíblias têm sido queimadas por governos e banidas de tribunais, mas a Palavra de Deus perdura. Sua morte já foi declarada cem vezes, mas a Palavra de Deus continua.

Ela é notável em suas profecias. Suas páginas contêm mais de trezentas profecias cumpridas sobre a vida de Cristo,[18] mas todas elas foram escritas pelo menos 400 anos antes de seu nascimento. Imagine se algo semelhante acontecesse hoje. Se encontrássemos um livro escrito no ano 1900 que previsse as duas guerras mundiais, a grande depressão, a bomba atômica e os assassinatos de um presidente e de um líder de direitos civis, nós não confiaríamos nele?

Dias de glória

19 de agosto

Intercessão infindável

[Deus] deu-nos vida com Cristo, quando ainda estávamos mortos em transgressões — pela graça vocês são salvos. Deus nos ressuscitou com Cristo e com ele nos fez assentar nas regiões celestiais em Cristo Jesus, para mostrar, nas eras que hão de vir, a incomparável riqueza de sua graça, demonstrada em sua bondade para conosco em Cristo Jesus. Pois vocês são salvos pela graça, por meio da fé, e isto não vem de vocês, é dom de Deus; não por obras, para que ninguém se glorie. Porque somos criação de Deus realizada em Cristo Jesus para fazermos boas obras, as quais Deus preparou antes para nós as praticarmos.

Efésios 2:5-10

Jesus "está na presença de Deus neste exato momento, intercedendo por nós" (Romanos 8:34, MSG). Amadureça esta ideia por um momento. Na presença de Deus, em oposição a Satanás, Jesus Cristo ergue-se para defender você. Ele assume o papel do sacerdote. "Nós temos um grande sacerdote para dirigir a casa de Deus. Portanto, cheguemos perto de Deus com um coração sincero e uma fé firme, com a consciência limpa das nossas culpas" (Hebreus 10:21,22, NTLH).

Uma consciência limpa. Um registro limpo. Um coração limpo. Livre de acusação. Livre de condenação. Não apenas por nossos erros passados, mas também pelos futuros.

"E por isso ele pode, hoje e sempre, salvar as pessoas que vão a Deus por meio dele, porque Jesus vive para sempre a fim de pedir a Deus em favor delas." (Hebreus 7:25, NTLH). Cristo intercede por nós incessantemente.

Jesus triunfa sobre a culpa do diabo com palavras de graça.

Graça

20 de agosto

Uma oração...
para enxergar os outros

Visto que continuavam a interrogá-lo, ele [Jesus] se levantou e lhes disse: "Se algum de vocês estiver sem pecado, seja o primeiro a atirar pedra nela".

João 8:7

Senhor gracioso, na Bíblia és chamado de "Aquele que me vê", e sei que teus olhos estão sempre sobre mim, para me guiar, proteger, abençoar e corrigir. Deste-me olhos também, e peço que me concedas o poder de usá-los para ver de verdade. Ajuda-me a ver aqueles que colocas em meu caminho — vê-los de fato, com suas feridas, seus desejos, aspirações, necessidades, alegrias e desafios. E, ao abrir meus olhos, induze-me a abrir meus braços para oferecer todo apoio e incentivo que tenho para dar. Em nome de Jesus eu oro, amém.

Faça a vida valer a pena

21 de agosto

Saia da concha

O espírito que Deus nos deu não é de covardia,
mas de poder, de amor e de equilíbrio.

2Timóteo 1:7

Conchas. Nós todos as usamos. Melhor que armadura, grossa como um tanque de guerra. Pense nela como um *bunker* para a alma. Nela, o mundo não tem famintos nem órfãos, pobreza nem injustiça.

Nós herdamos nossas conchas honestamente. Não pretendemos fugir do mundo nem enfiar a cabeça em um buraco. Queremos ajudar. Mas os problemas são imensos, complexos e intensos.

Deixe Deus tirar você da sua concha. E, quando ele o fizer, "examine os próprios atos, e então poderá orgulhar-se de si mesmo" (Gálatas 6:4). Tente começar com duas perguntas:

Com quem você se sente mais fluente? Adolescentes? Viciados em drogas? Com idosos? Você pode ser tímido com crianças, mas eloquente com executivos. Foi dessa forma que Deus planejou você. "Portanto, usemos os nossos diferentes dons de acordo com a graça que Deus nos deu" (Romanos 12:6, NTLH).

Por quem você sente mais compaixão? Deus não nos dá fardos iguais.[19] "O SENHOR Deus olha do céu e vê toda a humanidade. [...] *É Deus quem forma a mente deles* e quem sabe tudo o que fazem" (Salmos 33:13,15, NTLH). Em que situação o seu coração aperta e bate apressado? Quando você identifica um desabrigado? Quando percorre as ruas da periferia?

É incrível o que acontece quando saímos da concha... e vamos trabalhar para Deus.

Faça a vida valer a pena

22 de agosto

Abrindo portas fechadas

*Acaso Deus não fará justiça aos seus escolhidos, que clamam
a ele dia e noite? Continuará fazendo-os esperar?*

Lucas 18:7

Quando Deus fecha uma porta, ela tem de ser fechada. Quando bloqueia um caminho, ele precisa ser bloqueado. Quando colocou Paulo e Silas na prisão, Deus tinha um plano para o carcereiro. Como Paulo e Silas cantaram, Deus abalou a prisão. "E logo se abriram todas as portas, e foram soltas as prisões de todos" (Atos 16:26).

Lá vai Deus outra vez, escancarando as portas mais seguras da cidade. Quando o carcereiro percebeu o que tinha acontecido, presumiu que todos os presos tivessem fugido. Ele sacou a espada para tirar sua vida.

Quando Paulo lhe disse que não foi bem assim, o carcereiro levou os dois missionários para fora e perguntou: "Senhores, que é necessário que eu faça para me salvar?" (Atos 16:30). Paulo lhe disse para crer. Ele o fez e, assim como toda a sua família, foi batizado. O carcereiro lavou suas feridas, e Jesus lavou seus pecados. Deus fechou a porta da cela de prisão para abrir o coração do carcereiro.

Assim, será que aquela porta fechada que você está enfrentando é a maneira de Deus abrir o coração de alguém?

God's Story, Your Story [A história de Deus, a sua história]

23 de agosto

Os vasos escolhidos

Respondeu Ananias: "Senhor, tenho ouvido muita coisa a respeito desse homem e de todo o mal que ele tem feito aos teus santos em Jerusalém. Ele chegou aqui com autorização dos chefes dos sacerdotes para prender todos os que invocam o teu nome". Mas o Senhor disse a Ananias: "Vá! Este homem é meu instrumento escolhido para levar o meu nome perante os gentios e seus reis, e perante o povo de Israel.

Atos 9:13-15

Os vasos escolhidos de Deus não são sempre brilhantes e dourados. Podem ser manchados ou rachados, quebrados ou mesmo descartados. Eles podem ser um Saulo, impulsionado pela ira, motivado para machucar. Assim era Saulo. Ansioso para erradicar e perseguir os primeiros cristãos.

Mas Deus viu possibilidades em Saulo e enviou Ananias para ensinar-lhe e ministrar-lhe. O que você vai fazer quando Deus o enviar para salvar um de seus vasos escolhidos? O que você vai fazer quando Deus mostrar seu Saulo? O Saulo que todo mundo descartou.

"Ele está muito longe." "Ela é muito difícil... muito viciada... velha demais... muito fria." Ninguém faz uma oração por seu Saulo. Mas você está começando a perceber que talvez Deus esteja trabalhando nos bastidores. Talvez seja cedo demais para jogar a toalha... Você começa a acreditar.

Não resista a esses pensamentos.

É claro que ninguém acreditava nas pessoas mais do que Jesus. Ele viu alguma coisa em Pedro que valia a pena desenvolver, viu alguma coisa nas adúlteras que valia a pena perdoar e em João que valia a pena aproveitar.

Não desista do seu Saulo. Quando os outros o derem como perdido, ofereça-lhe outra chance. Conte a seu Saulo sobre Jesus, e ore. E lembre-se: Deus nunca o envia aonde ele já não tenha estado. Quando chegar a hora de entrar em contato com seu Saulo, quem sabe o que você vai encontrar?

Faça a vida valer a pena

24 de agosto

Nossa estratégia de batalha

Pois, embora vivamos como homens, não lutamos segundo os padrões humanos. As armas com as quais lutamos não são humanas; ao contrário, são poderosas em Deus para destruir fortalezas.

2Coríntios 10:3-4

O problema de hoje não é necessariamente o problema de amanhã. Não se limite e se prenda pensando que é assim. Resista à autocondenação. "Eu sou assim, eu me preocupo com tudo." "Fofoca é minha fraqueza." "Meu pai era alcoólatra, e creio que eu darei continuação à tradição."

Pare com isso! Essas palavras criam alianças com o diabo. Elas dão a ele acesso ao seu espírito. Não é a vontade de Deus que você viva uma vida derrotada, marginalizada e temerosa. Não dê ouvidos às vozes antigas e faça escolhas novas. "As divisas caíram para mim em lugares agradáveis: Tenho uma bela herança!" (Salmos 16:6). Viva dessa herança, não de suas circunstâncias.

Deus já prometeu uma vitória. E ele providenciou as armas para a luta.

Cada guerra, no final das contas, é uma guerra espiritual. Cada conflito é uma luta contra Satanás e suas forças. Paulo nos encorajou a permanecer "firmes contra as ciladas do diabo" (Efésios 6:11). Satanás não é passivo e não obedece a regras. Ele é ativo e enganoso. Ele tem planos e estratégias. Consequentemente, nós também precisamos de uma estratégia. E Deus nos dá: deixe que ele lute por nós.

Dias de glória

25 de agosto

Deus não larga

Pois estou convencido de que nem morte nem vida, nem anjos nem demônios, nem o presente nem o futuro, nem quaisquer poderes, nem altura nem profundidade, nem qualquer outra coisa na criação será capaz de nos separar do amor de Deus que está em Cristo Jesus, nosso Senhor.

Romanos 8:38-39

Muitos cristãos vivem com uma ansiedade profunda em relação à eternidade. Eles pensam que estão salvos, esperam que estejam salvos, mas ainda duvidam, se perguntando: estou realmente salvo?

Nosso comportamento nos dá motivos para imaginar. Estamos fortes em um dia, fracos no outro. Devotados em um momento, esmorecidos em outro. Acreditando, depois desacreditando.

A sabedoria convencional cria uma linha no meio dessas flutuações. Aja acima dessa linha e aprecie a aceitação de Deus. Mas mergulhe abaixo dela e espere uma carta de dispensa do céu. Nesse paradigma, uma pessoa se perde e é salva múltiplas vezes por dia, dentro e fora do reino, regularmente. A salvação torna-se uma questão de tempo. Você simplesmente espera morrer em ascensão. Não tem segurança, estabilidade ou confiança.

Esse não é o plano de Deus. Ele desenha uma linha, certamente. Mas ele a desenha debaixo de seus altos e baixos. A linguagem de Jesus não poderia ser mais forte. "Eu lhes dou a vida eterna, e por isso elas nunca morrerão. Ninguém poderá arrancá-las da minha mão" (João 10:28, NTLH).

Deus não larga.

Graça

26 de agosto

Aperte o interruptor

Então vocês clamarão a mim, virão orar a mim, e eu os ouvirei.

Jeremias 29:12

Um dos nossos líderes da igreja brasileira me ensinou algo sobre a oração fervorosa. Ele encontrou Cristo quando passou um ano em um centro de reabilitação para drogados. A terapia incluía três sessões de uma hora de oração por dia.

Mostrei perplexidade e confessei que as minhas orações eram curtas e formais. Ele me convidou (me desafiou?) para um encontro de oração. Fui no dia seguinte. Nós nos ajoelhamos no chão de concreto do auditório da nossa pequena igreja e começamos a falar com Deus. Não foi bem assim. Eu falava; ele chorava, gemia, implorava, bajulava e suplicava. Ele orou como Moisés.

Quando Deus decidiu destruir os israelitas pela façanha do bezerro de ouro, Moisés "suplicou ao SENHOR, o seu Deus, clamando: 'Ó SENHOR, por que se acenderia a tua ira contra o teu povo, que tiraste do Egito com grande poder e forte mão? Por que diriam os egípcios: "Foi com intenção maligna que ele os libertou, para matá-los nos montes e bani-los da face da terra"? Arrepende-te do fogo da tua ira! Tem piedade, e não tragas este mal sobre o teu povo! Lembra-te dos teus servos Abraão, Isaque e Israel, aos quais juraste por ti mesmo: 'Farei que os seus descendentes sejam numerosos como as estrelas do céu e lhes darei toda esta terra que lhes prometi, que será a sua herança para sempre'" (Êxodo 32:11-13).

Moisés não está calmo e tranquilo no monte Sinai, com as mãos postas e uma expressão serena. Ele está de joelhos, apontando o dedo, erguendo as mãos.

E Deus o ouviu! "E sucedeu que o SENHOR arrependeu-se do mal que ameaçara trazer sobre o povo" (Êxodo 32:14).

Nossas orações fervorosas comovem o coração de Deus. A oração, no entanto, impacta o curso da história. Deus ligou a energia de seu mundo, mas ele nos chama para apertar o interruptor.

Faça a vida valer a pena

27 de agosto

Uma oração...
para buscar a Deus

Vocês me procurarão e me acharão quando me procurarem de todo o coração.

Jeremias 29:13

Pai, eu quero estar entre aqueles que estão sempre em busca de Jesus. O fato de que tu preparaste um lar eterno para mim e queres que eu esteja contigo é a melhor notícia que já ouvi. Prepara meu coração para encontrar-te. Em nome de Jesus, amém.

Moldado por Deus

28 de agosto

Pronto para marchar?

Oro também para que os olhos do coração de vocês sejam iluminados, a fim de que vocês conheçam a esperança para a qual ele os chamou, as riquezas da gloriosa herança dele nos santos.

Efésios 1:18

Imagine o cristão que você gostaria de ser. Quais são as qualidades que você gostaria de ter? Mais compaixão? Mais convicção? Mais coragem? E quais as posturas que você gostaria de largar? Cobiça? Culpa? Negatividade constante? Um espírito crítico?

Aqui está a boa notícia. Você pode ter e fazer tudo isso. Com a ajuda de Deus, você pode preencher a lacuna que existe entre a pessoa que você é e a pessoa que você deseja ser, na verdade a pessoa que Deus quer que você seja. Você pode viver "com glória cada vez maior" (2Coríntios 3:18).

Foi isso que Josué e seus homens fizeram. Eles saíram da terra árida e entraram na Terra Prometida, deixaram para trás o maná e partiram para o banquete, abandonaram o deserto e encontraram campos férteis. Herdaram sua herança. Seu epitáfio merece uma segunda leitura.

Assim o Senhor deu aos israelitas toda a terra que tinha prometido sob juramento aos seus antepassados, e eles tomaram posse dela e se estabeleceram ali. O Senhor lhes concedeu descanso de todos os lados, como tinha jurado aos seus antepassados. Nenhum dos seus inimigos pôde resistir-lhes, pois o Senhor entregou todos eles em suas mãos. De todas as boas promessas do Senhor à nação de Israel, nenhuma delas falhou; todas se cumpriram. (Josué 21:43-45)

Herdar sua herança também é a visão de Deus para sua vida. Imagine só. Você a pleno vapor. Você desenvolvendo todo seu potencial. Você como vencedor sobre Jericó e os gigantes.

É uma vida que está aí para que você a tome.

Espere ser desafiado. O inimigo não cederá sem uma boa briga. Mas as promessas de Deus são maiores do que os problemas pessoais. A vitória se tornará um estilo de vida — você ousa imaginar isso? Será que já não está na hora de mudar seu endereço do deserto para a Terra Prometida?

Suas malas estão prontas?

Dias de glória

29 de agosto

Você será alguém?

*Quando estou angustiado, busco o SENHOR; de noite estendo
as mãos sem cessar; a minha alma está inconsolável!*

Salmos 77:2

Quando acontecem desastres, o espírito humano responde estendendo a mão para ajudar aqueles que são afetados. As pessoas ficam em filas para doar sangue. Milhões de dólares são doados para ajudar vítimas e suas famílias. Equipes de resgate trabalham por horas intermináveis. Mas o esforço mais essencial é realizado por outra equipe valente. Sua tarefa? Guardar e envolver o mundo com oração. Aqueles que oram mantêm vivas as fogueiras da fé. Na maioria dos casos, nem sabemos seus nomes. Foi o que aconteceu com uma pessoa que orou em um certo dia, há muito tempo.

Seu nome não é importante. Seu aspecto é imaterial. Seu sexo não vem ao caso. Seu título é irrelevante. Essa pessoa é importante não por conta de quem foi, mas sim pelo que fez.

Ela foi até Jesus em nome de um amigo. Seu amigo estava doente, e Jesus poderia ajudar. Era preciso que alguém fosse até Jesus, por isso esse alguém foi. Outros se preocupavam com o homem doente em outros sentidos. Alguns levavam comida, outros ofereciam tratamento; outros ainda consolavam a família. Cada papel foi importante. Cada pessoa foi útil, mas ninguém foi mais vital do que aquele que foi até Jesus.

João escreve: "Então as irmãs de Lázaro mandaram [alguém] dizer a Jesus: 'Senhor, aquele a quem amas está doente'" (João 11:3, ênfase minha).

Alguém levou o pedido. Alguém percorreu o caminho. Alguém foi até Jesus em nome de Lázaro. E, uma vez que alguém foi até ele, Jesus respondeu.

Dias melhores virão

30 de agosto

Coloque o plano de Deus no lugar

Não que eu já tenha obtido tudo isso ou tenha sido aperfeiçoado, mas prossigo para alcançá-lo, pois para isso também fui alcançado por Cristo Jesus. Irmãos, não penso que eu mesmo já o tenha alcançado, mas uma coisa faço: esquecendo-me das coisas que ficaram para trás e avançando para as que estão adiante.

Filipenses 3:12-13

Minha esposa e eu passamos cinco anos no Rio de Janeiro com uma equipe missionária. Os dois primeiros anos pareciam fúteis e infrutíferos. Durante os cultos, nós, os gringos, superávamos o número de brasileiros. Muitas vezes, eu voltava para casa frustrado.

Então pedimos a Deus que nos revelasse outro plano. Oramos e relemos as epístolas. Nós nos concentramos especialmente em Gálatas. Aí, percebi que eu estava pregando uma graça limitada. Quando comparei minha mensagem do evangelho com a mensagem de Paulo, eu reconheci a diferença. A sua mensagem era uma notícia de altíssima qualidade. A minha não passava de um legalismo azedo. Então, nós, como equipe, decidimos focar no evangelho. Fiz o melhor que pude para proclamar o perdão dos pecados e a ressurreição dos mortos.

A mudança foi imediata. Batizamos quarenta pessoas em doze meses! Um número impressionante para uma igreja de sessenta membros. Deus não havia terminado sua obra conosco. Precisávamos apenas deixar o passado para trás e executar o plano de Deus.

Não gaste mais um minuto no passado. Peça a Deus por seu plano.

Dias de glória

31 de agosto

Por que não?

Jesus foi por toda a Galileia, ensinando nas sinagogas deles, pregando as boas novas do Reino e curando todas as enfermidades e doenças entre o povo.

Mateus 4:23

Cristo surpreendeu as pessoas com sua autoridade e clareza. Sua mente não era a de um homem selvagem perturbado. Tolo demente? Não. Fraude enganadora? Alguns dizem que sim.

Alguns acreditam que Jesus comandou o maior embuste da história da humanidade. Se isso fosse verdade, bilhões de seres humanos têm sido extorquidos para seguir o Flautista de Hamelin até a borda de um precipício.

Devemos coroar Cristo como a fraude mais importante no mundo?

Não tão rápido. Veja os milagres que Jesus realizou. Os quatro Evan-gelhos descrevem em detalhes cerca de 36 milagres e mencionam muitos mais. Ele multiplicou pães e peixes, transformou a água em vinho, acalmou mais de uma tempestade, devolveu a visão a mais de um cego. No entanto, ao fazê-lo, Jesus nunca quis aplausos para seus poderes milagrosos. Nunca buscou fama ou lucro. Jesus realizou milagres por duas razões: para provar sua identidade e para ajudar seu povo.

Se Jesus foi uma fraude ou um vigarista, as pessoas teriam denunciado os milagres de Cristo. Mas elas fizeram exatamente o oposto. Você pode imaginar os testemunhos? "Se você fez parte da multidão que ele alimentava, foi um dos mortos que ele tirou do túmulo ou um dos doentes que ele curou, fale e conte sua história."

E falar foi o que fizeram. A igreja explodiu como um fogo em uma pradaria no oeste do Texas. Por quê? Porque Jesus curou as pessoas.

Por que não deixar que ele cure você?

God's Story, Your Story [A história de Deus, a sua história]

Setembro

1º de setembro

A monumental oferta de Deus

*Pois também Cristo sofreu pelos pecados uma vez por todas,
o justo pelos injustos, para conduzir-nos a Deus.*

1Pedro 3:18

Deus vestiu Cristo com nossos pecados. Nossos pecados, todos e cada um deles.

Eu traí meus amigos.

Eu menti para minha esposa.

Eu abusei de meus filhos.

Eu amaldiçoei meu Deus.

Como se os merecesse, Jesus os usou. Nossos pecados foram colocados em Cristo. "O Senhor fez cair sobre ele a iniquidade de nós todos" (Isaías 53:6). "Ele levou sobre si o pecado de muitos" (Isaías 53:12). Paulo proclamou que Deus "o fez pecado por nós" (2Coríntios 5:21), "fazendo-se maldição por nós" (Gálatas 3:13). Pedro concordou: "Levando ele mesmo em seu corpo os nossos pecados sobre o madeiro" (1Pedro 2:24).

Esta é a oferta monumental de Deus. O que Deus diz para a mulher que quer trabalhar e compensar sua culpa? Para o homem que quer ganhar seu caminho para fora do pecado? Simples: o trabalho foi feito. Meu filho usava os pecados de vocês em si mesmo, e lá os castiguei.

God's Story, Your Story [A história de Deus, a sua história]

2 de setembro

Um Deus que honra sua aliança

*Cada palavra de Deus é comprovadamente pura; ele
é um escudo para quem nele se refugia.*

Provérbios 30:5

Vivemos num mundo de palavras vazias. Promessas quebradas. Votos insinceros. Juramentos feitos apenas para serem retirados mais tarde. Damos garantias, depois as ignoramos. Declamamos de peito cheio: "Sempre te amarei." "Saiba que sabemos como reconhecer um bom trabalho." "Até que a morte nos separe."

Mas palavras tendem a cair. São como folhas ao vento do outono. Você as conhece.

Mas você jamais as ouvirá saindo da boca de Deus. Num mundo de palavras vazias, as palavras dele prevalecem. Numa vida de promessas quebradas, ele cumpre as dele. "As palavras do Senhor são puras, são como prata purificada num forno, sete vezes refinada" (Salmos 12:6).

Deus é um Deus que honra sua aliança.

Dias de glória

3 de setembro

Uma oração...
pela ajuda e graça

Hoje, na cidade de Davi, lhes nasceu o Salvador, que é Cristo, o Senhor.

Lucas 2:11

Pai eterno, tu és o Deus poderoso. Enviaste-nos teu Filho e realizaste o sacrifício final; tu mereces todo o nosso louvor.

Preciso de tua ajuda hoje. Sou um pecador e estou sentindo o peso dos meus pecados. Mostra-me o que o nascimento do teu Filho significa para mim neste momento.

Concede graça àqueles que não têm aceitado o teu Filho e não conhecem a liberdade que ele lhes dá. Deixa-os ver que tu és o Pai amoroso deles.

Obrigado por me amares não apenas ontem ou hoje, mas sempre, independentemente da profundidade dos meus pecados. Sou grato.

No precioso nome de teu Filho, amém.

Diário de oração – Antes de dizer amém

4 de setembro

Quem você é

Nele fomos também escolhidos, tendo sido predestinados conforme o plano daquele que faz todas as coisas segundo o propósito da sua vontade.

Efésios 1:11

Qual é o texto de nossas vidas?

A pergunta não é nova. Gurus de autoajuda, apresentadores de *talk-show* e manchetes de revistas exortam-no a encontrar sua narrativa. Mas eles o mandam na direção errada. "Olhe para dentro de si mesmo", dizem. Mas a promessa de autodescoberta fica aquém. Você encontra o enredo de um livro em um parágrafo ou ouve o fluxo de uma sinfonia em um movimento? De maneira nenhuma. Você é muito mais do que alguns dias entre o útero e o túmulo.

Sua história habita Deus. Essa é a grande promessa da Bíblia e a esperança deste livro. "Nele, digo, em quem também fomos feitos herança, havendo sido predestinados, conforme o propósito daquele que faz todas as coisas, segundo o conselho da sua vontade; Com o fim de sermos para louvor da sua glória, nós os que primeiro esperamos em Cristo (Efésios 1: 11,12).

Acima e ao redor de nós Deus dirige uma saga grandiosa, escrita por mão, orquestrada por sua vontade, revelada de acordo com seu calendário. E você é parte dela. Sua vida emerge da maior mente e do coração mais amável da história do universo: a mente e o coração de Deus.

God's Story, Your Story [A história de Deus, a sua história]

5 de setembro

Arrisque crer

E vimos e testemunhamos que o Pai enviou seu Filho para ser o Salvador do mundo.
1João 4:14

O povo da Terra Prometida aceita o risco dessa escolha. Quando obrigadas a enfrentar a escolha entre fé e descrença, essas pessoas optam pela fé. Elas dão um passo após o outro na trilha da fé. Raramente saltam, normalmente mancam. Tomam uma decisão consciente de caminhar em direção a Deus, de se apoiar na esperança, de atender ao chamado do céu. Elas avançam nas promessas de Deus.

A história de Josué nos incentiva a fazermos o mesmo. Na verdade, poderíamos argumentar que a mensagem central do livro é esta manchete: "Deus cumpre suas promessas. Confie nele."

> Assim o Senhor deu aos israelitas toda a terra que tinha prometido sob juramento aos seus antepassados, e eles tomaram posse dela e se estabeleceram ali. O Senhor lhes concedeu descanso de todos os lados, como tinha jurado aos seus antepassados. Nenhum dos seus inimigos pôde resistir-lhes, pois o Senhor entregou todos eles em suas mãos. De todas as boas promessas do Senhor à nação de Israel, nenhuma delas falhou; todas se cumpriram. (Josué 21:43-45)

Esses três versículos são o coração teológico do livro de Josué. O escritor ressalta esse ponto três vezes. Três vezes em três versículos ele declara: Deus fez o que prometeu fazer.

1. "O Senhor deu [...] [o] que tinha prometido sob juramento" (v. 43).

2. "O Senhor lhes concedeu descanso [...], como tinha jurado aos seus antepassados" (v. 44).

3. "De todas as boas promessas do Senhor [...], nenhuma delas falhou; todas se cumpriram" (v. 45).

Aprenda com Josué. Arrisque-se. Creia em Deus. Ele fará o que disse que faria.

Dias de glória

6 de setembro

Viva com gratidão

Habite ricamente em vocês a palavra de Cristo; ensinem e aconselhem-se uns aos outros com toda a sabedoria, e cantem salmos, hinos e cânticos espirituais com gratidão a Deus em seu coração.

Colossenses 3:16

A solução de Deus para qualquer desafio é simplesmente isto: um espírito grato. Nenhum nevoeiro é tão forte que os raios de sol da gratidão não possam dissolver. Um exemplo típico? Jack Ryan.

Os pastores não devem ter favoritos, eu sei. Mas Jack sempre foi o meu favorito. Ele tem setenta anos, um justo de cabelos grisalhos, pronto para sorrir e encorajar.

Ele esteve ausente por algum tempo. Uma doença cardíaca sugou a força de seu corpo. Fui vê-lo em sua casa.

— Jack — perguntei —, ouvi dizer que você não está bem.

— Oh, Max. — Ele corrigiu com um sorriso fraco. — Nunca estive melhor.

— Disseram que você não consegue dormir.

— Não, não consigo. Mas eu consigo orar.

Seus olhos brilhavam enquanto ele inclinava a cabeça.

— Eu só falo com Jesus, Max. Digo que o amo. Digo obrigado. Esses são os bons momentos para mim. Só estou conversando com Jesus.

A má circulação tirou a cor de Jack. A doença destruiu seu vigor. Suas mãos tremiam. Mesmo assim, você teria pensado que ele era uma criança na véspera de Natal, de tão feliz que estava.

De certo modo ele era. No outro dia, bem cedo, ele partiu com Jesus. Quem é o real vencedor nesta vida? Não é a pessoa que morre com um espírito cheio de gratidão e esperança? Como morremos com gratidão? Vivemos com ela.

Antes de dizer amém

7 de setembro

Os infortúnios da casa de praia

Mas quem ouve estas minhas palavras e não as pratica é como um insensato que construiu a sua casa sobre a areia. Caiu a chuva, transbordaram os rios, sopraram os ventos e deram contra aquela casa, e ela caiu. E foi grande a sua queda.

Mateus 7:26-27

Obediência leva à bênção. Desobediência leva à encrenca.

Você se lembra da parábola de Jesus sobre os dois construtores de casas, uma para cada um? Um deles construiu em areia barata e de fácil acesso. O outro, em rocha cara de difícil acesso. O segundo projeto de construção exigiu mais tempo e dinheiro, mas, quando as chuvas da primavera transformaram o riacho em um poderoso rio, adivinhe quem desfrutou de uma bênção e quem viveu um pesadelo? Uma propriedade na praia não vale muita coisa se ela não resistir à tempestade.

Segundo Jesus, o construtor sábio é aquele que "ouve estas minhas palavras e as pratica" (Mateus 7:24). Ambos os construtores haviam ouvido os ensinamentos. A diferença entre os dois não estava no conhecimento ou na ignorância, mas na obediência e na desobediência. A segurança vem quando colocamos os preceitos de Deus em prática. Somos apenas tão fortes quanto nossa obediência.

Ignore o chamariz de uma casa de praia; construa sua casa na Rocha.

Dias de glória

8 de setembro

O que significa isto?

Exaltado à direita de Deus, ele recebeu do Pai o Espírito Santo prometido e derramou o que vocês agora veem e ouvem.

Atos 2:33

"Que significa isto?" (Atos 2:12), perguntaram as pessoas. O som do vento soprando, as imagens do fogo, a repentina habilidade linguística dos discípulos... O que poderiam significar esses eventos? Certamente os jerusolimitas tinham ouvido falar de Jesus. Mas aquelas pessoas *conheciam* Jesus? Em rápida sucessão, Pedro discorreu sobre o aval de Deus para com Cristo.

1. "Por meio de Jesus, Deus fez milagres, maravilhas e coisas extraordinárias no meio de vocês" (Atos 2:22, NTLH). Os milagres de Jesus eram a prova de sua divindade.

2. Então Deus o entregou à morte. "[Deus] já havia resolvido que Jesus seria entregue nas mãos de vocês. E vocês mesmos o mataram por mãos de homens maus, que o crucificaram" (Atos 2:23, NTLH). Deus considerou Cristo merecedor de sua missão mais importante: servir como um sacrifício pela humanidade. Mas Deus não deixou Jesus na tumba.

3. "Deus ressuscitou Jesus, livrando-o do poder da morte, porque não era possível que a morte o dominasse" (Atos 2:24, NTLH).

"O que significa isto?" Significa que a morte não era páreo para o Filho de Deus... e não é páreo para aqueles que pertencem a ele.

Faça a vida valer a pena

9 de setembro

Roupas adequadas para um rei

*O anjo disse aos que estavam diante dele: "Tirem as roupas
impuras dele". Depois disse a Josué: "Veja, eu tirei de você
o seu pecado, e coloquei vestes nobres sobre você".*

Zacarias 3:4

Quando você faz da história de Deus a sua, ele cobre você em Cristo. Você o veste
como um colete. Etiquetas velhas já não se aplicam — somente etiquetas que
seriam adequadamente usadas por Jesus Cristo. Você pode pensar em algumas
frases para seu novo colete? O que acha de...

- sacerdócio real (1Pedro 2:9)
- plenitude (Colossenses 2:10)
- não há condenação (Romanos 8:1)
- segurança (João 10:28)
- permaneçamos firmes (2Coríntios 1:21)
- cooperadores de Deus (2Coríntios 6:1)
- santuário de Deus (1Coríntios 3:16,17)
- criação de Deus (Efésios 2:10)

Você gosta dessas vestes?

God's Story, Your Story [A história de Deus, a sua história]

10 de setembro

Uma oração...
para diminuir o ritmo e ver

*Aquele que é a Palavra estava no mundo, e o mundo foi feito
por intermédio dele, mas o mundo não o reconheceu. Veio
para o que era seu, mas os seus não o receberam.*

João 1:10-11

Pai misericordioso, estou preso na correria da vida cotidiana, e é fácil deixar de ver o que tu estás fazendo em minha vida hoje. Diminui meu ritmo e abre meus olhos, Senhor. Torna tua presença conhecida para que eu veja que tu estás fazendo o impossível. Em nome de Jesus, amém.

Moldado por Deus

11 de setembro

Pare no portão

Disse Pedro: "Não tenho prata nem ouro, mas o que tenho, isto lhe dou. Em nome de Jesus Cristo, o Nazareno, ande".

Atos 3:6

A mão forte e grossa do pescador se estendeu para alcançar a mão fraca e macilenta do mendigo. O aleijado bamboleou como um bezerro recém-nascido que tenta encontrar o equilíbrio. E, ao ficar de pé, começou a gritar, e os transeuntes começaram a parar.

A multidão se espremia ao redor do trio. Outros mendigos, com capas rasgadas e túnicas esfarrapadas, acorreram para ver a cena e gritaram querendo a sua parte no milagre.

Então, Pedro assentiu. Ele os escoltou à clínica do Grande Médico e os convidou a sentar-se. "Pela fé no nome de Jesus, o Nome curou este homem que vocês veem e conhecem. [...] Arrependam-se, pois, e voltem-se para Deus, para que os seus pecados sejam cancelados, para que venham tempos de descanso da parte do Senhor" (Atos 3:16,19,20).

Um olhar honesto levou a uma ajuda que levou a uma conversa sobre a eternidade. As obras realizadas em nome de Deus fazem a nossa vida terrena valer a pena.

Vamos ser as pessoas que param na porta. Vamos olhar os feridos até que nos firamos com eles. Nada de apressar o passo, atravessar a rua ou desviar os olhos. Nada de fingir nem de disfarçar. Vamos olhar os rostos até vermos a pessoa.

Faça a vida valer a pena

12 de setembro

Nada a provar

Então o Diabo o levou à cidade santa, colocou-o na parte mais alta do templo e lhe disse: "Se és o Filho de Deus, joga-te daqui para baixo."

Mateus 4:5-6

Satanás veio a Jesus no deserto para testá-lo, tentá-lo, enganá-lo. Mas esse teste não se limita ao deserto; ele também ocorre no santuário. Os dois — Satanás e o Filho de Deus — se puseram na parede sudeste do templo, mais de cem pés acima do vale do Cedron, e Satanás disse a Jesus para saltar nos braços de Deus. Jesus se negou, não porque ele não podia, não porque Deus não poderia pegá-lo. Ele recusou porque não tem de provar nada a ninguém, muito menos ao Diabo.

Nem você. Satanás vai dizer o contrário. Justamente na igreja, ele vai exortá-lo a fazer truques: impressionar os outros com seu serviço, fazer uma demonstração de fé, chamar a atenção para suas boas obras. Ele adora transformar assembleias da igreja em apresentações de Las Vegas, nas quais as pessoas se gabam de suas habilidades em vez de glorificar as habilidades de Deus.

Não se engane. Gabar-se no santuário é apenas mais um dos artifícios de Satanás.

God's Story, Your Story [A história de Deus, a sua história]

13 de setembro

Não se aventure no pântano

Tomem sobre vocês o meu jugo e aprendam de mim, pois sou manso e humilde de coração, e vocês encontrarão descanso para as suas almas.

Mateus 11:29

"Você vai se arrepender." Eu descartei a advertência sem mesmo me virar. Qual poderia ser meu arrependimento? Todos estariam indo pelo caminho mais longo; eu estava tomando o atalho. Que os outros caminhassem em torno da água; eu passaria por ela em linha reta. Afinal de contas, estávamos nos Everglades. Mas água é água, certo?

"Errado", diziam meus novos amigos da Flórida. Eles estavam me levando para um piquenique. As mesas haviam sido postas do outro lado de um pântano. O departamento responsável pelo parque generosamente havia construído uma ponte pela qual os pedestres podiam passar pelo pântano. Mas quem precisava de uma ponte?

"Vou pela água."

Alguém apontou para uma placa: "Água do pântano não recomendada para diversão."

Eu não seria abalado por uma advertência, então me aventurei. A lama engoliu meus pés. A água fedia e abrigava um milhão de mosquitos. Coisas nojentas passaram pelas minhas pernas. Acho que vi um par de olhos me olhando.

Recuei. Meus chinelos foram engolidos e jamais seriam vistos novamente. Saí, coberto de lama e mordidas de mosquito e vermelho de vergonha. Atravessei a ponte e me sentei à mesa.

Um perfeito piquenique miserável.

Material para provérbios.

A vida nos traz vozes. Vozes levam a escolhas.

Escolhas têm consequências.

Dias de glória

14 de setembro

Fé é uma escolha

Não se perturbe o coração de vocês. Creiam em Deus; creiam também em mim.

João 14:1

Eu estava confortavelmente sentado em meu assento no corredor do avião quando um passageiro veio pelo corredor chamando meu nome. Por causa da confusão durante o embarque, não pudemos conversar. Uma hora mais tarde, senti um toque no meu ombro. Era o homem que havia me cumprimentado no corredor. Ele havia escrito uma mensagem num guardanapo e a entregou para mim.

Max,

Seis verões atrás, Lynne e eu enterramos nossa filha de 24 anos, que havia duas semanas sobrevivia com a ajuda de aparelhos...

Amigos apoiaram nossa família. Um advogado do interior, com sua mensagem encorajadora de que "Deus quer seu bem, não seu mal", foi uma dessas vozes fortalecedoras...

Desligar os aparelhos que mantinham nossa filha viva foi muito, muito difícil. Apesar de ter sido uma decisão dolorosa, estávamos confiantes de que estávamos fazendo a coisa certa deitando-a nos braços de um Deus poderoso.

Ele pode não ter restaurado Erin para a vida, mas sua melhor obra foi sua ajuda na nossa decisão de devolvê-la a ele. Agora, sabemos que ela está melhor do que antes. Ele restaurou minha Erin para a sua presença eterna. Essa é sua melhor obra!...

Nossa fé está nos ajudando a atravessar isso.

Fé é uma escolha.[20]

Como é que um pai enterra sua filha e crê, crê tão profundamente que Deus não quis prejudicá-lo, que Deus acolheu sua filha em seus braços amorosos, que Deus realizou sua melhor obra em corações em luto?

Simples. Esse pai em luto acreditou nas promessas de Deus. "Fé é uma escolha", ele concluiu. É mesmo.

Dias de glória

15 de setembro

Jesus nos cura a todos

Jesus, parando, chamou-os e perguntou-lhes: "O que vocês querem que eu lhes faça?"

Mateus 20:32

Você está esperando Jesus curá-lo? Alimente suas esperanças com a resposta de Jesus aos cegos em Mateus 20:29-34.

"Tenha misericórdia de nós, Senhor", eles clamaram.

"Jesus ficou quieto." Ele parou de caminhar. Todos continuaram andando. Jesus paralisou. Algo tinha atraído sua atenção. O que Jesus ouviu?

Uma oração. Um apelo simples por ajuda, flutuando pelo caminho nas asas da fé e chegando aos seus ouvidos. Jesus ouviu as palavras e parou.

Ele ainda para. E ainda pergunta: "O que queres que eu faça?"

Os dois homens em Jericó disseram: "Senhor, que nossos olhos sejam abertos."

E você? O que, em sua vida, necessita de cura?

O coração de Jesus dirigiu-se para os cegos. Ele "teve compaixão e tocou-lhes os olhos". Ele os curou.

Ele irá curá-lo, amigo. Oro para que ele cure instantaneamente. Ele pode escolher curá-lo gradualmente. Mas uma coisa é certa: ele irá curar-nos futuramente. As cadeiras de rodas, as pomadas, os tratamentos e os curativos são confiscados na entrada do céu. Os filhos de Deus, mais uma vez, serão completos.

Porque, no fim, Jesus nos cura a todos.

Antes de dizer amém

16 de setembro

Fique quieto

*Parem de lutar! Saibam que eu sou Deus! Serei exaltado
entre as nações, serei exaltado na terra.*

Salmos 46:10

Jesus ensinou-nos a orar com reverência ao exemplificar para nós o "Santificado seja o teu nome" (Mateus 6:9). Essa frase é uma petição, não uma declaração. Um pedido, não um anúncio. "Sê santificado, Senhor. Faze o que for preciso para ser santo em minha vida. Ocupa o teu legítimo lugar no trono. Exalta-te. Engrandece-te. Glorifica-te. Sê Senhor, e eu ficarei em silêncio."

"Parem de lutar! Saibam que eu sou Deus!" (Salmo 46:10). Esse versículo contém um mandamento com uma promessa.

Qual o mandamento? *Parem de lutar. Cubram a boca. Dobrem os joelhos.*

Qual a promessa? *Vocês saberão que eu sou Deus.*

O barco da fé viaja em águas tranquilas. A crença anda nas asas da espera.

Em meio às suas tempestades diárias, e nesta tempestade que assolou nosso país e até o mundo inteiro, faça questão de ficar quieto e de ter Deus em perspectiva. Deixe que Deus seja Deus. Deixe que ele o banhe em sua glória para que tanto seu fôlego como seus problemas sejam absorvidos de sua alma. Fique quieto. Fique em silêncio. Esteja aberto e disposto. Reserve um momento para ficar quieto e saber que ele é Deus.

Fique quieto e permita que Deus seja consagrado em sua vida.

Dias melhores virão

17 de setembro

Uma oração...
para ser lavado com misericórdia

Pois bem, se eu, sendo Senhor e Mestre de vocês, lavei-lhes os pés, vocês também devem lavar os pés uns dos outros. Eu lhes dei o exemplo, para que vocês façam como lhes fiz. Digo-lhes verdadeiramente que nenhum escravo é maior do que o seu senhor, como também nenhum mensageiro é maior do que aquele que o enviou.

João 13:14-16

Rei do universo, queria imaginar-me lavando teus pés e sendo mais prestativo do que teus discípulos, mas sei que não corresponderia à verdade. Obrigado por amares-me, por lavares meus pés e ofereceres-me tua misericórdia apesar de eu não merecê-la. Em nome de Jesus. Amém.

No monte Calvário

18 de setembro

Dê graças

Agora que vocês sabem estas coisas, felizes serão se as praticarem.

João 13:17

Senhor, você espera que eu lave os pés dele e o deixe ir?

A maioria das pessoas não quer isso. Elas usam a foto do vilão como alvo de dardos. O Vesúvio deles explode de vez em quando, espalhando ódio pelo ar, poluindo e produzindo mau cheiro no mundo. A maioria das pessoas mantém a raiva em fogo baixo.

Mas você não é "a maioria das pessoas." A graça aconteceu para você. Olhe para seus pés. Estão molhados, encharcados de graça. Seus dedos, o peito dos pés e os calcanhares sentiram a água fresca da graça de Deus. Jesus lavou as partes mais encardidas de sua vida. Ele não passou reto por você e levou a bacia em direção a outra pessoa. Se a graça fosse um campo de trigo, ele deixaria para você o Estado do Kansas de herança. Você não pode compartilhar sua graça com os outros?

"Se eu, sendo Senhor e Mestre de vocês, lavei-lhes os pés, vocês também devem lavar os pés uns dos outros. Eu lhes dei o exemplo, para que vocês façam como lhes fiz" (João 13:14,15).

Aceitar a graça é aceitar o compromisso de dá-la.

Graça

19 de setembro

Quanto basta?

Pois se perdoarem as ofensas uns dos outros, o Pai celestial também lhes perdoará. Mas se não perdoarem uns aos outros, o Pai celestial não lhes perdoará as ofensas.

Mateus 6:14-15

Até onde a justiça é suficiente? Imagine seu inimigo por um instante. Imagine-o amarrado a uma coluna para ser chicoteado. O homem de braços fortes que está com o chicote se vira para você e pergunta: "Quantas chicotadas?" E você dá um número. O chicote bate, o sangue se espalha e o castigo é infligido. Seu inimigo cai ao chão e você vai embora.

Você está feliz agora? Sente-se melhor? Está em paz? Talvez por um tempo sim; mas logo outra lembrança virá à tona e outra chicotada será necessária. Quando tudo isso termina?

Isso para quando você leva a sério as palavras de Jesus: "Pois se perdoarem as ofensas uns dos outros, o Pai celestial também lhes perdoará. Mas se não perdoarem uns aos outros, o Pai celestial não lhes perdoará as ofensas" (Mateus 6:14,15).

"Trata-me como trato o meu próximo." Você está ciente de que é isso que está dizendo para o seu Pai? "Dá-me o que dou a ele. Concede-me a mesma paz que concedo aos outros. Deixa-me desfrutar da mesma tolerância que ofereço." Deus irá tratá-lo como você trata os outros.

Você gostaria de ter paz? Então, pare de infernizar o seu próximo. Quer desfrutar da generosidade de Deus? Então deixe que os outros desfrutem da sua. Gostaria de ter convicção de que Deus o perdoa? Acho que você sabe o que precisa fazer.

Dias melhores virão

20 de setembro

Trazendo todos para dentro

Como diz a Escritura: "Todo o que nele confia jamais será envergonhado".
Não há diferença entre judeus e gentios, pois o mesmo Senhor é
Senhor de todos e abençoa ricamente todos os que o invocam.

Romanos 10:11-12

As pessoas são dadas à ordem hierárquica. Amamos ter o nariz empinado, mostrando uma superioridade arrogante para com o outro. O menino mostra-se superior à menina ou a menina ao menino. O abastado para com o destituído. O educado olha de cima para o que teve de abandonar os estudos. O veterano age da mesma forma com o recém-chegado. O judeu para com o gentio.

Um abismo intransponível abria-se entre judeus e gentios nos dias da igreja primitiva. Um judeu não podia beber leite tirado por gentios nem comer a comida deles. Os judeus não podiam ajudar uma mãe gentia em necessidade. Médicos judeus não podiam atender pacientes não judeus.[21]

Nenhum judeu podia se relacionar com um gentio. Os gentios eram impuros.

A menos, é claro, que esse judeu fosse Jesus. Suspeitas de uma nova ordem começaram a surgir por causa de uma conversa curiosa de Jesus com a mulher cananeia. A filha dela estava morrendo, e sua súplica era urgente. Mas ela era de ascendência gentia. "Eu fui enviado apenas às ovelhas perdidas de Israel", disse-lhe Jesus. "Sim, Senhor", ela respondeu, "mas até os cachorrinhos comem das migalhas que caem da mesa dos seus donos" (Mateus 15:24,27).

Jesus curou a filha da mulher e deixou clara a sua posição. Ele estava mais preocupado em trazer todos para dentro do que deixar certas pessoas de fora.

Faça a vida valer a pena

21 de setembro

O suspiro

Então voltou os olhos para o céu e, com um profundo suspiro,
disse-lhe: "Efatá!", que significa "abra-se!"

Marcos 7:34

Conforme a história de Deus torna-se a sua história, você faz esta descoberta maravilhosa: você vai se graduar desta vida rumo ao céu. O plano de Jesus é "isto é, de fazer convergir em Cristo todas as coisas" (Efésios 1:10). "Todas as coisas" inclui seu corpo. O coração que bombeia o sague, o cotovelo que dá articulação ao braço, o torso que suporta o peso. Deus vai fazer convergir seu corpo com sua alma e criar algo diferente de tudo o que você já viu: um corpo eterno.

Você enfim será saudável. Você nunca foi saudável. Mesmo nos dias em que se sentia bem, você não estava saudável. Você estava suscetível a doenças, infecções, bactérias e micróbios.

Eu odeio doenças. Estou de saco cheio delas.

Cristo também. Considere sua resposta ao sofrimento de um surdo-mudo. "Depois de levá-lo... longe da multidão, Jesus colocou os dedos nos ouvidos dele. Em seguida, cuspiu e tocou na língua do homem. Então voltou os olhos para os céus e, com um profundo suspiro, disse-lhe: 'Efatá!', que significa: Abra-se" (Marcos 7: 33,34).

Tudo nesta cura se destaca. A maneira como Jesus separa o homem da multidão. O toque na língua e nos ouvidos. Mas é o suspiro que notamos. Jesus olhou para o céu e suspirou. É um suspiro de tristeza, uma respiração profunda, e um olhar celeste que resolve: "Não será assim por muito tempo."

God's Story, Your Story [A história de Deus, a sua história]

22 de setembro

Graças pela bagunça

Se pela transgressão de um só a morte reinou por meio dele, muito mais aqueles que recebem de Deus a imensa provisão da graça e a dádiva da justiça reinarão em vida por meio de um único homem, Jesus Cristo.

Romanos 5:17

O significado da vida. Os anos desperdiçados da vida. As infelizes escolhas da vida. Deus responde à confusão da vida com uma palavra: *graça*.

Falamos como se entendêssemos o termo. O banco nos dá um período de *graça*. O político fraco caiu nas *graças*. Os músicos falam de uma nota de *graça*.

Mas conseguimos realmente entendê-la?

Acredito que nos conformamos com uma graça débil. Ela ocupa educadamente uma frase em um hino, encaixa-se bem em um símbolo da igreja. Nunca causa confusão nem exige uma resposta. Quando alguém pergunta "Você acredita em graça?", poderíamos dizer não?

Você já foi mudado pela graça? Moldado pela graça? Fortalecido pela graça? Suavizado pela graça? A graça de Deus é abundante. Superabundante. Como uma correnteza que vira você de ponta-cabeça. A graça vai em sua busca. Ela reestrutura você. De inseguro a seguro em Deus. De cheio de arrependimentos a uma pessoa melhor por causa dela. De alguém com medo de morrer a alguém pronto para voar. A graça é a voz que nos chama a mudar e, assim, dá-nos o poder de sermos bem-sucedidos.

Graça

23 de setembro

Ore com ousadia

Se algum de vocês tem falta de sabedoria, peça-a a Deus, que a todos dá livremente, de boa vontade; e lhe será concedida. Peça-a, porém, com fé, sem duvidar, pois aquele que duvida é semelhante à onda do mar, levada e agitada pelo vento.

Tiago 1:5-6

Quando o assistente de Martinho Lutero adoeceu, o reformador orou por cura de forma audaciosa. "Implorei ao Todo-poderoso com grande vigor", ele escreveu. "Ataquei-o com suas próprias armas, citando das Escrituras todas as promessas que conseguia lembrar, segundo as quais as orações devem ser respondidas, e disse-lhe que ele precisava conceder-me o meu pedido se quisesse que continuasse a crer em suas promessas."

Quando John Wesley estava atravessando o Atlântico, surgiram ventos contrários. Quando soube que os ventos estavam desviando a embarcação de seu curso, ele respondeu em oração.

Deus todo-poderoso e eterno, [...] tu seguras os ventos em seus punhos e te assentas sobre as correntes das águas, e reinas como rei para todo sempre. Ordena que esses ventos e essas ondas te obedeçam, e leva-nos rápida e seguramente para o porto, nosso destino.[24]

Para muitos, uma oração audaciosa é um pensamento desagradável. Quando falamos com Deus, nós o fazemos em voz mansa, humilhando-nos diante de Deus, ou simplesmente batemos um papo com ele... mas agonizar diante de Deus? Invadir o céu com orações? Esse tipo de oração não seria falta de respeito? Arrogante?

Seria tudo isso se o próprio Deus não nos tivesse pedido para orar assim: "Assim sendo, aproximemo-nos do trono da graça com toda a confiança, a fim de recebermos misericórdia e encontrarmos graça que nos ajude no momento da necessidade" (Hebreus 4:16).

Atreva-se a orar com ousadia.

Dias de glória

24 de setembro

Uma oração... para o único Deus verdadeiro

Eu sou Deus, e não há nenhum outro; eu sou Deus, e não há nenhum como eu.
Desde o início faço conhecido o fim, desde tempos remotos, o que ainda virá.
Digo: Meu propósito permanecerá em pé, e farei tudo o que me agrada.

Isaías 46:9-10

Deus Altíssimo, não há ninguém como tu. És o único e verdadeiro Deus. O único Deus que eu adoro, o Alfa e o Ômega.

Preciso saber o que tens feito diante de mim. Não vejo solução para os problemas que enfrento. Lembra-me de que tu não ficas perplexo com os conflitos que enfrento, para que eu possa ser confortado pelo teu poder, e que conheces tudo.

Que tu estejas perto da minha família e dos amigos que estão sofrendo. A dor deles é paralisante, mas tu és maior do que tudo que eles enfrentam.

Obrigado por tua vontade perfeita. Que ela possa estar em minha vida conforme eu busco a ti.

Em teu único nome, amém.

Diário de oração – Antes de dizer amém

25 de setembro

Deus faz o que não podemos fazer

Eu lhes asseguro: Quem ouve a minha palavra e crê naquele que me enviou, tem a vida eterna e não será condenado, mas já passou da morte para a vida.

João 5:24

O povo da Terra Prometida confia mais na lealdade de Deus para com eles do que em sua lealdade para com Deus. Eles depositam sua confiança na obra consumada de Cristo. Acreditam profundamente que "ele nos resgatou do domínio das trevas e nos transportou para o Reino do seu Filho amado" (Colossenses 1:13).

Eles apontam para o Calvário como evidência do compromisso de Deus com eles.

Os seguidores de Josué fizeram algo parecido. Eles não olharam para uma montanha, mas para um rio. Não olharam para o Calvário, mas para o rio Jordão. A travessia milagrosa os convenceu de que Deus estava em sua presença. Como seu líder, ele havia prometido: "Assim [por meio da travessia] saberão que o Deus vivo está no meio de vocês" (Josué 3:10).

E o povo atravessou! "Todo o Israel passava, até que toda a nação o atravessou pisando em terra seca" (v. 17).

"Todo o Israel o atravessou em terra seca." Os homens. As mulheres. Os idosos. Os jovens. Os fracos. Os fortes. Os crentes e os incrédulos. Os fiéis e os murmuradores.

"Todo o Israel o atravessou em terra seca." O leito poderia ter sido de concreto. Nenhuma roda de qualquer carruagem atolou. Nenhum pé se molhou.

Deus fez por eles o que eles não puderam fazer. E Deus faz por nós o que não podemos fazer. Em Cristo, ele permite que atravessemos a lama do pecado e da morte para chegar à terra seca da vida eterna.

Dias de glória

26 de setembro

Mas, Deus, tu podes

Por isso lhes digo: Peçam, e lhes será dado; busquem, e encontrarão; batam, e a porta lhes será aberta.

Lucas 11:9

Quando se sentir sem esperança e impotente, para onde ir? Sugiro que vá para Lucas 11:5-10, um dos ensinos mais fascinantes de Jesus sobre a oração. É a história do vizinho persistente que quer pagar um pouco de pão emprestado à meia-noite.

Imagine que esse vizinho é você. Você está tocando a campainha à meia-noite. O chihuahua acorda. A luz da varanda se acende. A porta se abre. Minha nossa, ele está péssimo. Bermudão. Camiseta. Cabelo desgrenhado.

— Que raios você está fazendo aqui? — pergunta ele.

— Um amigo meu acabou de chegar para uma visita, e não tenho nada para dar-lhe de comer — responde você.

O dono da casa resmunga e reclama, mas você insiste. "Vamos lá, Hank, por favor." Por fim, Hank concorda, convida-o para entrar e o leva para a despensa. E o seu convidado surpresa não tem de ir para a cama com fome. Tudo porque você falou com franqueza em nome de outra pessoa.

Isso é uma oração de intercessão em sua mais pura forma. Pai, tu és bom. Eles precisam de ajuda. Eu não posso, mas tu podes.

Essa oração atrai a atenção de Deus. Afinal, se Hank, um amigo mal-humorado e insatisfeito vai ajudar alguém, quanto mais Deus não vai ajudar?

Antes de dizer amém

27 de setembro

Raabe!

Então Josué, filho de Num, enviou secretamente de Sitim dois espiões e lhes disse: "Vão examinar a terra, especialmente Jericó". Eles foram e entraram na casa de uma prostituta chamada Raabe, e ali passaram a noite.

Josué 2:1

Poderíamos dizer muito sobre Raabe sem mencionar sua profissão. Ela era cananeia. Forneceu um esconderijo para os espiões de Josué. Veio a crer no Deus de Abraão antes mesmo de conhecer os filhos de Abraão. Foi poupada durante a destruição de sua cidade. Foi inserida na cultura hebraica. Ela se casou com um contemporâneo de Josué e teve um filho chamado Boás e um bisneto chamado Jessé, um tetraneto chamado Davi e um descendente chamado Jesus. Sim, o nome de Raabe aparece na árvore genealógica do Filho de Deus.

Seu nome aparece oito vezes nas Escrituras, e, em cinco delas, ela é apresentada como "prostituta".[25] Em cinco! E essa referência única não poderia ser amenizada por meio de um eufemismo do tipo: "Raabe, a melhor anfitriã de Jericó"? Coloque um pouco de blush sobre essa mancha bíblica.

Mas não é o que a Bíblia faz. Pelo contrário. Ela usa um cartaz luminoso para apontar para ele. Sua profissão é mencionada até no Salão de Fama de Hebreus. A lista inclui Abel, Noé, Abraão, Isaque, Jacó, José, Moisés... e então, de repente, "a prostituta Raabe" (11:31). Sua história de prostituição faz parte de seu testemunho.

Você pode ou não estar vendendo seu corpo, mas você vendeu sua lealdade, sua atenção, seus talentos. Você se vendeu. Todos nós fizemos isso. Todos nós pensamos: *Eu também estou... sujo, maculado, aflito.*

Deus tem uma única palavra como resposta a esse tipo de dúvida: Raabe!

Dias de glória

28 de setembro

O perdão pode acontecer

*Suportem-se uns aos outros e perdoem as queixas que tiverem uns
contra os outros. Perdoem como o Senhor lhes perdoou.*

Colossenses 3:13

A sequência faz diferença. Jesus lava primeiro; nós lavamos em seguida. Ele demonstra; nós seguimos. Ele usa uma toalha, depois estende-a para nós, dizendo: "Agora é sua vez. Atravesse seu cenáculo e lave os pés de seus Judas."

Portanto, vá em frente. Molhe seus pés. Tire as meias e os sapatos e coloque os pés na bacia. Primeiro um, depois o outro. Deixe que as mãos de Deus limpem toda sujeira de sua vida — desonestidade, adultério, acessos de raiva, hipocrisia, pornografia. Deixe-o tocar em tudo isso. Enquanto as mãos dele trabalham, olhe ao redor da sala.

O perdão pode não ser imediato. Mas ele pode acontecer com você. Afinal, você tem os pés molhados.

Graça

29 de setembro

Força para enfrentar

Mas aqueles que esperam no Senhor renovam as suas forças. Voam alto como águias; correm e não ficam exaustos, andam e não se cansam.

Isaías 40:31

A Palavra de Deus a Josué é a palavra de Deus a nós: "Seja forte e corajoso" (Josué 1:6). Não dê ouvidos ao seu medo. Não recue diante de suas preocupações. Possua a terra que Deus lhe deu.

"Então o Senhor disse a Josué: 'Saiba que entreguei nas suas mãos Jericó, seu rei e seus homens de guerra.'" (6:2).

Deus não disse: "Josué, invada a cidade."

Deus disse: "Josué, aceite a cidade que eu conquistei."

Josué não avançou esperando pela vitória. Ele sabia que Deus já havia vencido.

Podemos dizer o mesmo sobre você e seu desafio. Deus não diz: "Bob, acabe com esse mau hábito."

Ele diz: "Bob, eu já acabei com todos os maus hábitos em sua vida. Receba a bênção da minha vitória."

Lembre-se, você é coerdeiro de Cristo. Cada atributo de Jesus está à sua disposição. Jesus foi vitorioso? Ele venceu o pecado e a morte? Sim! Você será vitorioso? Você também pode vencer o pecado e a morte? Sim! A pergunta não é se você os vencerá e sim quando você vencerá. A vida sempre trará desafios, mas Deus sempre lhe dará forças para enfrentá-los.

Dias de glória

30 de setembro

Mantenha a fonte de energia aberta

Da mesma forma o Espírito nos ajuda em nossa fraqueza.

Romanos 8:26

O Espírito Santo não é entusiasmo, compaixão ou bravata. Ele pode estimular essas emoções, mas ele próprio é uma pessoa. Ele determina itinerários (Atos 16:6), distribui dons espirituais (1Coríntios 12:7-11) e seleciona os líderes da igreja (Atos 13:2). Ele ensina (João 14:26), guia (João 16:13) e conforta (João 16:7).

"Ele vive com vocês e estará em vocês" (João 14:17). Convidado ocasional? Não, senhor. O Espírito Santo mora o ano todo nos corações de seus filhos. Conforme a história de Deus torna-se nossa história, seu poder torna-se nosso poder. Então, por que sofremos de quedas de energia?

Estamos propensos a depender do Espírito de Deus para nos salvar, mas não para nos sustentar. Somos como os gálatas a quem Paulo perguntou: "Será que vocês são tão insensatos que, tendo começado pelo Espírito, querem agora se aperfeiçoar pelo esforço próprio?" (Gálatas 3:3). Dirigimo-nos a ele para começarmos e depois continuamos com nossas próprias forças.

A mesma mão que empurrou a pedra do túmulo pode afastar sua dúvida. O mesmo poder que agitou o coração parado de Cristo pode agitar sua fé oscilante. A mesma força que fez Satanás recuar pode, e vai, derrotar Satanás em sua vida. Basta manter a fonte de energia aberta.

God's Story, Your Story [A história de Deus, a sua história]

Outubro

1º de outubro

Uma oração...
pela proximidade de Deus

*Vejam como é grande o amor que o Pai nos concedeu: sermos
chamados filhos de Deus, o que de fato somos!*

1João 3:1

Bondoso Pai, eu te agradeço porque não há limites para quando tu virás até nós. Tu ainda te aproximas todos os dias, quando chegamos e te contemplamos. Ajuda-me a concentrar os olhos de meu coração em ti hoje e levar tua presença comigo aonde quer que eu vá. Em nome de Jesus, amém.

Moldado por Deus

2 de outubro

Aquilo de que você mais precisa

Porque Deus tanto amou o mundo que deu o seu Filho Unigênito, para que todo o que nele crer não pereça, mas tenha a vida eterna.

João 3:16

Deus basta. Não tem sido essa a mensagem de Moisés e Josué e a jornada à terra prometida? Quem partiu o rio Jordão? Quem fez o povo atravessar em terra seca? Quem apareceu para encorajar Josué? Quem derrubou os muros de Jericó? Quem lutou e libertou seu povo?

Deus!

Ele se importava com seu povo. Mesmo no deserto o povo nunca ficou sem comida. As pessoas podem ter se cansado do pão de maná, mas nunca passaram fome.

Ele lhe deu não só comida, mas também roupa e saúde. Certa vez, Moisés lembrou aos hebreus: "As roupas de vocês não se gastaram e os seus pés não incharam durante esses quarenta anos" (Deuteronômio 8:4).

As seguintes expressões jamais foram ouvidas no deserto:

"Preciso fazer um banho de sais para os meus pés."

"Que droga, meu manto rasgou de novo!"

"Ei, sandálias novas! Onde as conseguiu?"

Pedicures, alfaiates e sapateiros tinham muito tempo livre.

Ninguém precisava de comida. Ninguém precisava de roupa. Nenhuma bolha nos pés. Deus providenciou tudo. E Deus prometeu providenciar mais ainda. Ele lhe prometeu um Salvador.

Dias de glória

3 de outubro

Invoque o nome dele

Ao Senhor clamo em alta voz, e do seu santo monte ele me responde.

Salmos 3:4

A oração coloca algemas em Satanás. A oração retira os problemas do domínio do diabo e os coloca na presença de Deus. A oração confessa, "Deus pode lidar com isto. Já que ele pode, tenho esperança."

Quando oramos em nome de Jesus, vamos até Deus com base na vitória de Jesus. "Temos, pois, um grande sacerdote sobre a casa de Deus. Sendo assim, aproximemo-nos de Deus com um coração sincero e com plena convicção de fé, tendo os corações aspergidos para nos purificar de uma consciência culpada, e tendo os nossos corpos lavados com água pura" (Hebreus 10:21-22). Como nosso mediador, Jesus oferece nossas orações a Deus. As orações dele são sempre ouvidas. "Naquele dia vocês não me perguntarão mais nada. Eu lhes asseguro que meu Pai lhes dará tudo o que pedirem em meu nome" (João 16:23).

Existem aqueles que dizem "a oração transforma as circunstâncias porque ela nos transforma". Concordo em partes. A oração transforma as circunstâncias porque ela apela para o poder máximo no universo. A oração não é uma fórmula mágica ou um canto místico. É a resposta afirmativa ao convite de Deus para invocar seu nome.

Antes de dizer amém

4 de outubro

Venham a mim

Venham a mim, todos os que estão cansados e sobrecarregados, e eu lhes darei descanso.

Mateus 11:28

Em agosto de 1930, Joseph Crater, de 45 anos, deu adeus aos amigos depois de um jantar em um restaurante de Nova York, pediu um táxi, e partiu. Ele nunca foi visto de novo.

Cinquenta anos de investigações ofereceram inúmeras teorias, mas nenhuma conclusão. Uma busca em seu apartamento revelou uma pista. Era um bilhete anexado a um cheque, e ambos foram deixados por sua esposa. O cheque era de uma quantia considerável, e o bilhete apenas dizia: "Estou muito cansado. Com amor, Joe."

O bilhete poderia ter sido nada além de um pensamento ao final de um dia duro. Ou poderia ter significado muito mais — o epitáfio de um homem desesperado.

O cansaço é difícil. Não estou dizendo o cansaço físico que se sente após cortar a grama ou o cansaço mental que se segue a um dia duro de decisões e trabalho mental. Não, o cansaço que atacou Joseph Crater é muito pior. É o cansaço que vem pouco antes da desistência. Aquele sentimento de desespero honesto. É nessa fase da vida em que a motivação desaparece: as crianças crescem, um trabalho é perdido, um cônjuge morre. O resultado é o cansaço — profundo, solitário, frustrado.

Apenas um homem na história afirmou ter uma resposta para isso. Ele está diante de todos os Joseph Crater do mundo com a mesma promessa: "Venham a mim, todos os que estão cansados e sobrecarregados, e eu lhes darei descanso" (Mateus 11:28).

Moldado por Deus

5 de outubro

Onde a cura começa

Uma grande multidão dirigiu-se a ele, levando-lhe os aleijados, os cegos, os mancos, os mudos e muitos outros, e os colocaram aos seus pés; e ele os curou.

Mateus 15:30

Jesus nunca rejeitou um pedido intercessor. Nunca!

Pedro estava preocupado com a sogra febril. O centurião trouxe um pedido pelo seu servo doente. Jairo tinha uma filha enferma. Uma mulher de Canaã tinha uma filha possessa por um demônio. Do nascer ao pôr do sol, Jesus ouvia um apelo atrás do outro. Ele ouvia tantos pedidos que, às vezes, os discípulos tentavam afastar as pessoas (Mateus 15:22-23). Contudo, Jesus não os deixava.

Ele nunca ficava impaciente com os pedidos. Mas ele ficava impaciente com a falta deles.

Certa vez, um pai trouxe seu filho possesso por um demônio para os discípulos do Senhor. Eles tentaram ajudar o menino, porém fracassaram. Quando Jesus ensinou-lhes sobre o fracasso, ele explodiu em frustração. "Ó geração incrédula e perversa, até quando estarei com vocês? Até quando terei que suportá-los? Tragam-me o menino" (Mateus 17:17).

Que acesso de raiva! Qual foi a negligência dos discípulos? Simples. Eles nunca levaram o menino até Jesus. Ele teve de dar a ordem: "Tragam-me o menino."

A ordem de Jesus para você hoje é a mesma: "Tragam-nos aqui para mim." Aqueles que você ama, aqueles com que você se preocupa, mesmo aqueles com que você luta — traga-os a Jesus. Em espírito de oração, coloque-os aos pés dele. É aí que a cura começa.

Antes de dizer amém

6 de outubro

Mas Deus disse

Dessa maneira, ele nos deu as suas grandiosas e preciosas promessas,
para que por elas vocês se tornassem participantes da natureza divina
e fugissem da corrupção que há no mundo, causada pela cobiça.

2Pedro 1:4

Nada merece mais a nossa atenção do que as alianças de Deus. Nenhuma palavra escrita sobre uma folha de papel jamais o sustentará tanto quando as promessas de Deus. Você as conhece?

Aos tribulados: "O choro pode persistir uma noite, mas de manhã irrompe a alegria" (Salmos 30:5).

Aos atormentados: "O justo passa por muitas adversidades, mas o Senhor o livra de todas" (Salmos 34:19).

Aos enfermos: "O Senhor o susterá em seu leito de enfermidade, e da doença o restaurará" (Salmos 41:3).

Aos solitários: "Quando você atravessar as águas, eu estarei com você" (Isaías 43:2).

Aos moribundos: "Na casa de meu Pai há muitos aposentos; [...]. Vou preparar lugar para vocês." (João 14:2).

Aos pecadores: "Minha graça é suficiente para você" (2Coríntios 12:9).

Insista nas promessas de Deus. Quando surgirem medos, responda com este pensamento: Mas Deus disse... Quando surgirem dúvidas, responda: Mas Deus disse... Quando a culpa o atacar, responda: Mas Deus disse...

Vasculhe as Escrituras como um garimpeiro à procura de ouro. Quando encontrar uma pepita, pegue-a. Confie. Leve-a ao banco. Não há tesouro maior.

Dias de glória

7 de outubro

O Senhor dos céus

*Quando contemplo os teus céus, obra dos teus dedos, a lua e as estrelas
que ali firmaste, pergunto: Que é o homem, para que com ele te
importes? E o filho do homem, para que com ele te preocupes?*

Salmos 8:3-4

Quando acontece uma tragédia, seja pessoal, nacional ou global, as pessoas se
perguntam como Deus pôde permitir que tais coisas acontecessem. No que ele
estava pensando? Ele realmente está no controle? Podemos confiar a condução
do universo a alguém que permite *isso*?

É importante reconhecer que Deus habita uma esfera diferente. Ele ocupa
outra dimensão. "Os meus pensamentos não são os pensamentos de vocês, nem
os seus caminhos são os meus caminhos... Assim como os céus são mais altos do
que a terra, também os meus caminhos são mais altos do que os seus caminhos,
e os meus pensamentos, mais altos do que os seus pensamentos" (Isaías 55:8-9).

Como é vital que oremos munidos do conhecimento de que Deus está no
céu. Oremos com uma convicção um pouco menor e nossas orações serão tímidas, superficiais e vazias. Erga os olhos, veja o que Deus fez e observe como suas
orações são estimuladas.

Esse conhecimento nos dá confiança enquanto enfrentamos o futuro
incerto. Sabemos que Deus está no controle do universo e, por isso, podemos
descansar seguros. Mas também é importante o conhecimento de que este Deus
que está no céu escolheu se inclinar para a terra para ver a nossa aflição e ouvir
as nossas orações. Ele não está tão acima de nós a ponto de não ser tocado por
nossas lágrimas.

Embora não possamos ver seu propósito ou seu plano, o Senhor do céu está
no seu trono e no firme controle do universo e de nossa vida.

Dias melhores virão

8 de outubro

Uma oração...
para abençoar o próximo

Então o SENHOR Deus formou o homem do pó da terra e soprou em suas narinas o fôlego de vida, e o homem se tornou um ser vivente.

Gênesis 2:7

Pai amado, tu me fizeste e sabes muito bem que não sou nada além de pó. Apesar disso, tu me chamaste para o teu reino, para servir-te neste lugar específico, neste tempo específico, com um propósito muito específico. Apesar da minha mediocridade, eu pertenço a ti. E és tudo menos medíocre! Ajuda-me a espalhar tua graça e tua compaixão sobre os outros para que eles também possam experimentar a riqueza do teu amor. Através de mim, Pai, mostra aos outros como podes usar uma vida ordinária para trazer bênçãos extraordinárias ao mundo. Em nome de Jesus eu oro, amém.

Faça a vida valer a pena

9 de outubro

Sua causa é muito pequena?

*Eu lhes asseguro que se alguém disser a este monte: "Levante-se
e atire-se no mar", e não duvidar em seu coração, mas crer
que acontecerá o que diz, assim lhe será feito.*

Marcos 11:23

Se seus problemas forem grandes, sua causa será pequena demais. Quando sua causa é grande, os problemas ficam menores.

Você tem uma causa sagrada? Uma fé que merece ser preservada? Uma missão pela qual viver? Peça que Deus lhe dê uma Hebrom para reivindicar sua glória. Um orfanato onde você possa servir. Um vizinho que você possa encorajar. Uma família necessitada para alimentar. Alguns idosos para incentivar. O que dizem é verdade: é melhor servir do que receber. No Reino de Deus, ganhamos dando, não recebendo. Crescemos ajudando, não prejudicando. Avançamos servindo, não exigindo. Você quer ver seus problemas desaparecerem? Ajude os outros resolvendo os problemas deles.

Você sempre terá que lidar com problemas. Mas não precisa lidar com eles da mesma forma. Em vez disso (1) impregne sua mente com pensamentos de Deus, (2) não dê ouvidos aos que duvidam, (3) concentre sua mente numa causa sagrada.

Uma vez que você encontrar sua montanha, nenhum gigante conseguirá impedi-lo, nenhuma idade o desqualificará, nenhum problema conseguirá derrotá-lo.

Dias de glória

10 de outubro

Quem vem para o jantar?

Sejam mutuamente hospitaleiros, sem reclamação. Cada um exerça o dom que recebeu para servir os outros, administrando fielmente a graça de Deus em suas múltiplas formas.

1Pedro 4:9-10

A palavra grega para *hospitalidade* é composta por dois termos: *amor* e *estranho*, significando literalmente "amar um estranho". Todos nós podemos acolher um convidado que conhecemos e amamos. Mas será que podemos receber bem um estranho?

Em uma de suas aparições, o Jesus ressurreto acompanha dois discípulos que caminham de Jerusalém à aldeia de Emaús.

Quando estão chegando perto da aldeia, Jesus age como se fosse continuar a viagem.

Fora um dia longo. Os dois peregrinos tinham muita coisa na cabeça. Certamente tinham obrigações e pessoas em suas vidas. Mas os companheiros de viagem sentiram o coração arder. E foi assim que o acolheram. Mesmo não sabendo que o convidado deles era Jesus, providenciaram uma cadeira a mais, puseram mais água na sopa e ofereceram pão. Jesus abençoou o pão, e quando o fez "os olhos deles foram abertos e o reconheceram" (Lucas 24:31).

Ainda encontramos pessoas na estrada. E por vezes sentimos um calor peculiar, uma afeição. Detectamos um impulso em abrir nossas portas para elas. Nesses momentos, vamos prestar atenção na voz interior. Nunca sabemos quem podemos estar recebendo para jantar.

Faça a vida valer a pena

11 de outubro

O que aconteceria?

Pedro, então, ficou detido na prisão, mas a igreja
orava intensamente a Deus por ele.

Atos 12:5

O rei Herodes prendeu Pedro e resolveu matá-lo no aniversário da morte de Jesus.

E o que a igreja podia fazer a respeito? Eles não tinham recursos, não tinham influência nem favores políticos para cobrar.

Então, nossos ancestrais de Jerusalém nos legaram uma estratégia. Quando o problema for maior que nós, vamos orar!

Nossas orações fervorosas comovem o coração de Deus. "A oração de um justo é poderosa e eficaz" (Tiago 5:16). A oração não muda a natureza de Deus; quem ele é nunca será alterado. No entanto, a oração tem impacto sobre o fluxo da história. Deus cabeou o mundo para receber energia elétrica, mas nos chama para acionarmos o interruptor.

E a igreja de Jerusalém fez exatamente isso.

Na noite anterior ao dia em que Herodes iria submetê-lo a julgamento, Pedro estava dormindo entre dois soldados, preso com duas algemas, e sentinelas montavam guarda à entrada do cárcere. Repentinamente apareceu um anjo do Senhor, e uma luz brilhou na cela. Ele tocou no lado de Pedro e o acordou. "Depressa, levante-se!", disse ele. Então as algemas caíram dos punhos de Pedro. O anjo lhe disse: "Vista-se e calce as sandálias." E Pedro assim fez. Disse-lhe ainda o anjo: "Ponha a capa e siga-me" (Atos 12:5-8).

A igreja orou com fervor e o que aconteceu? Um anjo apareceu, as correntes caíram, os portões se abriram, e Pedro andou livre.

Imagine as possibilidades se a igreja hoje fizer o mesmo. Imagine o que poderia acontecer com a fome, a violência, a ganância, o desespero. Apenas imagine. E ore.

Faça a vida valer a pena

12 de outubro

Uma condição de curto prazo

*Não amem o mundo nem o que nele há. Se alguém
ama o mundo, o amor do Pai não está nele.*

1João 2:15

Talvez você também precise do lembrete de que eu preciso? Tudo pode desabar. Em um instante. Em caso de incêndio. Em uma economia em queda livre. Em uma crise de emprego. Não deposite sua confiança em coisas.

Paulo disse a Timóteo: "Ordene aos que são ricos no presente mundo que não sejam arrogantes, nem ponham sua esperança na incerteza da riqueza, mas em Deus, que de tudo nos provê ricamente, para a nossa satisfação" (1Timóteo 6:17).

Os "ricos no presente mundo" somos você e eu. Se você tiver formação o bastante para ler esta página, se você tiver recursos o bastante para possuir este livro, é provável que você possa ser considerado uma pessoa próspera. E não há nada de errado com isso. A prosperidade é uma consequência comum da fidelidade (Provérbios 22:4). Paulo não disse aos ricos que deviam se sentir culpados por serem ricos; ele apenas disse que precisariam ficar atentos.

Nada gera tanto fracasso quanto o sucesso.

Dinheiro é uma condição apenas de curto prazo. A abundância ou a falta de dinheiro serão sentidas apenas durante uma vida... por isso, não se detenha com elas.

Dias de glória

13 de outubro

Um depósito de poder

*Quando vocês ouviram e creram na palavra da verdade, o evangelho
que os salvou, vocês foram selados em Cristo com o Espírito Santo
da promessa, que é a garantia da nossa herança até a redenção
daqueles que pertencem a Deus, para o louvor da sua glória.*

Efésios 1:13-14

A palavra herança no livro de Josué é igual às *delicatessen* em Manhattan: está por toda parte. A palavra aparece quase 60 vezes. A ordem de tomar posse da terra ocorre cinco vezes. A grande conquista do povo hebreu se reduzia a isto: "Depois Josué despediu o povo, e cada um foi para a sua propriedade" (Josué 24:28).

Está na hora de você receber a sua?

Você tem uma. Se você entregou seu coração a Cristo, Deus lhe deu uma Canaã. Ele "abençoou [você] com todas as bênçãos espirituais nas regiões celestiais em Cristo" (Efésios 1:3).[26]

Observe o tempo verbal: "abençoou", não "abençoará, talvez abençoará, possivelmente em algum dia abençoará". Você já tem tudo de que precisa para ser o que Deus deseja. Você tem acesso a "todas as bênçãos espirituais nas regiões celestiais".

Possivelmente, esse é o segredo mais bem guardado do cristianismo. Nós subestimamos o que aconteceu conosco quando nos convertemos. Mas a conversão é mais do que apenas um afastamento dos pecados. É um depósito de poder. Ele introduziu em você a essência de Cristo: "Portanto, se alguém está em Cristo, é nova criação. As coisas antigas já passaram; eis que surgiram coisas novas!" (2Coríntios 5:17).

Reivindique sua herança.

Dias de glória

14 de outubro

Levante a bandeira branca

Esconde o rosto dos meus pecados e apaga todas as minhas iniquidades. Cria em mim um coração puro, ó Deus, e renova dentro de mim um espírito estável.

Salmos 51:9-10

Não faça esta viagem interior para libertar-se da dor aguda do pecado e da culpa sem Deus. Muitas vozes anseiam para que você olhe mais profundamente para dentro de você e encontre uma força invisível ou um poder oculto. Um exercício perigoso. A autoavaliação sem a orientação de Deus leva à negação ou à vergonha. Podemos justificar nossa má conduta com mil e uma desculpas ou criar e residir em uma câmara de tortura. Justificativa ou humilhação? Precisamos dos dois.

Precisamos de uma oração de confissão, baseada na graça como a de Davi. Depois de um ano de negação e disfarce, ele finalmente orou: "Tem misericórdia de mim, ó Deus, por teu amor; por tua grande compaixão apaga as minhas transgressões. Lava-me de toda a minha culpa e purifica-me do meu pecado. Pois eu mesmo reconheço as minhas transgressões, e o meu pecado sempre me persegue. Contra ti, só contra ti, pequei e fiz o que tu reprovas, de modo que justa é a tua sentença e tens razão em condenar-me" (Salmos 51:1-4).

Davi levantou a bandeira branca. Sem mais combates. Sem mais discussões com os céus. Ele confessou-se com Deus. E você? Você está pronto para levantar a bandeira branca, largar suas armas e admitir que seus argumentos são inúteis? Você está pronto para se abrir com Deus?

Graça

15 de outubro

Uma oração...
para oferecer graça a todos

*Em Damasco havia um discípulo chamado Ananias. O Senhor o chamou
numa visão: "Ananias!" "Eis-me aqui, Senhor", respondeu ele.*

Atos 9:10

Ó, Senhor, ao longo dos séculos tens demonstrado repetidas vezes que ninguém está além do alcance da tua graça. Quem eu vejo como perdido em minha vida? Que homem ou mulher que hoje parecem estar longe queres que eu traga para a tua família, em parte por meu intermédio? Qual "Saulo" está lá fora para quem eu poderia me tornar um "Ananias"? Pai, oro para que mostres tua grandeza e teu poder usando-me de alguma maneira para apresentar um "candidato improvável" a teu Filho. Ajuda-me a triunfar sobre os meus medos e a apagar as minhas concepções errôneas enquanto trabalhas por meu intermédio para trazer mais alguém, através da fé, ao círculo do teu amor. Em nome de Jesus eu oro, amém.

Faça a vida valer a pena

16 de outubro

Seu Saulo

*Mas por isso mesmo alcancei misericórdia, para que em mim, o pior dos pecadores,
Cristo Jesus demonstrasse toda a grandeza da sua paciência, usando-me como
um exemplo para aqueles que nele haveriam de crer para a vida eterna.*

1Timóteo 1:16

Ananias entra e senta-se no chão de pedra. Ele pega a mão daquele que já tinha sido um terrorista e sente-a tremer. Observa os lábios trêmulos de Saulo. Reparando que a espada e a lança descansavam no canto, Ananias percebe que Cristo já fez o trabalho. O que falta é Ananias mostrar a Saulo o próximo passo. "Irmão Saulo..." (como essas palavras devem ter parecido amáveis. Saulo certamente chorou ao ouvi-las.)

"Irmão Saulo, o Senhor Jesus, que lhe apareceu no caminho por onde você vinha, enviou-me para que você volte a ver e seja cheio do Espírito Santo" (Atos 9:17).

As lágrimas correm como uma maré contra as crostas nos olhos de Saulo. As escamas que os cobrem se soltam e caem. Ele pisca e vê o rosto do seu novo amigo.

Dentro de uma hora ele estará saindo das águas do batismo. Dentro de alguns dias estará pregando em uma sinagoga. Saulo logo se torna Paulo, e Paulo prega nas colinas de Atenas, escreve cartas para os internos nas prisões e, no final, gera toda uma descendência de teólogos, incluindo Tomás de Aquino, Lutero e Calvino.

Deus usou Paulo para tocar o mundo. Mas primeiro usou Ananias para tocar Paulo. Deus lhe deu uma tarefa similar? Deus lhe deu um Saulo?

Faça a vida valer a pena

17 de outubro

Uma chama de fogo

*Assim também, a língua é um fogo; é um mundo de iniquidade. Colocada
entre os membros do nosso corpo, contamina a pessoa por inteiro, incendeia
todo o curso de sua vida, sendo ela mesma incendiada pelo inferno.*

Tiago 3:6

Certa vez conheci uma senhora extremamente corajosa. Ela não só estava lutando contra o alcoolismo, mas também estava fazendo tudo o que podia para restaurar seu relacionamento com Deus.

Ela escolheu uma pequena igreja para frequentar, uma igreja onde ela conhecia muitos membros. No domingo, no caminho até a porta da frente, ela ouviu duas senhoras conversando.

"Quanto tempo aquela alcoólatra vai ficar aqui?"

Ela virou-se e voltou para o carro. Nunca mais entrou em outra igreja até morrer. Aquelas senhoras não quiseram ofender, mas fofocas aparentemente indolores causaram danos irreparáveis.

Estas cinco ideias nos ajudarão a controlar nossa língua:

1. Nunca diga nada sobre alguém que você não diria na cara da pessoa.

2. Nunca diga nada sobre alguém, a menos que ele esteja presente para responder.

3. Recuse-se a ouvir fofocas de outra pessoa.

4. Comece a usar afirmações positivas sobre pessoas com quem você está discutindo.

5. Lembre-se, "a língua... é um fogo" (Tiago 3:6).

Moldado por Deus

18 de outubro

Uma abordagem completamente diferente

*Mas Deus me mostrou que eu não deveria chamar
impuro ou imundo a homem nenhum.*

Atos 10:28

Enquanto pudermos chamar as pessoas de impuras ou imundas, conseguiremos deixá-las em um leprosário e seguir nossos próprios caminhos. Os rótulos nos desobrigam da responsabilidade. Ao colocá-las de lado, podemos lavar as mãos e partir.

— Ah, conheço o João. Ele é alcoólatra. (Tradução: — Por que ele não consegue se controlar?)

— Ah, conheço ela. É divorciada. (Tradução: — Ela tem muita "experiência".)

Classificar os outros gera distância e nos oferece uma saída estratégica para evitar o envolvimento.

Jesus adotou uma abordagem totalmente diferente. Ela tratava de incluir todas as pessoas, não de excluí-las. "A Palavra se tornou um ser humano e morou entre nós" (João 1:14, NTLH). Jesus tocou os leprosos, amou os forasteiros e passou tanto tempo com aqueles que davam festas e banquetes que as pessoas o chamavam de "comilão e beberrão, amigo de publicanos e pecadores" (Mateus 11:19).

Sua página no Facebook incluía gente como Zaqueu, o mestre das fraudes, Mateus, agente da receita, e certa mulher de reputação duvidosa que ele conheceu na casa de Simão. Jesus passou 33 anos andando na bagunça deste mundo. "Ele tinha a natureza de Deus, mas não tentou ficar igual a Deus. Pelo contrário, ele abriu mão de tudo o que era seu e tomou a natureza de servo, tornando-se assim *igual aos seres humanos*" (Filipenses 2:6,7, NTLH).

Seu exemplo transmite a seguinte mensagem: "Não deveria chamar impuro ou imundo a homem nenhum."

Faça a vida valer a pena

19 de outubro

Seu advogado

Se, porém, alguém pecar, temos um intercessor junto ao Pai, Jesus Cristo, o Justo. Ele é a propiciação pelos nossos pecados.

1João 2:1-2

Nem toda culpa é ruim. Deus usa doses apropriadas de culpa para nos despertar para o pecado. Sabemos que a culpa é dada por Deus quando causa "indignação... temor... saudade... preocupação... desejo de ver a justiça feita" (2Coríntios 7:10). A culpa de Deus traz pesar o suficiente para nos mudar.

A culpa de Satanás traz pesar o suficiente para nos escravizar. Não deixe que ele o acorrente.

Lembre-se: "sua vida está escondida com Cristo em Deus" (Colossenses 3:3). Quando ele olha para você, ele vê primeiro a Jesus. Na língua chinesa, a palavra para *justiça* é uma combinação de dois caracteres, a figura de um cordeiro e uma pessoa. O cordeiro está em cima, cobrindo a pessoa. Sempre que Deus olha lá de cima para você, é isso que ele vê: o cordeiro perfeito de Deus lhe cobrindo. Tudo se resume a esta escolha: você confia em seu advogado ou em seu acusador?

Graça

20 de outubro

Vença a estratégia do diabo

Clamo ao SENHOR, que é digno de louvor, e estou salvo dos meus inimigos.

Salmos 18:3

Deus nos ajuda na luta contra o diabo. Ele revela as maquinações de Satanás. Mas precisamos consultá-lo regularmente. Em tudo. Sua Palavra é "lâmpada que ilumina os meus passos" (Salmos 119:105), não um holofote que lança sua luz no futuro. Ele nos dá a luz de que precisamos para tomar o passo seguinte.

Os dias de glória são de glória porque aprendemos a ouvir a voz de Deus, que nos diz em que direção devemos seguir. "Quer você se volte para a direita quer para a esquerda, uma voz atrás de você lhe dirá: 'Este é o caminho; siga-o.'" (Isaías 30:21).

Entregue cada decisão ao tribunal do céu. Como Davi, você também pode pedir a Deus: "Inclina os teus ouvidos para mim" (Salmos 31:2). Espere Deus falar antes de agir. Seja paciente. Controle seus impulsos. "Eu o instruirei e o ensinarei no caminho que você deve seguir; eu o aconselharei e cuidarei de você" (Salmos 32:8). Se você perceber um aperto no seu coração, ouça-o e pergunte mais uma vez a Deus. Essa é a única forma de vencer a estratégia do diabo.

Dias de glória

21 de outubro

Lembre-se de Jesus

*Portanto, humilhem-se debaixo da poderosa mão de
Deus, para que ele os exalte no tempo devido.*

1Pedro 5:6

Moisés serviu como príncipe do Egito e libertador dos escravos, embora fosse "um homem humilde, o mais humilde do mundo" (Números 12:3, NTLH). O apóstolo Paulo sabia se portar de forma humilde. Ele foi salvo por intermédio de uma visita pessoal de Jesus, que lhe concedeu uma visão do paraíso e a capacidade de ressuscitar os mortos. Mas quando se apresentava, dizia simplesmente: "Eu, Paulo, servo de Deus" (Tito 1:1). João Batista era parente de sangue de Jesus e um dos evangelistas mais famosos da história. Mas é lembrado nas Escrituras como aquele que determinou: "É necessário que ele cresça e que eu diminua" (João 3:30).

Podemos sentir muito orgulho, mas jamais nos humilhamos o suficiente. Que talento você está dando que ele não lhe deu primeiro? Que verdade você está ensinando que ele não ensinou primeiro? Você ama. Mas quem o amou primeiro? Você serve. Mas quem serviu mais? O que você está fazendo por Deus que ele não poderia fazer sozinho?

Quanta bondade da parte dele em nos usar. Quanta sabedoria a nossa de nos lembrarmos disso.

Estêvão se lembrou. E, por ter se lembrado de Jesus, Jesus se lembrou dele. Enquanto seus acusadores pegavam as pedras, Estêvão olhou para Cristo. "Estêvão, cheio do Espírito Santo, levantou os olhos para o céu e viu a glória de Deus, e Jesus em pé, à direita de Deus" (Atos 7:55).

Estêvão se levantou em nome de Cristo e, no fim, Cristo devolveu o favor. Lembre-se de Jesus, e ele vai lembrar-se de você.

Faça a vida valer a pena

22 de outubro

Uma oração...
para conversar com o Senhor

*Portanto, somos embaixadores de Cristo, como se Deus estivesse fazendo
o seu apelo por nosso intermédio. Por amor a Cristo lhes suplicamos:
Reconciliem-se com Deus. Deus tornou pecado por nós aquele que não
tinha pecado, para que nele nos tornássemos justiça de Deus.*

2Coríntios 5:20-21

Deus Altíssimo, tu rasgaste o véu. Dominaste a morte e criaste um caminho para eu ter um relacionamento contigo.

Esqueço muito rápido que posso falar contigo na hora que for. Permite-me voltar para ti hoje a cada passo, a cada pergunta, a cada dificuldade.

Hoje, cerca os meus amigos e a minha família com o teu perdão. Lembra-os de que tu estás desejoso de perdoá-los. Ajuda-os a se livrar de toda a culpa que os prende.

Obrigado por nos tornares teus embaixadores nesta terra.

Em nome de Jesus, o Único que não conheceu o pecado, amém.

Diário de oração – Antes de dizer amém

23 de outubro

Pare de falar e ouça

Se o meu povo apenas me ouvisse...

Salmos 81:13

Quando estamos magoados, às vezes encontramos a cura falando sobre essa mágoa — com um amigo, com um conselheiro, com Deus. Mas, por fim, chega o momento de parar de falar e começar a ouvir.

Há vezes em que falar é violar o momento... Nesses casos, o silêncio representa o maior respeito. O termo que mais bem define instantes como esses é *reverência*.

Essa foi uma lição que Jó, — o homem na Bíblia mais tocado pela tragédia e pelo desespero — aprendeu. Se Jó tinha um defeito, seu defeito era a língua. Ele falava demais.

Não que alguém pudesse culpá-lo; a calamidade lançou-se sobre o homem como uma leoa sobre um bando de gazelas, e, quando o alvoroço passou, mal havia restado uma parede em pé ou um ente querido com vida. Sua esposa, ainda que muito compassiva, lhe disse: "Amaldiçoe a Deus, e morra." Seus quatro amigos se aproximaram de seu leito como sargentos instrutores, dizendo-lhe que Deus é justo e que a dor é consequência do pecado, e que, tão certo quanto dois mais dois são quatro, Jó devia ter algum antecedente criminal em seu passado para sofrer assim.

Cada um tinha sua própria interpretação de Deus, e cada um falava em alto e bom som sobre quem é Deus e por que Deus fizera aquilo tudo. Eles não foram os únicos a falar sobre Deus. Quando os acusadores de Jó pararam, Jó passa seis capítulos dando suas opiniões sobre Deus.

Chegamos ao capítulo 37 do livro antes de Deus limpar a garganta para falar. O capítulo 38 começa com estas palavras: "Então o SENHOR respondeu a Jó".

Quando o Senhor fala, é sábio parar de falar e ouvir.

Dias melhores virão

24 de outubro

Reverência

Onde você estava quando lancei os alicerces da terra?[...] Quem marcou os limites das suas dimensões? Talvez você saiba! E quem estendeu sobre ela a linha de medir? E os seus fundamentos, sobre o que foram postos? E quem colocou sua pedra de esquina, enquanto as estrelas matutinas juntas cantavam e todos os anjos se regozijavam?

Jó 38:4-7

Quando Deus fala a Jó, inunda o céu de perguntas e Jó não pode deixar de fazer outra coisa senão entender: somente Deus define Deus. Você precisa conhecer o alfabeto antes de poder ler; e Deus diz para Jó: "Você nem conhece o ABC do céu, muito menos todo o vocabulário." Pela primeira vez, Jó fica quieto. Silenciado pela enxurrada de perguntas.

A implicação do Pai é clara: "Assim que você for capaz de lidar com estas simples questões relacionadas a armazenar estrelas e esticar o pescoço do avestruz, teremos uma conversa sobre dor e sofrimento. Mas, até lá, não precisamos de seus comentários."

Jó entendeu a mensagem? Acho que sim. Ouça a resposta de Jó:

Sou indigno; como posso responder-te? Ponho a mão sobre a minha boca (40:4).

Observe a mudança. Antes de ouvir Deus, Jó não conseguia falar o suficiente. Depois de ouvir Deus, ele não conseguia falar nada.

O silêncio era a única resposta adequada.

A palavra para esses momentos é *reverência*.

Dias melhores virão

25 de outubro

À voz de quem você dá atenção?

Os teus decretos são o tema da minha canção em minha peregrinação.

Salmos 119:54

Você confia plenamente na Palavra de Deus? Uma confiança que continua um dia após o outro, faça chuva ou faça sol? Chegar à nossa vida na Terra Prometida requer uma confiança contínua na Palavra de Deus. Se por um lado o povo do deserto confia nas Escrituras apenas o bastante para escapar do Egito, os residentes de Canaã, por outro lado, fazem da Bíblia seu manual de vida.

Como Deus disse a Josué: "Não deixe [...] de meditar nelas de dia e de noite" (Josué 1:8), literalmente: "murmure sobre esse documento, a Torá."[27] É a imagem de uma pessoa que recita, decora e pondera a Palavra de Deus sem cessar. Canaã está cheia de vozes inimigas. Os megafones do diabo gritam dúvidas e medo em nossos ouvidos. Ouça a palavra que você escuta.

"Habite ricamente em vocês a palavra de Cristo; ensinem e aconselhem-se uns aos outros com toda a sabedoria" (Colossenses 3:16). Mastigue-a, engula-a, fale-a. Atente-se para ela.

Dias de glória

26 de outubro

A mesa do jantar

Mas, quando der um banquete, convide os pobres, os aleijados,
os mancos, e os cegos. Feliz será você, porque estes não têm como
retribuir. A sua recompensa virá na ressurreição dos justos.

Lucas 14:13-14

Não é por acaso que *hospitalidade* e *hospital* vêm da mesma palavra em latim, pois ambas levam ao mesmo resultado: a cura. Ao abrir a porta para alguém, você está enviando a seguinte mensagem: "Você é importante para mim e para Deus".

Você conhece pessoas que precisam dessa mensagem? Pessoas que moram sozinhas? Casais jovens que estão longe da família? Adolescentes que se sentem excluídos? Idosos que não dirigem mais? Algumas pessoas passam um dia inteiro sem nenhum contato significativo com outra pessoa. A hospitalidade pode ser o seu hospital. Tudo que você precisa é de alguns hábitos básicos.

Faça um convite sincero.

Faça da chegada dos convidados um momento importante.

Atenda às necessidades dos seus convidados.

Despeça com uma bênção.

O evento não precisa ser elaborado para ser significativo. Não ouça a voz que diz que a casa, a refeição, e os doces da sobremesa devem estar perfeitos. Apenas abra sua mesa, e abra seu coração.

Faça a vida valer a pena

27 de outubro

Vá em frente, pergunte

E sucedeu que o SENHOR arrependeu-se do mal que ameaçara trazer sobre o povo.

Êxodo 32:14

Essa é a promessa da oração! Podemos fazer Deus mudar de ideia. Sua vontade absoluta é inflexível, mas a implementação dela não é. Ele não muda em seu caráter e propósito, mas ele altera sua estratégia por causa do apelo dos seus filhos. Não mudamos as suas intenções, mas podemos influenciar suas ações.

Afinal de contas, "somos os embaixadores de Cristo" (2Coríntios 5:20). Os embaixadores representam o rei. Eles falam com a autoridade do trono. Eles carregam consigo a aprovação daquele que os enviou. Se um embaixador envia um pedido ao rei, será que o rei ouvirá? Se você, o embaixador de Deus neste mundo, vier ao seu rei com um pedido, ele ouvirá? Certamente.

Seja ousado. Audacioso. Confiante. O Senhor de todos os céus promete que, se você perguntar qualquer coisa segundo a vontade dele, ele o ouve (1João 5:14).

Antes de dizer amém

28 de outubro

Não tem a ver com o lugar

E quando vocês orarem, não sejam como os hipócritas. Eles gostam de ficar orando em pé nas sinagogas e nas esquinas, a fim de serem vistos pelos outros. Eu lhes asseguro que eles já receberam sua plena recompensa.

Mateus 6:5

Os líderes religiosos amavam (e ainda amam) fazer um teatro em cima de suas orações. Eles empoleiravam-se nas esquinas e praticavam uma religiosidade pública. Esse espetáculo causava náuseas em Jesus. "Mas quando você orar, vá para seu quarto, feche a porta e ore a seu Pai, que está no secreto. Então seu Pai, que vê no secreto, o recompensará" (Mateus 6:6).

Certamente, as palavras chocavam o público de Jesus. Presumiam que a oração fosse reservada às pessoas especiais, em um local especial. Deus encontrava-se com o sacerdote no templo, atrás do véu, no Santo dos Santos. A população era composta por simples agricultores e pedreiros. Gente do campo e de toda parte. Eles não podiam entrar no templo. Mas eles podiam entrar em seus quartos.

"Vá para seu quarto, feche a porta..." Na cultura palestina, era bem provável que o quarto fosse um depósito. Ele guardava ferramentas, sementes e suprimentos agrícolas. Até uma galinha podia vaguear ali. Não havia nada de santo nele. Nada de santo em relação a ele. Era a sala de trabalho do dia a dia.

O objetivo? Ele não gosta de luxo, e sim de acessibilidade. Orar no Vaticano pode ser significativo. Mas as orações feitas em casa têm tanto peso quanto as orações feitas em Roma. Viaje até o Muro das Lamentações se quiser. Porém, a oração feita junto à cerca do seu quintal é tão eficaz quanto a outra. Aquele que ouve suas orações é o seu Papai. Você não precisa encantá-lo com o lugar.

Antes de dizer amém

29 de outubro

Uma oração... para aquele que dá tudo de que você precisa

*Por isso Deus o exaltou a mais alta posição
e lhe deu o nome que está acima de todo nome,
para que ao nome de Jesus se dobre todo joelho,
nos céus, na terra e debaixo da terra.*

Filipenses 2:9-10

Pai, teu nome está acima de todos os outros. Tu mereces a minha devoção e o meu louvor.

Ajuda-me a lembrar que o mesmo poder que venceu a sepultura também vive em mim, pois com frequência acostumo-me com o que Cristo fez por mim. Ensina-me as verdades de Jesus como se eu as estivesse ouvindo pela primeira vez.

Por favor, ajuda os meus amigos e a minha família a ver que o teu caminho é justo e verdadeiro.

Obrigado, Deus, por nos dares aquilo de que precisamos quando precisamos. Em nome de Cristo, amém.

Diário de oração

30 de outubro

Uma perspectiva melhor

*Assim como a água reflete o rosto,
o coração reflete quem somos nós.*

Provérbios 27:19

Depois que alguém me explicou, fez sentido por que nosso treinador de futebol da escola sempre desaparecia no meio do terceiro tempo. Lembro que, em meu primeiro jogo na equipe oficial, olhei para cima no banco de reservas e notei que ele tinha ido embora. Então perguntei a um veterano também no banco.

"Cadê o treinador?", perguntei.

"Na cabine da imprensa", respondeu ele.

"Pegando café?", perguntei.

"Não, vendo as coisas de outra perspectiva."

Agora faz sentido, não é? Não tem como o treinador acompanhar o jogo direito do banco. Todo mundo gritando conselhos. Os pais reclamando. Os jogadores gritando. Às vezes você tem de ficar longe do jogo para vê-lo.

Às vezes temos de tentar isso em relação a nós mesmos também. Como é vital manter um dedo no pulso de nossas próprias vidas! No entanto, é difícil nos avaliar enquanto estamos no meio do jogo: agenda pressionando, telefones tocando, crianças chorando.

Tenho uma sugestão. Tire um tempo para ficar longe de tudo e de todos. Dedique-se à oração. Medite na Palavra de Deus. Fique quieto. Comprometa seu coração para seu Criador.

Ter a perspectiva da cabine de imprensa poderia promover uma reviravolta no jogo.

Moldado por Deus

31 de outubro

Qualificando os chamados

O Deus da paz, que pelo sangue da aliança eterna trouxe de volta dentre os mortos o nosso Senhor Jesus, o grande Pastor das ovelhas, os aperfeiçoe em todo o bem para fazerem a vontade dele, e opere em nós o que lhe é agradável, mediante Jesus Cristo, a quem seja a glória para todo o sempre. Amém.

Hebreus 13:20-21

Deus não chama os qualificados. Ele qualifica os chamados.

Não deixe Satanás convencê-lo do contrário. Ele tentará. Ele lhe dirá que Deus exige um QI ou uma taxa de entrada. Dirá que ele emprega apenas especialistas e peritos, governos e personalidades muito poderosas. Quando Satanás sussurrar tais mentiras, dispense-o com esta verdade: Deus debandou a sociedade do século I com jumentos de lombos arqueados, não com puros-sangues.

Usavam uniformes de operários e suas mãos eram calejadas, e não há nenhuma evidência de que Jesus os tenha escolhido porque fossem mais inteligentes ou mais bonitos do que o indivíduo ao lado. A única coisa que tiveram a seu favor foi a disposição de dar um passo quando Jesus disse: "Siga-me".

Você está mais para barquinho do que para navio de cruzeiro? Mais para figurante do que para estrela de cinema? Mais para encanador do que para executivo? Mais para macacão azul do que para sangue azul? Parabéns. Deus muda o mundo com gente como você.

Faça a vida valer a pena

Novembro

1º de novembro

Obediência abre portas

Se vocês me amam, obedecerão aos meus mandamentos.

João 14:15

Obedecer à Palavra de Deus é mais importante do que travar a batalha de Deus. Na verdade, obedecer à Palavra de Deus é travar a guerra de Deus. A conquista acontece quando honramos a aliança.

Você quer a vida abundante que Jesus prometeu? (João 10:10)

Obedeça às ordens de Deus.

Como assim? Você esperava algo mais místico, mais exótico, mais surpreendente? Você achava que a vida de Canaã nascia de declarações extáticas ou de visões angelicais, de momentos no topo da montanha ou de mensagens noturnas vindas do céu?

Sinto muito ter de decepcioná-lo. "Obediência", escreveu C. S. Lewis, "é a chave para todas as portas."[29] Não acredite por um segundo sequer que você pode obedecer à voz errada, fazer a escolha errada e escapar das consequências.

Ao mesmo tempo, a obediência leva a uma enchente de bondade não só para você, mas também para seus filhos, os filhos de seus filhos, seus bisnetos e os filhos de mil gerações futuras. Deus promete demonstrar "bondade até mil gerações aos que me amam e guardam os meus mandamentos" (Êxodo 20:6).

Quando obedecemos aos mandamentos de Deus, abrimos a porta para o favor de Deus.

Dias de glória

2 de novembro

A escolha é sua

*Todo aquele que se rebelar contra as suas instruções [de Josué]
e não obedecer às suas ordens, seja o que for que você lhe
ordenar, será morto. Somente seja forte e corajoso!*

Josué 1:18

Josué 1:18 é um alerta solene para nós. Obediência ou morte. Deus é ciumento quando se trata da nossa confiança. Ele não a pede, a sugere ou a recomenda; ele a exige. Sua mensagem é clara: "Confiem em mim, e apenas em mim."

Podemos ver as consequências de não confiar, não obedecer, na vida de um casal do Novo Testamento. A igreja havia iniciado sua própria era de dias de glória. Milagres, sermões, batismos e crescimento. O livro de Atos é cheio de frutos bons e festas — até o capítulo 5. Até Ananias e Safira. Como Acã, esse casal roubou o que pertencia a Deus. Eles prometeram vender alguma propriedade e doar o dinheiro à igreja. Quando mudaram de opinião em relação à doação, agiram como se nunca tivessem feito a promessa.

Como Acã, eles mentiram. E como Acã, eles morreram. Seus corpos foram levados para fora, e "grande temor apoderou-se de toda a igreja" (Atos 5:11). Quando se trata desse assunto de fé, Deus não brinca.

Romanos 6:23 declara que "o salário do pecado é a morte", mas também promete "vida eterna" àqueles que escolhem obedecer a Cristo. A escolha é sua. O que você escolhe?

Dias de glória

3 de novembro

Lutas

Indo um pouco mais adiante, prostrou-se com o rosto em terra e orou: "Meu Pai, se for possível, afasta de mim este cálice; contudo, não seja como eu quero, mas sim como tu queres".

Mateus 26:39

Todos nós lutamos. Mas você já pensou que talvez Deus esteja usando suas lutas para mudá-lo? Para moldar você? Mesmo para curá-lo?

Há dois anos tenho pedido a Deus para remover a dor na mão que uso para escrever. Mesmo agora que escrevo estas palavras, sinto uma rigidez em meu polegar, nos dedos, no antebraço e no ombro. Os médicos atribuíram aos mais de trinta livros que escrevi à mão. Por décadas, o movimento repetitivo limitou meus movimentos, tornando as tarefas mais simples — escrever uma frase em um pedaço de papel — difíceis.

Então, faço minha parte. Alongo meus dedos. Um terapeuta massageia os músculos. Evito o curso de golfe. Até faço ioga! Mas, acima de tudo, eu oro.

Falar é fácil, penso comigo. Deus não devia curar minha mão? Minha caneta é meu instrumento de trabalho. Escrever é minha missão. Até agora ele não me curou.

Ou será que curou? Hoje oro mais quando escrevo. Não orações eloquentes, mas sinceras. *Senhor, preciso de ajuda... Pai, minha mão está rígida.* Esse desconforto me humilha. Não sou o Max, o autor. Sou o Max, o sujeito cuja mão está esgotada. Quero que Deus cure minha mão. Até agora, o Senhor usou minha mão para curar meu coração.

Então aquela coisa com a qual você se vê às voltas, sobre a qual você orou repetidas vezes... será que Deus está usando-a para curar seu coração?

Antes de dizer amém

4 de novembro

Ainda faz parte do time

Portanto, também nós, uma vez que estamos rodeados por tão grande nuvem de testemunhas, livremo-nos de tudo o que nos atrapalha e do pecado que nos envolve, e corramos com perseverança a corrida que nos é proposta.

Hebreus 12:1

Ele jogava para o time dos Buffalo Bills. A cidade de Buffalo não havia conquistado qualquer campeonato importante desde 1965. Mas, naquela noite em Tampa Bay, tudo indicava que finalmente a bola se aliara aos Bills. O tempo permitia mais uma única jogada. O time apostou em seu chutador Scott Norwood. Profissional perfeito. Artilheiro do time. Tão previsível e confiável quanto a neve em Buffalo.

O mundo assistiu enquanto Norwood chutou a bola e... errou.

Scott Norwood deixou o campo de futebol cabisbaixo. Ainda estava irritado consigo mesmo quando a equipe voltou para Buffalo. A despeito da derrota, a cidade ofereceu uma festa para honrar o time. Norwood foi e assumiu seu lugar entre os outros jogadores no palco.

Os fãs começaram a cantar:

"Queremos Scott."

Os gritos foram aumentando até que os colegas de Norwood o empurraram para a frente do palco. Quando os fãs o viram, aplaudiram-no freneticamente. Ele havia errado o chute, mas os fãs garantiram que ele não se esquecesse de que ele continuava sendo um membro de sua comunidade.

A Bíblia diz que somos cercados por uma grande nuvem de testemunhas (Hebreus 12:1). Milhares e milhares de santos salvos nos observam lá do alto. Abraão, Pedro, Davi, Paulo... e Josué. Sua avó, seu tio, seu vizinho, seu professor. Eles viram a grande graça de Deus e estão torcendo por você.

Coloque seu ouvido contra a cortina da eternidade e ouça. Você os ouve? Estão gritando seu nome. Estão torcendo para que você continue.

Você pode ter errado o gol, mas continua fazendo parte do time de Deus.

Dias de glória

5 de novembro

Uma oração... para ser humilde

O Deus que fez o mundo e tudo o que nele há é o Senhor dos céus e da terra, e não habita em santuários feitos por mãos humanas.

Atos 17:24

Meu Pai, desejo que a atitude de João Batista seja a minha atitude: que Jesus possa crescer na medida em que eu diminuo. Dá-me um retrato cada vez maior de ti para que eu possa me ver com clareza cada vez maior e, assim, ter mais motivo para desfrutar de cada dia na tua maravilhosa graça. Afasta o orgulho tolo de mim, e me dá a sabedoria de humilhar-me de forma saudável para trazer força e alegria a todos que me cercam. Lembra-me constantemente de que é seguras a minha vida, o meu sopro e o meu futuro eterno em tuas mãos amorosas, que cada coisa boa que eu tenho vem de ti. Nunca me deixes esquecer de que sem ti nada posso fazer, mas em Cristo posso fazer todas as coisas. Tu és a diferença. Em nome de Jesus eu oro, amém.

Faça a vida valer a pena

6 de novembro

Ainda vale a pena remodelar

Pois tu, ó Deus, nos submeteste à prova e nos refinaste como a prata.
Fizeste-nos cair numa armadilha e sobre nossas costas puseste fardos.
Deixaste que os inimigos cavalgassem sobre a nossa cabeça; passamos
pelo fogo e pela água, mas a um lugar de fartura nos trouxeste.

Salmos 66:10–12

Na bigorna de Deus. Talvez você já tenha estado lá.

Derretido. Sem forma. Incompleto. Colocado na bigorna para... ser remodelado? (Algumas arestas demais.) Disciplina? (Um bom pai disciplina o filho). Teste? (Mas por que é tão difícil?)

Eu sei. Já estive nele. É difícil. É uma queda espiritual, uma fome.

Pode ser causada por uma morte, um rompimento, uma falência, pela falta de oração. O interruptor de luz é desligado e o quarto escurece.

Bam, bam, bam.

Espero que você não esteja na bigorna. (A menos que precise estar, e, se for esse o caso, espero que esteja.) O tempo da bigorna não deve ser evitado; é para ser vivido. O tempo da bigorna lembra-nos de quem somos e de quem é Deus. Não devemos tentar escapar. Escapar dela pode ser escapar de Deus.

Deus vê nossa vida do começo ao fim. Ele pode levar-nos através de uma tempestade aos trinta anos para que possamos suportar um furacão aos sessenta. Um instrumento é útil apenas que está no formato certo. Um machado maçante ou uma chave de fenda dobrada precisa de atenção, e nós também. Um bom ferreiro mantém suas ferramentas em forma. Deus faz o mesmo.

Se Deus colocá-lo em sua bigorna, seja grato. Isso significa que ele pensa que ainda vale a pena remodelar você.

Moldado por Deus

7 de novembro

Derrotando o divisor

Então Jesus foi levado pelo Espírito ao deserto, para ser tentado pelo Diabo.

Mateus 4:1

Jesus tinha acabado de sair do rio Jordão. Em seu batismo, Deus o afirmara com uma pomba e uma voz: "Tu és o meu Filho amado; em ti me agrado" (Lucas 3:22). Ele saiu das águas impulsionado pela bênção de Deus. No entanto, começou seu ministério público, não pela cura dos doentes ou pregando um sermão, mas expondo a estratégia de Satanás. Um lugar perfeito para começar.

Como explicar nossa maldade? Nossos corações teimosos e mãos dolorosas e atos coniventes? Como explicar Auschwitz, tráfico de seres humanos, abuso?

Se eu fosse o diabo, culparia um sistema político falido pelo mal. Uma economia paralisada. A Bruxa Malvada do Oeste. Eu iria querer que você se sentisse atacado por uma força indefinível, nebulosa. Afinal, se você não pode diagnosticar a origem de seus males, como pode tratá-los? Se eu fosse o diabo, manteria meu nome de fora.

Mas Deus nos diz o nome do diabo. A palavra grega para diabo é *diabolos*, que significa "dividir". O diabo é um separador, um divisor, aquele que empunha uma cunha. Ele separou Adão e Eva de Deus no jardim e tem todas as intenções de fazer o mesmo com você. Culpe-o por toda a agitação. Economias em recessão e ditadores em fúria são simplesmente ferramentas no kit de Satanás.

Mas aquele que derrotou o diabo se oferece para levá-lo e derrotá-lo para você.

God's Story, Your Story [A história de Deus, a sua história]

8 de novembro

Caos

Lancem sobre ele toda a sua ansiedade, porque ele tem cuidado de vocês.

1Pedro 5:7

Imagine a cena: é hora do café da manhã, e a família está um caos. As filhas estão reclamando do irmão que gastou muito tempo no banheiro. Ou seja, o cabelo delas não está penteado e elas não estão usando maquiagem. A mãe está dando o seu melhor para resolver o conflito, mas ela acordou com dor de cabeça e com uma lista longa de coisas para fazer. O relógio está fazendo tique-taque como uma bomba-relógio e, cada vez mais perto daquele momento quando, *boom!* É hora de ir. O pai para na entrada da cozinha e examina o pandemônio. Ele avalia suas opções:

• Ordena a todos que se recomponham e se comportem.

• Repreende o filho por tomar conta do banheiro, as filhas pelo mau planejamento e a esposa por não conseguir controlar as coisas.

• Vai embora de mansinho antes que alguém perceba.

Ou ele podia correr para a oração de bolso. *Pai, tu és bom. Preciso de ajuda. Reduza o frenesi em minha casa, por favor.* A oração mudará tudo? Talvez. Ou você pode fazer mais uma oração, ou duas, ou dez. Pelo menos, o problema estará nas mãos daquele que pode resolvê-lo.

Antes de dizer amém

9 de novembro

O chiqueiro

Estando ainda longe, seu pai o viu e, cheio de compaixão,
correu para seu filho, e o abraçou e beijou.

Lucas 15:20

Como o filho pródigo, não fazemos nosso melhor para tornar esta bagunça um lar? Arrumamos e ajeitamos nossos pequenos chiqueiros. Renovamos e decoramos. Damos uma recauchutada. Reformulamos. Jogamos um tapete novo sobre a lama. Uma poltrona reclinável ao lado da sarjeta. Sal na poça e cal nos pilares. Fitas para ela e tatuagens para ele. E, com o tempo, o lugar não fica de todo ruim.

Nós de fato nos sentimos em casa.

Mas então as moscas saem. As pessoas morrem, terremotos ressoam, e nações se enraivecem. Famílias entram em colapso, e crianças morrem de fome. Ditadores bufam e tratam as pessoas como, bem, como porcos. E este mundo fede... como um chiqueiro.

E temos uma escolha. Podemos fingir que esta vida é tudo o que Deus pretendia. Ou...

Podemos cair na real. Podemos seguir o exemplo do filho pródigo. "Eu me porei a caminho e voltarei para meu pai" (Lucas 15:18).

Podemos optar por ir a nosso Pai.

God's Story, Your Story [A história de Deus, a sua história]

10 de novembro

O que Deus faz

Vocês planejaram o mal contra mim, mas Deus o tornou em bem, para que hoje fosse preservada a vida de muitos.

Gênesis 50:20

Observe José na prisão no Egito — seus irmãos o venderam; a esposa de Potifar o entregou. Se o seu mundo está desabando, o mesmo aconteceu com José.

Ou considere Moisés, cuidando dos rebanhos no deserto. Era isso que ele pretendia fazer com sua vida? Dificilmente. Seu coração batia com o sangue judeu; sua paixão era liderar os escravos. Por que então Deus o deixou conduzindo ovelhas?

E Daniel. O que dizer de Daniel? Ele estava entre os mais brilhantes e melhores jovens de Israel, o que equivalia a ser um cadete de uma famosa academia militar ou estudante de uma faculdade de altíssimo nível. Mas ele e toda a sua geração foram levados de Jerusalém. A cidade estava destruída. O templo estava em ruínas.

José estava na prisão. Moisés estava no deserto. Daniel estava preso. Esses eram momentos tenebrosos. Quem poderia ver algo de bom neles? Quem poderia imaginar que a prisão de José era apenas um estímulo para transformá-lo no primeiro-ministro? Quem teria imaginado que Deus estava dando a Moisés um treinamento de quarenta anos no deserto por meio do qual ele lideraria o povo? E quem poderia ter imaginado que Daniel, o prisioneiro, logo seria o conselheiro do rei?

Deus faz coisas assim. Ele fez com José, com Moisés, com Daniel, e, principalmente, ele fez com Jesus.

Ele também vai fazer com você.

Dias melhores virão

11 de novembro

Uma oração de bolso

Ele lhes disse: "Quando vocês orarem, digam: "Pai! Santificado seja o teu nome. Venha o teu Reino. Dá-nos cada dia o nosso pão cotidiano. Perdoa-nos os nossos pecados, pois também perdoamos a todos os que nos devem. E não nos deixes cair em tentação."

Lucas 11:2-4

Quando os discípulos pediram a Jesus para ensiná-los a orar, deu-lhes uma oração. Não uma palestra. Não uma doutrina. Deu-lhes uma oração concisa, pequena, repetível (Lucas 11:1-4).

Você consegue fazer essa oração? Parece-me que as orações da Bíblia podem ser condensadas em apenas uma. O resultado é uma oração de bolso, simples e fácil de lembrar:

Pai,

Tu és bom.

Preciso de ajuda. Cura-me e perdoa-me.

Eles precisam de ajuda.

Obrigado.

Em nome de Jesus, amém.

Deixe que essa oração pontue seu dia. Quando iniciar sua manhã, *Pai, Tu és bom.* Quando for para o trabalho ou caminhar pelos corredores da escola, *Preciso de ajuda.* Enquanto espera na fila do mercado, *Eles precisam de ajuda.* Tenha essa oração dentro do bolso no decorrer do dia.

Antes de dizer amém

12 de novembro

Uma oração...
para agradecer por Jesus

Em seguida tomou o cálice, deu graças, ofereceu-o aos discípulos, e todos beberam.
E lhes disse: "Isto é o meu sangue da aliança, que é derramado em favor de muitos."

Marcos 14:23-24

Pai, tu és bom. Tu nos enviaste teu Filho e és misericordioso para conosco dia após dia, momento após momento, custe o que custar.

Lembra-me hoje do seu sacrifício, mantém-no perto do meu coração. Torna-me não apenas grato, mas um instrumento da tua graça. Não permitas que a tua graça se esgote em mim, mas mostra-a aos outros por meu intermédio.

Estejas com meus amigos e com as pessoas da minha família que não creem em ti e que têm o coração duro. Leva-os a conhecer a promessa das tuas boas-novas.

Obrigado pela profundidade do teu amor. Tu destinaste o teu Filho a uma morte de pecador para que eu pudesse ser redimido. Obrigado por quereres um relacionamento comigo por meio de Jesus Cristo.

Em nome dele, amém.

Diário de oração – Antes de dizer amém

13 de novembro

Lembre-se de quem segura você

Pois dele, por ele e para ele são todas as coisas.
A ele seja a glória para sempre! Amém.

Romanos 11:36

Que coisa assustadora, tal soberba. Era melhor matar a verdade a pensar nela.

E não é que ela se apossa de nós sorrateiramente? Começamos a jornada espiritual como pessoas insignificantes. O ato de conversão é humilhante. Confessamos nossos pecados, imploramos misericórdia, dobramos os joelhos. Crianças tímidas que estendem as mãos imundas ao nosso Deus sem pecado.

Achegamo-nos a Deus humildemente. Sem arrogância, sem vanglória, sem afirmar "consegui sozinho". E mergulha-nos em misericórdia. Costura a nossa alma esfarrapada. Deposita seu Espírito e implanta dons divinos. O nosso grande Deus abençoa a nossa pequena fé.

Entendemos os papéis. Ele é a Via Láctea. Nós somos como pulgas na areia. Precisamos de um Deus grande porque fizemos uma grande bagunça da nossa vida.

Aos poucos o nosso grande Deus nos muda. E, em sinal de agradecimento, cobiçamos menos e amamos mais, censuramos menos e olhamos mais para o céu. As pessoas notam a diferença. Aplaudem-nos. Promovem-nos. Admiram-nos. Não nos sentimos mais tão pequenos. As pessoas falam de nós como se fôssemos alguma coisa especial.

Muito bem. A fama se transforma em degraus de escada, e começamos a nos elevar. Esquecemo-nos de quem nos trouxe até aqui.

Mas é preciso lembrar. "Pensem no que vocês eram quando foram chamados" (1Coríntios 1:26). Lembre-se de quem segurou você no começo. Lembre-se de quem segura você hoje.

Faça a vida valer a pena

14 de novembro

Uma cura pelas picadas de cobra e pela ingratidão

Portanto, já que estamos recebendo um Reino inabalável, sejamos agradecidos e, assim, adoremos a Deus de modo aceitável, com reverência e temor.

Hebreus 12:28

Nada silencia um resmungo como a gratidão.

Eu li sobre israelitas rabugentos: "[...] e falou contra Deus e contra Moisés, dizendo: 'Por que vocês nos tiraram do Egito para morrermos no deserto? Não há pão! Não há água! E nós detestamos esta comida miserável!'" (Números 21:5).

Eles haviam esquecido a libertação de Deus? O mar Vermelho transformou-se em um tapete vermelho. O maná caía como dinheiro prateado. Eles dançaram a canção do jubileu e carregaram Moisés nos ombros. No começo, eles eram gratos.

Mas com o passar do tempo, a ingratidão tomou conta. Então resmungaram. Ficaram azedos e ranzinzas.

Deus respondeu com uma lição objetiva para as gerações. Ele soltou serpentes no acampamento. Animais com caninos tóxicos por toda a parte. As sombras do Éden. O simbolismo é inevitável. A ingratidão é uma infusão do diabo. Ela vai matá-lo.

Muitos foram picados e morreram. O povo clamou: "Pecamos quando falamos contra o Senhor e contra você. Ore pedindo ao Senhor que tire as serpentes do meio de nós" (v. 7). Então Moisés orou pelo povo.

O Senhor disse a Moisés: "Faça uma serpente e coloque-a no alto de um poste; quem for mordido e olhar para ela viverá." (Números 21:6-9).

A cura para a ingratidão? Olhe para cima! Eleve os seus olhos! Olhe o que Deus fez!

Antes de dizer amém

15 de novembro

Um bom piloto

Pois tu, SENHOR, és bom.

Salmos 25:7

Quando embarquei em um avião semana passada, o piloto chamou meu nome. Ele estava em pé na entrada da cabine, cumprimentando os passageiros. "Oi, Max, tudo bem?" Olhei para cima. Era meu amigo Joe. Meu *velho* amigo. Ele é o Matusalém das linhas aéreas. Ele viaja desde sempre. Já enfrentou todos os tipos de crises de voo, desde tempestades a tanques de combustível vazios. Ele é um bom piloto.

E ele é um amigo, um *bom* amigo — bom nas habilidades e bom de coração.

Conversamos por alguns minutos, e fui para meu assento com uma sensação de segurança. *Que mais posso pedir?* Pensei. *O piloto é experiente e consagrado. Além disso, ele é meu amigo testado e aprovado. Estou em boas mãos.*

O conhecimento foi uma mão na roda. Depois de uma hora de voo, enfrentamos muitos ventos. As pessoas prenderam a respiração, e os dentes batiam. Já andei em montanhas-russas mais tranquilas. Diferentemente dos outros passageiros, entretanto, eu estava calmo. Conhecia o piloto. Conhecia seu íntimo e confiava em sua competência. *Joe pode lidar com isso*, disse a mim mesmo. A tempestade era péssima, mas o piloto era muito bom. Tão bom que qualquer um pode relaxar em uma tempestade, então relaxei.

Meu amigo, existe um mundo tempestuoso lá fora. A pergunta nesses momentos turbulentos é esta: Temos um bom piloto?

A resposta que ressoa da Bíblia é sim!

Antes de dizer amém

16 de novembro

O truque mais mortal de Satanás

Assim, porque você é morno, não é frio nem quente,
estou a ponto de vomitá-lo da minha boca.

Apocalipse 3:16

Ela é uma cobra mortal. Serpente de Satanás. Esteja em guarda.

Ele ataca com abandono. O velho, o rico, o pobre, o jovem — todos são sua presa.

Quem é essa cobra? A ganância? A luxúria? O egoísmo? Não, estou desmascarando a mais vil das víboras do inferno: a complacência.

Nós somos complacentes com a esperança. Muitas pessoas se contentam com um estilo de vida obsoleto, convencional, que atinge seu pico aos dezessete anos. Esperança? Esperar pelo quê? A vida é um salário e um fim de semana. Nada mais.

Nós somos complacentes com a morte. Rostos mascarados em um funeral sofrem na procissão; choram no enterro; e, em seguida, algumas horas mais tarde, riem de um programa de humor na televisão.

Nós somos complacentes com Deus. Frequentadores da igreja embalam os bancos e cantam para a parte de trás da cabeça de alguém. O companheirismo se perde na formalidade. Uma, duas, três vezes por semana as pessoas cumprem com seus afazeres, aturam o ritual e saem.

Nós somos complacentes com o propósito. Nunca perguntamos: "Por que estou aqui?" Ou, pior ainda, nunca perguntamos o porquê e nos contentamos em ficar sem resposta.

Às vezes quero me colocar em uma esquina e gritar: "Será que ninguém quer saber por quê? O porquê das noites solitárias? O porquê dos corações partidos? O porquê dos bebês sem pai?" Mas eu nunca o faço. Apenas enfio as mãos nos bolsos e observo... e me pergunto.

O truque mais mortal de Satanás não é para nos privar de respostas. É nos privar das perguntas.

Moldado por Deus

17 de novembro

Um fato consumado

O SENHOR, o seu Deus, que está indo à frente de vocês, lutará por vocês.

Deuteronômio 1:30

Chegou a hora de declarar guerra à pestilência que atende pelo nome "Não consigo".

Ela ataca nosso autocontrole: "Não consigo resistir à garrafa"; nossas carreiras: "Não consigo manter o emprego"; nossos casamentos: "Não consigo perdoar"; nossa fé: "Não consigo acreditar que Deus se importa comigo."

"Não consigo." A expressão perambula pelas esquinas do desencorajamento e do desespero. Se Josué tivesse murmurado essas palavras, quem poderia tê-lo por culpado? Josué tinha motivos para dizer: "Não consigo."

Desculpa nº 1: "Moisés está morto." Desculpa nº 2: "Meu povo é inexperiente no campo de batalha." Desculpa nº 3: "Os cananeus comem gente como nós no café da manhã."

Mas Josué nunca declarou sua derrota. Antes de permitir que surgisse qualquer medo, Deus lhe deu motivos de fé. "Preparem-se para atravessar o rio Jordão e entrar na terra que eu estou para dar aos israelitas" (Josué 1:2).

Não "a terra que eu talvez lhes dê."

Não "a terra que vocês precisam conquistar."

Não "a terra da qual vocês precisam se mostrar dignos."

Não "a terra que vocês precisam merecer, confiscar ou comprar."

Mas "a terra que estou para lhes dar."

A transação já ocorrera. A terra já havia sido transferida. A conquista era um *fait accompli* (do francês, fato consumado). Josué não foi enviado para conquistar a terra, mas para receber a terra que Deus já havia conquistado. A vitória era certa porque a vitória era de Deus.

Hmmm.

Dias de glória

18 de novembro

A bondade de Deus

*Mas quando, da parte de Deus, nosso Salvador, se manifestaram
a bondade e o amor pelos homens, não por causa de atos de justiça
por nós praticados, mas devido à sua misericórdia, ele nos salvou
pelo lavar regenerador e renovador do Espírito Santo.*

Tito 3:4-5

"Como poderia eu cometer algo tão perverso e pecar contra Deus?" (Gênesis 39:9).

A bondade de Deus provocava a santidade de José. A tentação que a esposa de Potifar ofereceu tão livremente devia ser forte. José era, afinal, um jovem, sozinho em uma terra distante. Mas José tinha visto a bondade de Deus, a graça e misericórdia que o resgataram do fundo de um poço. E José simplesmente não poderia pecar contra a bondade de Deus.

A graça de Deus faz o mesmo em nós. "A graça de Deus se manifestou salvadora a todos os homens." Ela nos ensina a renunciar à impiedade e às paixões mundanas e a viver de maneira sensata, justa e piedosa nesta era presente" (Tito 2:11,12). Que graça robusta, que tanto convence quanto conforta! Deixe-a convencer você. Se você se pegar pensando em convencer "posso fazer o que quiser porque Deus me perdoará", então a graça não estará acontecendo para você. Egoísmo, talvez arrogância, certamente. Mas graça? Não. A graça cria uma resolução de fazer o bem, não uma permissão para fazer o mal.

E deixe a graça confortá-lo. Confie em Cristo do início ao fim. Ele é o Alfa e o Ômega. Ele o defenderá. E defenderá todos a quem você ama. Você tem um "filho pródigo"? Você anseia para que sua esposa volte para Deus? Você tem um amigo cuja fé esfriou? Deus os quer de volta mais do que você. Continue orando, e não desista.

Graça

19 de novembro

Uma oração...
para transformar minha vida

*Havia pastores que estavam nos campos próximos e durante a noite tomavam
conta dos seus rebanhos. E aconteceu que um anjo do Senhor apareceu-lhes e
a glória do Senhor resplandeceu ao redor deles; e ficaram aterrorizados.*

Lucas 2:8-9

Ó Senhor, me alegro por tu seres o Deus incomum que vem para pessoas comuns
como eu. Como os pastores, eu simplesmente te recebo para tornar minha vida
extraordinária por tua graça e amor. Vem e dança comigo. Em nome de Jesus,
amém.

Moldado por Deus

20 de novembro

Gente simples como nós

E Deus é poderoso para fazer que lhes seja acrescentada toda a graça, para que em todas as coisas, em todo o tempo, tendo tudo o que é necessário, vocês transbordem em toda boa obra.

2Coríntios 9:8

Ele ainda usa gente simples como nós para mudar o mundo? Sofremos com tal mediocridade. O vizinho da direita cochila de boca aberta. A senhora grisalha perto dele usa fones de ouvido e chacoalha a cabeça de um lado para outro. (Acho que ouve Frank Sinatra.) Eles não têm auréolas nem asas. E, excetuando--se o reflexo da calvície do homem, não emitem luz.

A maioria não. Somos joões-ninguém. Gente comum. Sentamos na arquibancada, jantamos, trocamos fraldas e vestimos a camisa do nosso time favorito. Os fãs não acenam quando passamos. Os serviçais não correm quando chegamos em casa. Choferes não dirigem nossos carros; mordomos não abrem portas nem preparam nosso banho. O porteiro não nos recebe e os seguranças não nos protegem. Somos, como os discípulos de Jerusalém, gente comum.

Deus usa o João-Ninguém?

Veja alguns dos João-Ninguém e Maria-Ninguém que Deus tem usado. Um pescador normal que se tornou a pedra de sua igreja. Um menino pastor que Deus escolheu para ser rei. E aquela mulher sobre quem fofocavam no poço. Ela trouxe todo o vilarejo para Jesus. Sim, Deus ainda usa as pessoas simples — assim como você e eu.

Faça a vida valer a pena

21 de novembro

Prepare-se

*Teus, ó SENHOR, são a grandeza, o poder, a glória, a majestade
e o esplendor, pois tudo o que há nos céus e na terra é teu.
Teu, ó SENHOR, é o reino; tu estás acima de tudo.*

1Crônicas 29:11

Imagine o que aconteceria se uma geração de cristãos vivesse sua herança. Homens e mulheres largariam a pornografia online. Os solitários encontrariam conforto em Deus, não nos braços de estranhos. Casais em crise passariam mais tempo em oração, e menos tempo com raiva. Filhos considerariam uma bênção poder cuidar de seus pais idosos.

Uma geração de cristãos deixaria o deserto abandonado.

"Incomparável [é a] grandeza do seu poder para conosco, os que cremos, conforme a atuação da sua poderosa força. Esse poder ele exerceu em Cristo, ressuscitando-o dos mortos"(Efésios 1:19-20).

Essa mesma força robusta, que ressuscitou Cristo dentre os mortos, transformará cada "Não consigo" em um "Consigo". "Tudo posso naquele que me fortalece" (Filipenses 4:13).

Um novo dia o espera, amigo. Uma nova estação de conquistas, descobertas e força. Deixe cada "Não consigo" para trás. Vislumbre seu "Deus consegue" à sua frente. Prepare-se para atravessar o Jordão.

Dias de glória

22 de novembro

Demorando-se na presença

*Enquanto Pedro e João falavam ao povo, chegaram os sacerdotes,
o capitão da guarda do templo e os saduceus. Eles estavam
muito perturbados porque os apóstolos estavam ensinando o
povo e proclamando em Jesus a ressurreição dos mortos.*

Atos 4:1-2

A perseguição acontece. Pedro e João que o digam. Eles curaram o aleijado em um minuto e enfrentaram o aborrecimento no minuto seguinte.

Um soldado poderoso se aproxima em meio à multidão. Os sacerdotes o seguem.

Pedro, cheio do Espírito Santo, disse-lhes: "Saibam os senhores e todo o povo de Israel que por meio do nome de Jesus Cristo, o Nazareno, a quem os senhores crucificaram, mas a quem Deus ressuscitou dos mortos, este homem está aí curado diante dos senhores" (Atos 4:8-10).

Não há rendição nessas palavras.

Pedro e João nem se mexeram. O que deu neles?

Lucas nos dá a resposta no versículo 13: Pedro e João tinham ficado por um tempo longo e prazeroso na presença do Rei ressuscitado. Tinham acordado com ele, passeado com ele. E, por isso, o silêncio tinha deixado de ser uma opção. "Não podemos deixar de falar do que vimos e ouvimos" (Atos 4:20).

Faça a vida valer a pena

23 de novembro

O grande Curandeiro

Vocês foram comprados por alto preço. Portanto,
glorifiquem a Deus com o seu próprio corpo.

1Coríntios 6:20

Jesus tratou a doença da mesma forma que tratou o pecado. Ele levou embora. Levou sobre si na cruz. Quando Mateus viu o grande número de curas na Galileia, lembrou-se da profecia de Isaías: "E assim se cumpriu o que fora dito pelo profeta Isaías: 'Ele tomou sobre si as nossas enfermidades e sobre si levou as nossas doenças'" (Mateus 8:17).

Jesus morreu pelos nossos pecados? Sim. Ele morreu pelas nossas doenças? Sim! É contraditório dizer que Jesus salvou nossa alma, mas não nosso corpo. Quando Jesus levou nosso pecado sobre a cruz, ele também levou nossos cânceres, nossas deformações e nossa depressão.

Fale com ele sobre seu estômago, sua pele, suas verrugas. Afinal de contas, ele é o seu dono. Seus corpos "[...] foram comprados por alto preço [...]".

Jesus é o grande Curandeiro.

Antes de dizer amém

24 de novembro

Comandante dos anjos

Jesus Cristo é o mesmo, ontem, hoje e para sempre.

Hebreus 13:8

É difícil imaginar Jesus em atividade antes de seu nascimento na Terra? Se sua resposta for positiva, deixe-me desafiar a sua imaginação. Lembre-se: Ele era "conhecido antes da criação do mundo" (1Pedro 1:20). As restrições de tempo e espaço normais não se aplicam a ele. Nós estaríamos errados se limitássemos seu ministério físico aos 33 anos na Palestina. Muito antes de se sentar à mesa com Zaqueu, ele compartilhou um momento com Josué perto de Jericó.

E que momento foi este! "Eu sou o comandante do exército do Senhor", Jesus declarou. O olho humano via dois exércitos: os cananeus e os israelitas. Na verdade, havia ali um terceiro. O exército do Senhor, os anjos de Deus. Esqueça a imagem do anjo com asas douradas e bochechas rosadas. Os anjos de Deus foram fortes o bastante para fechar as bocas dos leões para proteger Daniel. Segundo o livro de Apocalipse, bastará um anjo para amarrar Satanás e lançá-lo na cova sem fundo.

Imagine o que milhares de anjos conseguem fazer! Existem tantos assim. Quando João vislumbrou os céus, ele também viu incontáveis anjos: "Olhei e ouvi a voz de muitos anjos, milhares de milhares e milhões de milhões" (Apocalipse 5:11).

Anjos são "espíritos ministradores enviados para servir aqueles que hão de herdar a salvação" (Hebreus 1:14). Todos os filhos de Deus podem contar com a presença dos anjos de Deus. Eles são poderosos. São muitos. E Jesus é o Comandante de todos eles.

Dias de glória

25 de novembro

Bem-vindo, estranho

*Não se esqueçam da hospitalidade; foi praticando-a
que, sem o saber, alguns acolheram anjos.*

Hebreus 13:2

Nem todos podem servir em uma terra estrangeira, conduzir uma organização de ajuda humanitária ou voluntariar-se para oferecer sopa aos moradores de rua. Mas quem não pode ser hospitaleiro? Você tem uma porta da frente? Uma mesa? Cadeiras? Pão e carne para fazer sanduíches? Parabéns! Você acaba de se qualificar para servir no mais antigo dos ministérios: a hospitalidade. Você pode se juntar à categoria de pessoas como...

Abraão. Ele alimentou não apenas os anjos, mas o Senhor dos anjos (Gênesis 18).

Raabe, a prostituta. Ela recebeu e protegeu os espias (Josué 6:22-23).

Marta e Maria. Elas abriram sua casa para Jesus (João 11:1-45).

Zaqueu. Ele recebeu Jesus em sua mesa (Lucas 19:1-10).

E o que dizer do maior exemplo de todos, o "certo homem" de Mateus 26:18? Um dia antes de sua morte, Jesus disse aos discípulos: "Vão até a cidade, procurem certo homem e digam: 'O Mestre manda dizer: A minha hora chegou. Os meus discípulos e eu vamos comemorar a Páscoa na sua casa'" (NTLH).

Você gostaria de ser um dos que abriram sua casa para Jesus? Você pode ser. "O que vocês fizeram a algum dos meus menores irmãos, a mim o fizeram" (Mateus 25:40). Ao acolher pessoas estranhas à sua mesa, você está acolhendo o próprio Deus.

Faça a vida valer a pena

26 de novembro

Uma oração... porque Jesus é o Senhor!

Para que ao nome de Jesus se dobre todo joelho, nos céus, na terra e debaixo da terra, e toda língua confesse que Jesus Cristo é o Senhor, para a glória de Deus Pai.

Filipenses 2:10-11

Querido Senhor, está chegando o dia em que ao nome de Jesus todo joelho se dobrará e toda língua confessará que tu és o Senhor. Eu me ajoelho hoje e faço minha confissão de que tu és meu Senhor. Ajuda-me a honrar teu grande nome acima de tudo. Em nome de Jesus, amém.

Moldado por Deus

27 de novembro

De onde você veio

"Pois o Filho do homem veio buscar e salvar o que estava perdido."

Lucas 19:10

Precisamos saber de onde viemos. O conhecimento nos conecta, nos liga, nos une a algo maior do que nós. O conhecimento nos lembra que não estamos flutuando em lagoas isoladas, mas em um grande rio.

É por isso que Deus quer que você conheça a história dele. Retratos pendurados nas paredes de sua casa. Conversas animadas à sua espera à mesa. Um álbum de recortes em sua sala de estar, cheio de histórias. Histórias sobre os primórdios de Belém e milagres na manjedoura. Inimigos no deserto, e pescadores amigos na Galileia. Os tropeços de Pedro, a teimosia de Paulo. Todos fazem parte da história.

Mas todos são subtramas para a mensagem central: "Porque Deus tanto amou o mundo que deu o seu Filho Unigênito, para que todo o que nele crer não pereça, mas tenha a vida eterna" (João 3:16). Este é o título da história: Deus salva seu povo! Ele lança sua rede sobre cidades e indivíduos, príncipes e indigentes, o Pôncio Pilatos do poder e aos Pedros, Tiagos e Joãos das vilas de pescadores. Deus assume toda a nossa bagunça e nos limpa.

Essa busca é a história de Deus. E você faz parte dela!

God's Story, Your Story [A história de Deus, a sua história]

28 de novembro

Sua força

O Senhor é a minha rocha, a minha fortaleza e o meu libertador;
o meu Deus é o meu rochedo, em quem me refugio. Ele é o meu
escudo e o poder que me salva, a minha torre alta.

Salmos 18:2

Busque consolo em Jesus. Desvie seu olhar de Jericó. Chega de olhar para o seu problema. Você não precisa gravar em sua memória a circunferência de seus muros nem fazer um inventário de suas pedras. A cura acontece quando olhamos para o nosso Comandante. Olhe para cima e dobre seus joelhos. "Josué prostrou-se com o rosto em terra, em sinal de respeito" (Josué 5:14).

Josué era um general de cinco estrelas. Quarenta mil soldados o saudavam quando ele passava. Sua tenda era sua Casa Branca. Dois milhões de pessoas confiavam em sua liderança. No entanto, na presença de Deus, ele se prostrou em seu rosto, tirou suas sandálias e adorou.

Nunca somos tão fortes ou poderosos ao ponto de não precisarmos adorar. O poder de pessoas que não adoram nunca é maior do que elas mesmas. O coração que não adora encara os muros de Jericó sozinho.

Não vá até sua Jericó antes de procurar primeiro o seu Comandante. Deixe que ele o lembre da presença eterna de seus anjos. Deixe que ele lhe garanta seu poder onipresente. Ele lhe deu esta promessa: "Nunca o deixarei, nunca o abandonarei" (Hebreus 13:5).

Jericó pode ser forte. Mas Jesus é mais forte. Deixe que ele seja sua força.

Dias de glória

29 de novembro

Tudo começou com uma oração

Depois de orarem, tremeu o lugar em que estavam reunidos; todos ficaram cheios do Espírito Santo e anunciavam corajosamente a palavra de Deus.

Atos 4:31

Ernstena é mulher de pastor. Clara é uma mulher de negócios. Jo Anne tinha acabado de iniciar uma pequena organização de ajuda humanitária. Elas viajaram ao Camboja para incentivar Jim-Lo, um amigo missionário. Ele as levou a uma parte da cidade onde o tráfico sexual corre solto. Umas 15 mil garotas aproximadamente estavam à venda. Até aquele momento, mais de cem mil jovens do Camboja tinham sido vendidas como escravas sexuais. Jo Anne, Clara, Ernstena e Jim-Lo olharam no rosto de adolescentes, e até mesmo pré-adolescentes, e puderam ver uma história devastadora em todos. Os cristãos não tinham ideia do que fazer a não ser orar.

Senhor, o que queres que façamos? Isso é devastador demais. Eles choraram.

Deus ouviu suas orações e lhes deu instrumentos. Ao retornar aos Estados Unidos, Jo Anne escreveu um artigo sobre a experiência, o qual levou um leitor a doar uma grande quantia em dinheiro. Com esse presente, as mulheres constituíram um ministério antitráfico junto a uma ONG internacional, a World Hope International. Em apenas três anos, quatrocentas crianças foram resgatadas.

Quando patrocinou um evento chamado "Saudação aos abolicionistas do século XXI", o Departamento de Estado americano homenageou aquela ONG. Até pediram para uma das mulheres oferecer uma oração. A oração que começou em uma rua do Camboja continuou na presença de alguns dos mais influentes funcionários públicos do mundo.[31]

E tudo começou com uma oração.

O que Deus — por meio de você — começa com uma oração?

Faça a vida valer a pena

30 de novembro

A água pura da graça

Muitos dos que creram vinham, e confessavam e declaravam abertamente suas más obras... Dessa maneira a palavra do Senhor muito se difundia e se fortalecia.

Atos 19:18-20

As pessoas são atraídas pela honestidade.

Encontre uma congregação que acredite na confissão. Evite uma comunidade de pessoas perfeitas (você não vai se encaixar), mas busque uma em que os membros confessam seus pecados e mostram humildade, em que o preço da admissão seja simplesmente uma admissão de culpa. A cura acontece em uma igreja assim. Os discípulos de Cristo receberam autoridade para ouvir confissões e proclamar a graça. "Se perdoarem os pecados de alguém, estarão perdoados; se não os perdoarem, não estarão perdoados" (João 20:23).

Os que confessam encontram uma liberdade que os negadores não encontram.

"Se afirmarmos que estamos sem pecado, enganamos a nós mesmos, e a verdade não está em nós. Se confessarmos os nossos pecados, ele é fiel e justo para perdoar os nossos pecados e nos purificar de toda a injustiça" (1João 1:8,9).

Oh, a doce certeza destas palavras. "Ele nos purificará." Não um *talvez*, *poderia*, *iria* ou *sabe-se lá*. Ele nos purificará. Diga a Deus o que você fez. Repito, não que ele já não saiba, mas vocês dois precisam concordar. Passe o tempo que for necessário. Compartilhe o máximo de detalhes que conseguir. Depois, deixe que a água pura da graça flua sobre seus erros.

Graça

Dezembro

1º de dezembro

Já é o vencedor

Eu lhes disse essas coisas para que em mim vocês tenham paz. Neste mundo vocês terão aflições; contudo, tenham ânimo! Eu venci o mundo.

João 16:33

Mas o que você precisa saber sobre Josué é o seguinte: não foi ele quem derrubou os muros. Os soldados de Josué nunca pegaram num martelo. Seus homens nunca removeram um tijolo. Nunca arrombaram uma porta ou soltaram uma pedra. O tremor, o abalo, a ruína dos muros grossos e impenetráveis foi obra de Deus.

Deus fará isso por você. Sua Jericó é seu medo. Sua Jericó é sua raiva, sua amargura ou seu preconceito. Sua insegurança em relação ao futuro. Sua culpa em relação ao passado. Sua negatividade, ansiedade e tendência de criticar, analisar demais ou categorizar. Sua Jericó é qualquer atitude ou postura que o afasta da alegria, da paz ou do descanso.

Se você quiser viver na Terra Prometida, precisa enfrentar sua Jericó.

Nem sempre é fácil. Cada nível de herança exige uma desapropriação do diabo. Satanás precisa ser expulso para que o Santo possa entrar. Josué disse ao povo "para entrar e tomar posse da terra que o Senhor, o seu Deus, lhes dá" (Josué 1:11).

Satanás não sairá sem lutar. Ele resistirá. Ele reagirá. Mas ele não vencerá. Por quê? Porque Deus já declarou que você é o vencedor. Satanás, derrotado no Calvário, não tem autoridade sobre você.

Dias de glória

2 de dezembro

O melhor está por vir

*Portanto, já que vocês ressuscitaram com Cristo, procurem as coisas que
são do alto, onde Cristo está assentado à direita de Deus. Mantenham
o pensamento nas coisas do alto, e não nas coisas terrenas.*

Colossenses 3:1-2

Você se sente como se seus melhores anos já passaram? Besteira. Você vai fazer seu melhor trabalho no céu. Arrepende-se de desperdiçar fases da vida em buscas tolas? Eu também. Mas podemos parar nossos lamentos. Temos uma eternidade para compensar o tempo perdido. Você está intrigado com os desafios de seus dias? Então, veja a si mesmo como uma joia bruta e Deus como um lapidário. Ele está polindo-o para que você assuma seu lugar no reino. Seus maiores momentos estão adiante, do outro lado da sepultura.

Assim, "procurem as coisas que são do alto, onde Cristo está assentado à direita de Deus" (Colossenses 3:1). A Escritura usa um verbo cerimonioso aqui. *Zēteite* ("procurar") significa "ambicionar com zelo, perseguir, perguntar por, desejar e até mesmo exigir".

Persiga o céu como um marinheiro persegue a costa ou um piloto busca a pista de pouso ou um míssil busca o calor. Vá para casa da forma como um pombo voa para o ninho ou o filho caminha até o pai. "Mantenha o pensamento" nele (3:2). "Pensai" nele (ARA). "Procurem as coisas que são do alto" (3:1). "Buscai as coisas lá do alto, onde Cristo vive, assentado" (ARA). Torne-se obcecado pelo céu! O melhor está por vir!

God's Story, Your Story [A história de Deus, a sua história]

3 de dezembro

Uma oração... para aquele que intercede

Disse-lhe Jesus: "Não lhe falei que, se você cresse, veria a glória de Deus?"

João 11:40

Jesus Cristo, o Justo, obrigado por seres meu intercessor diante do trono do Pai. Alegro-me sabendo que estou em tuas mãos, protegido por tuas asas. Sejas abençoado e louvado por intercederes por minha vida. Em teu nome. Amém.

No monte Calvário

4 de dezembro

Descanse na redenção

Conforme a sua grande misericórdia, ele nos regenerou para uma esperança viva, por meio da ressurreição de Jesus Cristo dentre os mortos.

1Pedro 1:3

Deixe que a cruz o convença. Descanse na fidelidade de Deus. Em um dos salmos, o escritor descreveu uma pessoa de fé com estas palavras: "Seu coração está firme, confiante no SENHOR" (Salmos 112:7). A vida tem muitas perguntas não respondidas, mas a capacidade de Deus de salvar não precisa ser uma delas. Que essa questão seja resolvida de uma vez por todas.

Olhe para você. Não há lama em suas sandálias, suas roupas não estão molhadas. Não há pecado em seu histórico, nenhuma culpa ligada a seu nome. Que não haja dúvida em seu coração. Se Deus "não poupou seu próprio Filho, mas o entregou por todos nós", ele também não lhe dará tudo de que você precisa para uma vida na Terra Prometida (Romanos 8:32)?

Junte-se ao coro dos confiantes e declare: "Pois estou convencido de que nem morte nem vida, [...] nem qualquer outra coisa na criação será capaz de nos separar do amor de Deus que está em Cristo Jesus, nosso Senhor" (Romanos 8:38-39).

Descanse em sua redenção. O passado pertence ao passado. O futuro promete. A Palavra de Deus é certa. Sua obra está completa.

Uma nova estação o espera.

Dias de glória

5 de dezembro

Bagunças desnecessárias

Pois o SENHOR Altíssimo é temível,
é o grande Rei sobre toda a terra!

Salmos 47:2

Posso dar uma sugestão? Antes de enfrentar o mundo, enfrente seu Pai.

Eis como funciona: é uma segunda-feira de manhã. O despertador faz jus ao nome. *Trim! Trim! Trim!* Você resmunga, rola para o lado e se senta. Antigamente, você teria feito o café e ligado a televisão para ver o jornal.

Mas hoje você busca seu Pai. Você não parece um ser humano: um rosto de travesseiro amassado, cabelo desgrenhado. Seja lá como for. Você não veio para olhar para si mesmo. Você veio para olhar para Deus.

Pai, meu Papai... As palavras surgem devagar no começo. Mas você insiste. *O tempo está ruim, a economia está péssima, mas tu és tremendo.*

Não subestime o poder desse momento. Você acabou de abrir a porta para Deus e deu boas-vindas para a verdade entrar em seu coração. A fé entrou de mansinho enquanto o desespero estava cochilando.

Quem sabe, você pode começar a adorar.

Pai, tu és bom. Não consultas nenhum relógio. Não tens nenhum calendário. Não presta contas para ninguém. Tu és bom!

O seu mundo está diferente porque você orou? De certo modo, não. As guerras ainda prosseguem violentamente, o trânsito ainda engarrafa e os corações partidos ainda vagam pelo planeta. Mas você está diferente. Você tem paz. Você passou tempo com o Pai. E o Pai está à altura da tarefa.

Antes de dizer amém

6 de dezembro

Graça até mesmo na poeira

Disseram a Jesus: "Mestre, esta mulher foi surpreendida em ato de adultério. Na Lei, Moisés nos ordena apedrejar tais mulheres. E o Senhor, que diz?" [...] Jesus inclinou-se e começou a escrever no chão com o dedo.

João 8:4-6

Deixe que a graça mude você. Não dê nenhuma atenção à voz de Satanás. Você tem um "Advogado junto ao Pai, Jesus Cristo, o Justo" (1João 2:1, ARA). Como seu "Advogado, ele o defende e diz: "Não há condenação para os que estão em Cristo Jesus" (Romanos 8:1). Segura essa, Satanás!

Não foi essa a mensagem de Jesus para a mulher?

"'Mulher, onde estão eles? Ninguém a condenou?'

'Ninguém, Senhor', disse ela.

Declarou Jesus: 'Eu também não a condeno. Agora vá e abandone sua vida de pecado.'" (João 8:10-11)

Em minutos o tribunal estava vazio. Jesus, a mulher, os seus acusadores — todos foram embora. Mas ponderemos. Observe as pedras no solo, abandonadas e não utilizadas. E observe o escrito na areia. Foi o único sermão que Jesus escreveu. Apesar de não sabermos as palavras, fico pensando se não foram estas: *A graça acontece aqui.*

Graça

7 de dezembro

Eu era, mas agora...

Mas agora que vocês foram libertados do pecado e se tornaram escravos de Deus, o fruto que colhem leva à santidade, e o seu fim é a vida eterna.

Romanos 6:22

A Grace House é uma casa de transição para mulheres que acabam de sair da prisão. Vivem sob o mesmo teto, comem à mesma mesa e buscam o mesmo Senhor. Elas estudam a Bíblia. Aprendem uma profissão. E acima de tudo, aprendem a confiar em sua nova identidade.

Durante o jantar, uma das residentes apresentou seu testemunho. Ela descreveu uma vida de prostituição, drogas e álcool. Ela perdeu seu marido, seus filhos e, no fim, também a sua liberdade. Mas então Cristo a encontrou. O que me cativou foi o ritmo de sua história: "Eu era..., mas agora..." "Eu era viciada, mas agora estou limpa." "Eu era moradora de rua, mas agora me levantei."

Eu era..., mas agora... Esse é o refrão da graça. E essa é obra de Deus. É a obra ele fez na vida de Raabe. E a obra que ele pode fazer por você.

Talvez o seu passado também apresente manchas.

Talvez os seus colegas não compartilhem de sua fé.

Talvez a sua descendência seja marcada pela violência e os seus ancestrais sejam um bando de rebeldes.

Se este for o caso, então Raabe é seu exemplo.

Nós não amarramos mais cordões vermelhos em nossas janelas, mas confiamos no fio vermelho do sangue de Cristo.

Dias de glória

8 de dezembro

Seremos semelhantes a ele

*Não haverá mais morte, nem tristeza, nem choro,
nem dor, pois a antiga ordem já passou.*

Apocalipse 21:4

Jesus vai curar todos os que buscam a cura nele. Não há exceções nessa promessa — não há nuances, condições em letrinhas pequenas nem ressalvas. Dizer que alguns serão curados além do túmulo de forma alguma diminui a promessa. A verdade é esta: "Quando ele [Cristo] se manifestar, *seremos semelhantes a ele*, pois o veremos como ele é" (1João 3:2, grifos meus).

"Seremos semelhantes a ele." Deixe que cada pai de uma criança com síndrome de Down ou em cadeira de rodas escreva estas palavras na parede do quarto. Deixe que os deficientes, doentes, acamados e anêmicos vão dormir com a promessa: "Seremos semelhantes a ele." Deixe que os amputados e o atrofiados levem esta promessa ao coração "Seremos semelhantes a ele." Ganharemos um diploma nesta versão da vida para nos tornarmos semelhantes a ele.

No céu "já não haverá maldição nenhuma" (Apocalipse 22:3). Por mais que odiemos cânceres e paradas cardíacas, não odiamos o pecado ainda mais? A fibrose cística tira o fôlego, mas o egoísmo e a avareza tiram a alegria. A diabetes pode arruinar o sistema de um corpo, mas o engano, a negação e a desconfiança estão arruinando a sociedade.

O céu, no entanto, agendou uma formatura. O pecado não estará mais em guerra com nossa carne. Os olhos não olharão com luxúria, os pensamentos não vão devanear, as mãos não roubarão, nossas mentes não vão julgar, os apetites não vão se enfurecer, e nossas línguas não vão mentir. Seremos novos em folha.

Seremos semelhantes a ele.

God's Story, Your Story [A história de Deus, a sua história]

9 de dezembro

Aquele que carrega nosso pecado

Cristo foi oferecido em sacrifício uma única vez, para tirar os pecados de muitos.

Hebreus 9:28

Três mil anos atrás, era dada ao povo hebreu uma oportunidade anual de ver a culpa sendo removida. A cada ano, como parte do Dia da Expiação, milhares de judeus reuniam-se em frente ao tabernáculo. O sacerdote escolhia dois bodes. O primeiro bode era sacrificado. O segundo era apresentado pelo sacerdote, que impunha as mãos sobre a cabeça do animal e confessava os pecados do povo.

O povo observava enquanto o homem designado soltava o animal. A dupla diminuía de tamanho até finalmente desaparecer no horizonte. O povo aguardava até o homem reaparecer com as mãos vazias. O foco da lição era claro: Deus não deseja que a culpa esteja no meio do seu povo.

Você pode apostar sua Torá que algum menino de dez anos de idade puxou as vestes de sua mãe e disse:, "Por que, mamãe? Por que eles soltaram o bode? Ele era inocente. Não fez nada de errado." A mãe, aquela que sempre aproveita a oportunidade, iria se abaixar, ficar na altura dos olhos do filho e explicar: "Esse é o objetivo, meu filho. Deus usa o inocente para levar os pecados do culpado."

Ou, como Isaías escreveria centenas de anos mais tarde: "O Senhor fez cair sobre ele a iniquidade de todos nós" (Isaías 53:6).

Isaías não sabia o nome daquele que carregaria o pecado. Mas nós sabemos. Jesus Cristo. "Mas agora ele apareceu uma vez por todas no fim dos tempos, para aniquilar o pecado mediante o sacrifício de si mesmo [...] Cristo foi oferecido em sacrifício uma única vez, para tirar os pecados de muitos" (Hebreus 9:26,28).

Antes de dizer amém

10 de dezembro

Uma oração
para ser grato

Orem continuamente. Deem graças em todas as circunstâncias, pois esta é
a vontade de Deus para vocês em Cristo Jesus. Não apaguem o Espírito.

1Tessalonicenses 5:17-19

Pai Celestial, estou aqui consciente de tudo que deveria agradecer a ti. Tu és muito maior e mais importante do que posso compreender.

Lembra-me de ser grato hoje. Não permitas que eu deixe escapar as pequenas — ou as grandes — bênçãos ao meu redor. Enche meu coração de gratidão.

Aos amigos que relutam em orar, concede-lhes o desejo de conhecer-te melhor. Ensina-os a orar como tens me ensinado.

Obrigado por Jesus. Obrigado por nos amares. Obrigado pelo dom da graça. Em nome de Cristo, amém.

Diário de oração

11 de dezembro

Se você escolher a gratidão

*Deixem-se encher pelo Espírito, falando entre si com salmos,
hinos e cânticos espirituais, cantando e louvando de coração
ao Senhor, dando graças constantemente a Deus Pai por todas
as coisas, em nome de nosso Senhor Jesus Cristo.*

Efésios 5:18-20

Nas Escrituras, a noção de render graças não é uma recomendação ou uma sugestão; é um mandamento. Tem o mesmo peso de "ame o seu próximo" e "ajude os pobres". Mais do que centenas de vezes, tanto no imperativo como em um exemplo, a Bíblia ordena que sejamos gratos. Se a quantidade implica gravidade, Deus leva a sério a ação de graças.

Aqui está o porquê: a ingratidão foi o pecado original. Adão e Eva tinham um milhão de razões para render graças. As cachoeiras e as aves, as praias e os pores do sol. Eles habitavam em um mundo perfeito. Um mundo com a criação, com Deus, com o outro.

Mas então Satanás entrou de mansinho no jardim. Ele levantou uma dúvida acerca da árvore proibida. Adão e Eva podiam comer os frutos de todas as outras árvores, mas Satanás deu ênfase ao único fruto que eles não podiam tocar. "Deus sabe que, no dia em que dele comerem, seus olhos se abrirão, e vocês, como Deus, serão conhecedores do bem e do mal" (Gênesis 3:5).

Simples assim. O Éden não era suficiente. *Era* suficiente, você imagina. "Mas poderiam ter mais...", sugeriu o diabo, gesticulando para a delicadeza brilhante e reluzente que estava do outro lado do limite. E com aquela ideia, Eva sentiu o primeiro ímpeto de descontentamento.

E se a gratidão tivesse vencido o dia? Vamos supor que um Adão e uma Eva ofuscados tivessem zombado da sugestão da serpente. "Você está brincando? Deixe-nos levá-la a um passeio, serpente. Iremos mostrar o que Deus nos deu."

Se eles tivessem escolhido a gratidão, o mundo seria diferente?

Se você escolher a gratidão, o mundo será diferente?

Antes de dizer amém

12 de dezembro

O beabá da gratidão

Toda boa dádiva e todo dom perfeito vêm do alto, descendo do
Pai das luzes, que não muda como sombras inconstantes.

Tiago 1:17

Alfabetize suas bênçãos. Comece com a letra *A* e vá adiante pelo alfabeto, agradecendo a Deus ao fazê-lo.

Em vez de catalogar os fardos, especifique os benefícios.

A = Andy
B = bolas de calvície
C = chocolate
D = dicionário

Percebi que o nome da minha esposa, Denalyn, começa com *d*. Da próxima vez que fizer a lista, minha esposa substitui *dicionário*. Que, a propósito, é a lição do exercício. Alguém jamais fica sem motivos para dizer "obrigado".

Obrigado. Só a palavra já eleva o espírito. Dizer "obrigado" é comemorar um presente. Alguma coisa. Qualquer coisa. Animais. Bolas de calvície. Chocolate. Dicionários e Denalyn. Dizer "obrigado" é passar do "não tenho" para o "tenho muito", do demitido para o contratado. "Obrigado" proclama: "Não estou em desvantagem, não sou incapacitado, vitimado, escandalizado, esquecido ou ignorado. Eu sou abençoado." A gratidão é uma diálise de todos os tipos. Ela tira a autocomiseração do nosso sistema.

Antes de dizer amém

13 de dezembro

O vigarista

Darei a vocês um coração novo e porei um espírito novo em vocês; tirarei de vocês o coração de pedra e lhes darei um coração de carne.

Ezequiel 36:26

Quando a graça acontece, a generosidade acontece. Uma grande e sincera amabilidade acontece. Isso certamente aconteceu com Zaqueu. Se o Novo Testamento tem um vigarista, esse é o homem. Ele nunca encontrara uma pessoa que não pudesse trapacear ou vira um dólar do qual não pudesse apropriar-se. Ele era "chefe dos publicanos" (Lucas 19:2), coletores de impostos do século 1 que espoliavam qualquer coisa que caminhasse. Quando Jesus viajou por Jericó, metade da cidade apareceu para vê-lo. Zaqueu estava entre eles. Os cidadãos de Jericó não estavam propensos a deixar que Zaqueu, aquele baixinho cheio de inimigos, abrisse caminho até a frente da multidão. Ele foi deixado saltitando atrás da parede de pessoas, esperando conseguir dar uma olhada.

Foi quando ele viu a figueira, correu até ela e subiu. Estava feliz por, de cima de um galho, poder dar uma boa olhada em Cristo. Nunca imaginara que Cristo daria uma boa olhada nele. Mas Jesus deu. "Zaqueu, desça depressa. Quero ficar em sua casa hoje" (v. 5).

Zaqueu nunca mais foi o mesmo. "Olha, Senhor! Estou dando a metade dos meus bens aos pobres; e se de alguém extorqui alguma coisa, devolverei quatro vezes mais" (v. 8).

A graça entrou pela porta da frente e o egoísmo saiu a galope pela porta dos fundos. Ela mudou o coração dele.

A graça está mudando o seu coração?

Graça

14 de dezembro

Milagres

Finalmente, irmãos, tudo o que for verdadeiro, tudo o que for nobre, tudo o que for correto, tudo o que for puro, tudo o que for amável, tudo o que for de boa fama, se houver algo de excelente ou digno de louvor, pensem nessas coisas.

Filipenses 4:8

Milagres. Busque-os e você os encontrará.

Rebecca encontrou. Ela passou os últimos três anos sofrendo. "Em uma escala de um a dez", o médico explicou, "ela está no número doze todos os dias". O pâncreas de Rebecca parou de funcionar. Depois de uma dúzia de cirurgias e trocas na medicação, não havia nenhuma solução em vista.

Um desafio muito difícil. Mas Rebecca é uma criança durona. Ela tem dez anos de idade. Ela tem o cabelo marrom-chocolate, olhos que brilham, um sorriso à prova de intempéries e um livro de milagres. Ela mostrou isso para mim.

Era um caderno de espiral, as bordas desgastadas, adornado com flores feitas com giz de cera, estrelas e alguns palhaços. Na letra de uma criança, os milagres:

"Eu dormi a noite toda ontem."

"Papai trouxe escondido um cachorrinho ao hospital."

"Mamãe vai colocar uma árvore de natal no canto da sala."

O corpo dela estava tendo uma reação. Os pais estavam preocupados. Os médicos estavam confusos. Mas Rebecca tomou uma decisão. Ela vai agradecer a Deus pelos milagres. Se Rebecca consegue encontrar razões para agradecer, será que eu não consigo?

Antes de dizer amém

15 de dezembro

Recebido de graça, dê de graça

*O meu Deus suprirá todas as necessidades de vocês, de acordo
com as suas gloriosas riquezas em Cristo Jesus.*

Filipenses 4:19

Deus não apenas nos ama; ele nos concede seu amor (1João 3:1). Ele não distribui sabedoria; ele "a todos dá livremente, de boa vontade" (Tiago 1:5). Ele é rico em "bondade, tolerância e paciência" (Romanos 2:4). Sua graça é "transbordante" (1Timóteo 1:14) e "indescritível" (2Coríntios 9:14-15).

Ele encheu a mesa do filho pródigo com um banquete, os barris do casamento com vinho e o barco de Pedro com peixe, duas vezes. Curou todos que buscavam cura, ensinou a todos que queriam instrução e salvou todos que aceitaram a dádiva da salvação.

Deus "supre a semente ao que semeia e o pão ao que come" (2Coríntios 9:10). O verbo grego para "suprir" (*epichoregoe*) puxa a cortina na generosidade de Deus. Ela combina "dança" (*choros*) com o verbo "guiar" (*hegeomai*). Significa, literalmente, "guiar uma dança". Quando Deus dá, ele dança de alegria. Ele dá início à banda e guia a parada da generosidade. Ele adora dar.

Ele dispensa sua bondade não com um conta-gotas, mas com um hidrante. Seu coração é um gigantesco copo e a graça dele é o mar Mediterrâneo. Você simplesmente não consegue armazenar tudo. Portanto, deixe transbordar. Derrame. Emane. "Vocês receberam de graça; deem também de graça" (Mateus 10:8).

Graça

16 de dezembro

A graça dele

O Senhor é a minha força e o meu escudo;
nele o meu coração confia, e dele recebo ajuda.
Meu coração exulta de alegria,
e com o meu cântico lhe darei graças.

Salmos 28:7

"Esta graça me trouxe seguro até aqui, e a graça me levará para casa." Quando John Newton escreveu essa promessa, ele o fez a partir de sua experiência pessoal. Seu maior teste veio no dia em que ele enterrou sua mulher, Mary. Ele a amava muito e orara para que a própria morte viesse antes do falecimento da esposa. Mas sua oração não foi respondida.

Mesmo assim, a graça de Deus provara ser suficiente. No dia em que ela morreu, Newton encontrou força para realizar o sermão de domingo. No dia seguinte, ele visitou alguns membros da igreja e, depois, oficiou o funeral da própria esposa. Ele lamentou, mas, em seu lamento, encontrou a provisão de Deus. Ele escreveu posteriormente: "O Senhor, o Todo-suficiente Deus, fala e está feito. Que aqueles que o conhecem e confiam nele, sejam corajosos. Ele pode dar-lhes força, de acordo com a necessidade. Pode aumentar-lhes a força conforme as provações aumentam... e o que ele pode fazer, ele prometeu que faria."

Deixe que a graça de Deus destrone seus medos. A ansiedade ainda virá, certamente. O globo ainda aquecerá; as guerras ainda explodirão; a economia falhará. Doença, calamidade e tribulação povoam seu mundo. Mas elas não podem controlá-lo. A graça pode. Deus colocou seu avião com uma frota de anjos para satisfazer suas necessidades à maneira dele, no momento certo. A graça dele levará você para casa.

Graça

17 de dezembro

Uma oração...
para se maravilhar

Porque um menino nos nasceu,
um filho nos foi dado,
e o governo está sobre os seus ombros.
E ele será chamado
Maravilhoso Conselheiro, Deus Poderoso,
Pai Eterno, Príncipe da Paz.

Isaías 9:6

Querido Senhor, é impossível para mim entender o que significou para ti assumires uma carne humana e viveres como um homem. No entanto, creio em ti. Ajuda-me a esperar ainda mais — esperar pelo grande dia, em breve, quando te verei e serei transformado para sempre! Em nome de Jesus, amém.

Moldado por Deus

18 de dezembro

Sua história de Natal

No sexto mês Deus enviou o anjo Gabriel a Nazaré, cidade da Galileia,
a uma virgem prometida em casamento a certo homem chamado
José, descendente de Davi. O nome da virgem era Maria.

Lucas 1:26–27

E se José e Maria tivessem aparecido vestindo casaco de pele com um motorista, cheios de pompas e cerimônias? E se Deus tivesse decorado Belém como Hollywood na noite do Oscar: tapete vermelho, luzes piscando, os anjos entrevistando o casal real? "Maria, Maria, Maria, você está divina."

Se Jesus tivesse vindo com tanto estardalhaço, teríamos lido a história e pensado, *Minha nossa, veja como Jesus entrou no mundo.*

Mas, como não foi assim, podemos ler a história e sonhar. *Minha nossa, será que Jesus pode nascer em meu mundo? Meu mundo de todo dia?*

Não é aí que você vive? Não é um mundo de férias. Ou um mundo em dia de celebração. Não, você vive uma vida cotidiana. Tem contas a pagar, camas a arrumar e relva a cortar. Seu rosto não enfeitará nenhuma capa de revistas, e você não está esperando um telefonema da Casa Branca. Parabéns. Você se qualifica para viver uma história de Natal moderna. Deus adentra o mundo através de pessoas como você e vem em dias como hoje.

Portanto, esteja alerta... pode ser que hoje seja sua história de Natal.

God's Story, Your Story [A história de Deus, a sua história]

19 de dezembro

O presente

Graças a Deus por seu dom indescritível!

2Coríntios 9:15

Quando uma pessoa dá um presente genuíno, você não valoriza a presença da afeição? O suéter tricotado à mão, o álbum de fotos do verão passado, o poema personalizado, o livro do Lucado. Esses presentes convencem-no de que alguém planejou, preparou, guardou, procurou. Decisão de última hora? Não, esse presente era para você.

Você já recebeu esse presente? Sim, já. Desculpe falar em seu nome, mas eu já sei a resposta quando faço a pergunta. Você recebeu um presente personalizado. Feito para você. "Hoje, na cidade de Davi, *lhes* nasceu o Salvador, que é Cristo, o Senhor" (Lucas 2:11, grifo meu).

Um anjo falou essas palavras. Os pastores as ouviram primeiro. Mas o que o anjo disse a eles, Deus diz a todos que ouvem. "Lhes nasceu..." Jesus é o presente.

Graça

20 de dezembro

Rei do Mais

*Não acumulem para vocês tesouros na terra, onde a traça e a
ferrugem destroem, e onde os ladrões arrombam e furtam. Mas
acumulem para vocês tesouros nos céus, onde a traça e a ferrugem
não destroem, e onde os ladrões não arrombam nem furtam.*

Mateus 6:19-20

Imagine ter vivido no sul dos Estados Unidos durante a guerra civil e acumulado uma grande quantia na moeda dos confederados. Uma série de eventos o levou a crer que o sul perderia a guerra e que, em breve, seu dinheiro não teria mais qualquer valor. O que você faria? Se você tivesse bom senso, você se livraria de seus centavos sulistas. Você investiria cada centavo na moeda vindoura e se prepararia para o fim da guerra.

Você está investindo na moeda do céu? A economia mundial ruirá. Sua carteira está cheia de dinheiro que, em breve, não terá mais qualquer valor. A moeda deste mundo não valerá nada quando você morrer ou quando Cristo voltar — e ambas essas coisas podem acontecer a qualquer momento. Se você e eu acumularmos tesouros terrenos, e não tesouros celestiais, o que isso revela sobre onde nós depositamos a nossa confiança?

Os dias de glória acontecem na medida em que confiamos nele.

Em quem você confia? Em Deus ou no "Rei do Mais"? O Rei do Mais é um rei corrupto e podre. Ele nunca se satisfaz. Ele enferruja.

Ele apodrece. Ele perde valor. Ele sai de moda. Por mais promessas que faça, ele não consegue cumprir uma única. O Rei do Mais quebrará seu coração.

E o Rei dos reis? Ele segurará você sempre e nunca o soltará.

Dias de glória

21 de dezembro

Uma parte de você

Amados, amemos uns aos outros, pois o amor procede de Deus.
Aquele que ama é nascido de Deus e conhece a Deus. Quem
não ama não conhece a Deus, porque Deus é amor.

1João 4:7–8

Sarah sentou-se só. Suas mãos, sardentas com a idade, descansavam no colo. Ela usava seu melhor vestido. O quarto hospitalar da casa remetia à primavera: margaridas no vaso, uma poinsétia florescendo fora da janela.

Sarah sentou-se só. "Eles vieram no último Natal", disse ela com animação (como se estivesse defendendo sua família).

A mil milhas de distância uma família brincava.

Sarah não está doente nem é repulsiva. Ela não é inútil nem decrépita. Sarah é simplesmente velha.

Nossa sociedade reserva pouco espaço para os idosos. Pessoas como Sarah vêm aos montes. Ninguém os esquece de propósito. Talvez seja por isso que é tão doloroso. Se houvesse uma razão: uma briga, um erro, uma disputa... Mas, em geral, não é intencional.

Rejeição não intencional. Vai matar Sarah; ela vai morrer de solidão. Não importa o quanto a casa de repouso seja boa; enfermeiros e velhos não substituem o sorriso de um neto ou o beijo de um filho.

Dedique todo o seu amor a ela agora.
Não se esqueças das mãos, embora manchadas,
Do cabelo, embora cada vez mais ralo,
Dos olhos, embora turvos,
Pois são uma parte de você.
E quando eles se forem, uma parte de você também se vai.

Moldado por Deus

22 de dezembro

Ele habitou entre nós

*Aquele que é a Palavra tornou-se carne e viveu entre nós. Vimos a sua glória,
glória como do Unigênito vindo do Pai, cheio de graça e de verdade.*

João 1:14

Espantosa, essa ideia de que o feto do céu flutuava no útero. José e Maria não tiveram a vantagem que temos: o ultrassom. Quando Denalyn estava grávida, nós tiramos proveito da tecnologia. A imagem em preto e branco na tela parecia mais com uma imagem de radar Doppler do que uma criança. Mas com a ajuda do médico fomos capazes de ver os braços e mãos e o nariz com piercing e o vestido de formatura... Espere, estou confundindo as fotos.

Conforme passava o instrumento pela barriga do Denalyn, o médico fez o inventário. "Ali estão a cabeça, os pés, o torso... Bem, tudo parece normal."

O médico de Maria teria feito a mesma declaração. Jesus era um bebê normal. Não há nada na história que implica que ele levitou sobre a manjedoura ou saiu do estábulo. Pelo contrário. Ele "habitou entre nós" (João 1:14). A palavra de João para *habitar* tem origem em *tabernáculo* ou *tenda*. Jesus não se separou de sua criação; armou sua tenda na vizinhança.

A Palavra de Deus entrou no mundo com o choro de um bebê. Jesus, o Criador do universo, aquele que inventou o tempo e criou a respiração, nasceu em uma família humilde demais para balançar uma cama para uma futura mãe grávida.

Ele habitou entre nós. Ele deseja habitar em você.

God's Story, Your Story [A história de Deus, a sua história]

23 de dezembro

No princípio

*No princípio era aquele que é a Palavra. Ele estava com
Deus, e era Deus. Ele estava com Deus no princípio.*

João 1:1-2

Entre no estábulo e aninhe nos braços o menino Jesus, ainda úmido do ventre, envolto em trapos. Passe o dedo pela bochecha gordinha e ouça enquanto alguém que o conhecia bem coloca letras no evento:

"No princípio era o Verbo" (João 1:1).

As palavras "no princípio" nos levam ao princípio. "No princípio Deus criou os céus e a terra" (Gênesis 1:1). O bebê que Maria carregou estava ligado à aurora dos tempos. Ele viu o primeiro raio de sol e ouviu o primeiro quebrar de uma onda. O bebê nasceu, mas a Palavra nunca nasceu.

Ele, "por meio de quem vieram todas as coisas e por meio de quem vivemos" (1Coríntios 8:6). Não por ele, mas por meio dele. Jesus não moldou o mundo a partir da matéria-prima que encontrou. Ele criou todas as coisas a partir do nada.

Jesus: a palavra do Gênesis, "o primogênito de toda a criação" (Colossenses 1:15). Ele é o "um só Senhor, Jesus Cristo, por meio de quem vieram todas as coisas e por meio de quem vivemos" (1Coríntios 8:6).

E então, o que nenhum teólogo concebeu, o que nenhum rabino se atreveu a sonhar, Deus o fez. "A Palavra tornou-se carne" (João 1:14). O artista tornou-se o óleo em sua própria paleta. O Oleiro derreteu-se na lama em sua própria roda. Deus tornou-se um embrião no ventre de uma menina da aldeia. Cristo em Maria. Deus em Cristo.

God's Story, Your Story [A história de Deus, a sua história]

24 de dezembro

Uma oração...
para abrir seu coração

*Mas um samaritano, estando de viagem, chegou onde se encontrava o homem e,
quando o viu, teve piedade dele. Aproximou-se, enfaixou-lhe
as feridas, derramando nelas vinho e óleo. Depois colocou-o sobre o
seu próprio animal, levou-o para uma hospedaria e cuidou dele.*

Lucas 10:33-34

Pai celestial, tens me dado tanto: cada sopro que eu respiro é um presente de tuas mãos. Mesmo assim, confesso que às vezes as minhas mãos permanecem fechadas com força quando encontro as necessidades dos outros. Por favor, abre tanto as minhas mãos quanto o meu coração para que eu possa aprender a me alegrar quando surgirem as oportunidades diárias de hospitalidade que me apresentas. Ajuda-me a lembrar, Senhor, que quando mostro o seu amor de maneira palpável "a algum dos meus menores irmãos" estou ministrando diretamente a ti. Enquanto me ajudas a abrir o coração e as mãos, ó Senhor, peço que também me estimules a abrir a porta para aqueles que precisam experimentar teu amor e tua generosidade. Em nome de Jesus eu oro, amém.

Faça a vida valer a pena

25 de dezembro

A doação de dons

Cada um exerça o dom que recebeu para servir os outros, administrando fielmente a graça de Deus em suas múltiplas formas.

1Pedro 4:10

Jesus distribui dons que são únicos a cada um de nós. O apóstolo Paulo explicou da seguinte forma: "E a cada um de nós foi concedida a graça, conforme a medida repartida por Cristo. Por isso é que foi dito: 'Quando ele subiu em triunfo às alturas, levou cativo muitos prisioneiros, e deu dons aos homens'" (Efésios 4:7-8). O apóstolo estava usando a metáfora do rei vitorioso. Nos dias de Paulo, era comum que um monarca conquistador retornasse para o seu palácio trazendo prisioneiros e tesouros. Ele celebrava sua conquista distribuindo presentes ao seu povo.

Jesus fez o mesmo. Após derrotar o pecado e a morte na cruz, ele subiu para o céu, assumiu seu lugar à direita de Deus e "deu dons aos homens".

Que pensamento maravilhoso! Jesus, coroado eternamente, distribui habilidades e talentos.

E não pense por um momento que Deus ignorou você na fila de doação de dons. "Deus deu *a cada um de nós* um dom especial." Agradeça a Deus por seu dom. E use-o para agradá-lo.

Dias de glória

26 de dezembro

Quanto tempo faz?

Aquele que semeia pouco, também colherá pouco, e aquele que semeia com fartura, também colherá fartamente. Cada um dê conforme determinou em seu coração, não com pesar ou por obrigação, pois Deus ama quem dá com alegria.

2Coríntios 9:6–7

A graça dada transmite a graça.

A graça está acontecendo para você?

Quanto tempo faz desde a última vez que sua generosidade deixou alguém impressionado? Desde quando alguém não contestou: "Não, realmente, isso é muito generoso"? Se já fizer um tempo, reconsidere a graça extravagante de Deus. "Não se esqueça de nenhuma de suas bênçãos! É ele que perdoa todos os seus pecados" (Salmos 103:2,3).

Deixe que a graça torne seu coração generoso. "Cresçam, na graça e no conhecimento de nosso Senhor e Salvador Jesus Cristo" (2Pedro 3:18).

Ao fazê-lo, você descobrirá que a graça transforma vidas — a sua vida, acima de tudo.

Graça

27 de dezembro

Hipocrisia

Tenham o cuidado de não praticar suas "obras de justiça"
diante dos outros para serem vistos por eles. Se fizerem isso,
vocês não terão nenhuma recompensa do Pai celestial.

Mateus 6:1

Hipocrisia. Quando Jesus usava essa palavra, as pessoas abaixavam a cabeça para disfarçar. Considere como ele censurou os fariseus com esta bofetada: "Tudo o que fazem é para serem vistos pelos homens. [...] Ai de vocês, mestres da lei e fariseus, hipócritas!" (Mateus 25:5,13).

Esta é a definição prática de *hipocrisia*: "ser visto pelos outros". Jesus não disse: "Não façam boas obras." Tampouco instruiu: "Não deixem suas obras serem vistas." Temos de fazer boas obras, e algumas obras, como a benevolência ou o ensinamento, devem ser vistas para terem impacto. Então, que fique claro. Fazer uma coisa boa é uma coisa boa. Fazer o bem para ser visto não é. Eis por quê: a hipocrisia faz as pessoas se afastarem de Deus.

Quando as almas que têm fome de Deus se veem em uma congregação cheia de aspirantes a celebridades, o que acontece? Quando os que buscam Deus veem cantores se exibindo como se fossem artistas de Las Vegas... Quando ouvem o pregador encenar para a multidão e excluir Deus... não pense nem por um segundo que Deus não reage.

Vamos levar a hipocrisia com tanta seriedade quanto Deus a leva. Como podemos?

> *Não espere crédito pelas boas ações*
> *Faça doações financeiras em segredo.*
> *Não seja espiritualmente falso.*

E o mais importante: não faça uma produção teatral com a sua fé.

Faça a vida valer a pena

28 de dezembro

Ações simples

*Quem trata bem os pobres
empresta ao SENHOR,
e ele o recompensará.*

Provérbios 19:17

Há muitas razões para ajudar as pessoas necessitadas. Mas para o cristão nenhuma razão é maior do que esta: quando amamos os necessitados, estamos amando Jesus. É uma mensagem que Jesus deixou clara: quando os amamos, amamos a Jesus.

Esse é o tema do seu sermão final. A mensagem que Jesus guardou para o fim. Ele deve querer que isso fique registrado na nossa consciência. O último dia, o grande dia do Juízo Final. Nesse dia, Jesus irá dar uma ordem irresistível. Todos virão. Todo o universo celestial testemunhará o acontecimento. Um desfecho surpreendente. Jesus, em algum momento, "separará umas das outras como o pastor separa as ovelhas dos bodes" (Mateus 25:32)

Como Jesus separa as pessoas?

Jesus dá a resposta. O sinal dos salvos é a preocupação deles para com os necessitados. A compaixão não os salva — nem a nós. A salvação é obra de Cristo. A compaixão é a consequência da salvação.

As ovelhas reagirão com uma pergunta sincera: quando? Quando foi que alimentamos, visitamos, vestimos ou confortamos você (cf. Mateus 25:34-39)?

Jesus vai contar, um por um, todos os atos de bondade. Toda ação realizada para melhorar a situação do outro. Mesmo as menores. As obras de misericórdia são ações simples. No entanto, nessas ações simples estamos servindo a Jesus. Esta verdade é surpreendente: servimos a Cristo quando servimos às pessoas carentes.

Faça a vida valer a pena

29 de dezembro

Não está à venda

*Os sacrifícios que agradam a Deus
são um espírito quebrantado;
um coração quebrantado e contrito,
ó Deus, não desprezarás.*

Salmos 51:17

"Senhor", eu disse, "Quero ser seu homem, não o meu.
Então, para ti dou meu dinheiro, meu carro, até mesmo minha casa."

Então, presunçoso e contente, relaxei com um sorriso
E sussurrei a Deus: "Aposto que faz um tempo
Desde ninguém deu tanto — com tanto desprendimento."
A resposta dele me surpreendeu. Ele respondeu: "Não é verdade."

*"Nem um dia se passou desde o início dos tempos,
Em que alguém não ofereceu moedas escassas,
Altares dourados e cruzes, contribuições e penitência,
Monumentos de pedra e torres; mas por que não arrependimento?"*

*"Dê-me apenas uma lágrima — um coração pronto para moldar.
E eu vou dar-lhe uma missão, uma mensagem tão ousada —
Que um incêndio vai ser agitado onde havia apenas morte,
E seu coração será inflamado por minha vida e minha respiração."*

*Enfiei as mãos nos bolsos e chutei a poeira.
É difícil ser corrigido (acho que fiquei magoado).
Mas valeu a pena o esforço para perceber
Que a Cruz não está à venda e o sangue de Cristo não pode ser comprado.*

Moldado por Deus

30 de dezembro

Creia

Não tenha medo; tão somente creia.

Marcos 5:36

Pegue caneta e papel e fique a sós. Vá a um lugar tranquilo, onde você possa pensar. Pegue a caneta e — está pronto? — escreva em que você crê. Não é o que você pensa ou espera ou especula, mas aquilo em que *crê*. Coloque no papel as convicções basilares pelas quais vale a pena construir uma vida, pelas quais vale a pena dedicar a vida.

Agora leia sua lista. Analise-a. O que você acha? Sua base é sólida o suficiente para se apoiar? Se não, seja paciente. Dê a si mesmo algum tempo para amadurecer.

Não jogue essa lista fora. Coloque-a em algum lugar onde você não vai perdê-la. Na carteira, na bolsa... em algum lugar conveniente.

A próxima vez que você se sentir intimidado pelo Sr. Sabe-Tudo ou pela Srta. Tem-Tudo, da próxima vez que sua autoimagem sair mancando porta afora, pegue sua lista. Dê uma boa lida. Alguma de suas verdades inegáveis foi ameaçada? Sua fundação foi atacada?

Normalmente não. Eis a questão: se você sabe em que você crê (quero dizer, *realmente* sabe), se você sabe o que é importante e o que é trivial, então você não vai ser amarrado por todos os pequenos liliputianos do mundo.

Eu *realmente* acredito nisso.

Moldado por Deus

31 de dezembro

Uma oração... para transformar

Sonda-me, Senhor, e prova-me,
examina o meu coração e a minha mente;
pois o teu amor está sempre diante de mim,
e continuamente sigo a tua verdade.

Salmos 26:2–3

Ó, Senhor, onde foi que te vi ontem e não te reconheci? Onde te encontrarei hoje... e não conseguirei te identificar devidamente? Ó, meu Pai, dá-me olhos para ver, coração para responder, mãos e pés para servir-te onde me encontrares! Por teu Espírito, transforma-me, Senhor, em um servo de Cristo que se regozija em atender as necessidades das pessoas que te cercam. Faz de mim um *outdoor* de tua graça, uma propaganda viva da opulência da tua compaixão. Desejo ouvir que me digas um dia: "Muito bem, servo bom e fiel". E oro para que hoje eu possa ser o servo fiel que trabalha bem ao fazer o bem. Em nome de Jesus eu oro, amém.

Faça a vida valer a pena

Notas

1. Adaptado de Joel Osteen, *Every Day a Friday: How to Be Happier 7 Days a Week* (New York: Faith Words, 2011), 131–32.
2. W. E. Vine, *Vine's Expository Dictionary of New Testament Words: A Comprehensive Dictionary of the Original Greek Words with Their Precise Meanings for English Readers* (McLean, VA: MacDonald Publishing, n.d.), 554.
3. James Strong, *New Strong's Exhaustive Concordance* (Nashville: Thomas Nelson, 1996), s.v. "Compassion."
4. Todd and Tara Storch, pais de Taylor e fundadores da Taylor's Gift Foundation (www.TaylorsGift.org), contam a história de sua nova jornada de vida, renovando saúde e restaurando famílias através do livro de Taylor: *Taylor's Gift: A Courageous Story of Life, Loss, and Unexpected Blessings* (with Jennifer Schuchmann, Grand Rapids, MI: Revell, a division of Baker Publishing Group, 2013).
5. "Conquest Confusion at Yale," Bryant G. Wood, BibleArcheology.org, November 20, 2012, www.biblearchaeology.org/post/2012/11/20/Conquest-Confusion-at-Yale.aspx#Article. Veja também, Ronald B. Allen, "The Land of Israel," in Israel: The Land and the People: An Evangelical Affirmation of God's Promises, ed. H. Wayne House (Grand Rapids, MI: Kregel Publications, 1998), 17–18, 24.

Notas

6. Citado em Richard Mayhue, *Unmasking Satan: Understanding Satan's Battle Plan and Biblical Strategies for Fighting Back* (Grand Rapids, MI: Kregel, 2001), 22.

7. Sam Nunn, "Intellectual Honesty, Moral and Ethical Behavior; We Must Decide What Is Important" (speech, National Prayer Breakfast, Washington, D.C., February 1, 1996).

8. Citado em John Gilmore, *Probing Heaven* (Grand Rapids: Baker, 1989), 65.

9. Art Miller, *The Power of Uniqueness* (Grand Rapids, MI: Zondervan, 1999), 93.

10. Gene Weingarten, "Pearls before Breakfast," *Washington Post*, April 8, 2007, www.washingpost.com/wp-dyn/content/article/2007/04/04/AR2007040401721.html.

11. Greg Pruett, *Extreme Prayer: The Impossible Prayers God Promises to Answer* (Carol Stream, IL: Tyndale House, 2014), 5.

12. Ibid., 69.

13. "Price of Success: Will the Recycled Orchestra Last?" CBSNews.com, November 17, 2013, www.cbsnews.com/news/price-of-success-will-the-recycled-orchestra-last/?.

14. Joachim Jeremias, *The Prayers of Jesus* (London: SCM Press, 1967), 57.

15. Adaptado de uma oração escrita pela America Prays, uma vigília de oração nacional, em 15 de setembro de 2001.

16. Sean Alfano, "Teens Arrested after Posting YouTube Video of Beating 13-Year-Old Boy and Hanging Him from a Tree," New York Daily News, February 1, 2011.www.nydailynews.com/news/national/teens-arrested-posting-youtube-video-beating-13-year-old-boy-hanging-tree-article-1.137868. Veja também Rick Reilly, "Eagles over Wolves in a Rout," ESPN.com, last modified February 15, 2011, http://sports.espn.go. com/espn/news/story?id=6120346.

17. "Global Scripture Access," United Bible Societies, *www.unitedbiblesocieties.org/what-we-do/translation/global-scripture-access/*.

Notas

18. "353 Prophecies Fulfilled in Jesus Christ," According to the Scriptures.org, www.accordingtothescriptures.org/prophecy/353prophecies.html.

19. Lucado, Max. *Cure for the Common Life: Living in Your Sweet Spot* (Nashville: Thomas Nelson, 2005).

20. Usado com permissão.

21. Alfred Edersheim, *The Life and Times of Jesus the Messiah*, unabr. ed. (Peabody, MA: Hendrickson Publishers, Inc., 1993), 62–3.

22. Meu falecido amigo Tim Hansel disse algo similar em seu livro *You Gotta Keep Dancin'* (Elgin, IL: David C. Cook Publishing Co., 1985), 107.

23. Donald G. Bloesch, *The Struggle of Prayer* (Colorado Springs: Helmers and Howard, 1988), 79.

24. E. M. Bounds, *The Complete Works of E. M. Bounds on Prayer* (Grand Rapids, MI: Baker Book House, 1990), 311–12.

25. Josué 2:1; 6:17; Hebreus 11:31; Tiago 2:25

26. De muitas maneiras, Efésios é a contrapartida no Novo Testamento para o livro de Josué.

27. Dale Ralph Davis, *Joshua: No Falling Words* (Fearn, Scotland: Christian Focus Publications, 2000), 19.

28. Frederick Dale Bruner, *Matthew: A Commentary by Frederick Dale Bruner*, vol. 1, *The Christbook: Matthew 1–12* (Dallas: Word, 1987), 234.

29. C. S. Lewis, *Yours, Jack: Spiritual Direction from C. S. Lewis* (New York: HarperCollins, 2008), 152.

30. Leigh Montville, "Wide and to the Right: The Kick That Will Forever Haunt Scott Norwood," SI.com, última modificação em 21 de setembro, 2011, http://sportsillustrated.cnn.com/2011/writers/painful_moments_in_sports/09/09/Scott.Norwood.Super.Bowl/.

31. Entrevista por telefone com Jo Anne Lyon, conduzida por David Drury, 23 de junho de 2009.

Notas

32. Eugene Peterson, *Traveling Light: Modern Meditations on St. Paul's Letter of Freedom* (Colorado Springs: Helmers and Howard, 1988), 91.

33. John Newton, "Amazing Grace," HymnSite.com, www.hymnsite.com/lyrics/umh378.sht.

34. Josiah Bull, *"But Now I See": The Life of John Newton* (Carlisle, PA: Banner of Truth Trust, 1998), 304, citado em David Jeremiah, *Captured by Grace: No One Is Beyond the Reach of a Loving God* (Nashville: Thomas Nelson, 2006), 143.

Índice tópico

Aceitação 114, 144, 275
Adversidade 24, 28, 35, 49, 67, 72, 94, 156, 198, 233, 291, 298, 322, 325
Alegria 15, 124, 214
Amizade 197, 209, 281
Amor 10, 47, 66, 98, 134, 139, 177, 193, 197, 234, 236, 243, 372, 373, 379
Arrependimento 122, 172, 380
Autoridade 7, 18, 81, 93, 96, 122, 150, 189, 226, 228, 311, 314
Batalha espiritual 13, 25, 28, 56, 102, 109, 117, 132, 150, 152, 212, 231, 232, 240, 247, 267, 326, 335
Bondade (de Deus) 29, 65, 124
Buscando a Cristo 250
Caráter único 31, 39, 76, 112, 244
Carne/Natureza do pecado 89, 151, 258, 304
Céu 189, 218, 270, 276, 294, 345, 353, 359, 368
Compaixão 19, 34, 40, 71, 244, 252, 270, 295, 375, 379
Comparação 5, 6, 111, 318
Condenação 17, 20, 21, 133, 174, 182, 240, 242, 256, 282, 301
Confiança 29, 50, 54, 97, 107, 119, 131, 136, 138, 158, 171, 257, 280, 289, 294, 312, 321, 334
Confissão 99, 111, 173, 196, 248, 294, 300, 314, 318, 336, 381

Consequências 120, 268
Controle da língua 304
Crescimento espiritual 8, 49, 53, 69, 120, 129, 194, 218, 251, 325
Crucificação 82, 86, 87, 89, 98, 207, 331, 360
Culpa 21, 57, 174, 218, 225, 256, 293, 301, 306
Cura 122, 123, 161, 196, 226, 254, 266, 270, 276, 292, 322, 342, 359
Dedicando tempo na presença de Deus 67, 84, 341, 356
Descansando em Deus 92, 291, 355
Dons espirituais 5, 6, 39, 76, 370, 371, 376
Esforço 146
Esperança 3, 30, 50, 116, 119, 138, 147, 230, 246, 276, 299, 368
Favor de Deus 59, 175, 376
Fé/Fidelidade 11, 15, 46, 55, 145, 173, 185, 198, 199, 203, 216, 220, 260, 269, 355, 381
Filhos de Deus 10, 16, 17, 60, 64, 83, 103, 135, 139, 171, 177, 178, 179, 181, 213, 215, 288, 328, 356
Força 156, 192, 204, 224, 284, 340, 347
Fracasso 3, 20, 65, 78, 186
Fruto do Espírito 12

Glória (de Deus) 43, 77, 345, 354, 373
Graça 27, 42, 57, 68, 69, 74, 91, 98, 146, 168, 210, 218, 237, 242, 258, 273, 277, 337, 357, 358, 364, 367, 377
Graça 68, 219, 236, 237, 272, 337
Gratidão 187, 261, 331, 333, 361, 362, 363, 365
Herança em Cristo 179, 183, 300, 340, 371
Hospitalidade 209, 297, 313, 344
Identidade em Cristo 17, 41, 83, 84, 111, 115, 153, 194, 215, 264, 306, 332
Imagem (de Deus) 9, 38
Intimidade com Deus 85, 117, 143, 154, 163, 178, 213, 288, 309
Liberdade em Cristo 115, 208
Louvor 2, 103, 107, 204, 206, 316, 347
Meditação na Palavra 56, 116, 129, 176, 241, 312, 317
Medo/Temor 36, 142, 199, 216, 233, 284, 352
Nova vida 41, 42, 101, 160, 208, 211, 242, 264, 282, 300
Obediência 8, 104, 184, 224, 229, 262, 268, 320, 321
Oração 2, 7, 16, 22, 35, 51, 58, 64, 80, 104, 106, 117, 143, 152, 154, 169, 181, 192, 196,

Índice tópico

201, 203, 219, 235, 249, 252, 278, 281, 290, 292, 294, 298, 307, 314, 315, 327, 330, 348, 354, 356

Orgulho 120, 229, 267, 299, 308, 315, 324, 332, 378

Orientação 147, 239, 307

Ousadia 30, 70, 93, 278, 314, 335, 341

Ouvindo a voz de Deus 155, 162, 169, 184, 310

Paciência 12, 72, 100, 131, 157, 161, 271

Paz 23, 81, 113, 136, 140, 291, 327

Pensamentos sobre a vida 116, 128, 165, 167, 296, 365

Perdão 21, 86, 87, 88, 90, 91, 94, 115, 133, 164, 172, 225, 256, 273, 274, 282, 283, 301, 349, 357, 358, 360

Planos (de Deus) 14, 26, 31, 73, 106, 107, 110, 112, 147, 157, 188, 230, 239, 245, 253, 259, 369, 374

Poder (de Deus) 7, 80, 82, 93, 96, 106, 170, 228, 249, 254, 263, 277, 279, 285, 298, 311, 318, 326, 340, 343, 374

Preocupação 61, 136, 145, 293, 352

Promessas (de Deus) 158, 251, 259, 260, 269, 289, 293, 347

Propósito 4, 329

Provas 24, 121, 125, 131, 165, 173, 211, 245, 325, 329, 334, 367

Provisão (de Deus) 289, 367

Quebrantamento 27, 222, 325

Redenção 44, 48, 74, 87, 96, 124, 141, 151, 207, 217, 246, 256, 280, 301, 303, 332, 346, 349, 355, 370, 373, 374

Reino de Deus 37, 73, 77, 103

Renovando sua mente 3, 317

Resistência/ Resistência frente às dificuldades 43, 45, 77, 149, 162, 189, 204, 211, 227, 253, 323

Restauração 113, 133

Sabedoria 3, 307, 312

Santidade (de Deus) 271, 358

Segurança 66, 110, 139, 141, 142, 145, 149, 153, 164, 175, 199, 220, 224, 241, 248, 257, 274, 290, 334, 341, 357

Servindo aos outros 19, 34, 40, 71, 75, 108, 130, 195, 200, 201, 209, 221, 222, 234, 243, 244, 252, 266, 272, 273, 274, 283, 295, 296, 297, 302, 313, 343, 372, 375, 378, 379, 382

Socorro (de Deus) 180, 188, 224, 227, 278, 281, 322, 328, 333

Solidão 47, 293

Sucesso 185, 239, 299

Superação 36, 352

Testemunho 137, 302, 303, 309

Transformação 18, 24, 26, 53, 210, 338, 364, 382

Transformando o mundo 10, 53, 339, 362

Unidade 144, 202, 205, 217, 238, 275, 323

Visão espiritual 52, 125, 130, 265, 382

Vitória/Vida vitoriosa 8, 13, 25, 46, 60, 61, 78, 82, 101, 102, 105, 109, 132, 150, 167, 212, 231, 247, 261, 284, 336, 352

Vivendo no Espírito 12, 99, 100, 105, 235, 238, 259, 263, 285, 348

Vontade (de Deus) 14, 32, 112, 148, 279

Índice das Escrituras

Referência seguida de número(s) de página(s)

Gênesis 1:1 374
Gênesis 1:27 38
Gênesis 2:7 295
Gênesis 3:5 362
Gênesis 12:2 13
Gênesis 12:7 13
Gênesis 17:9-11 208
Gênesis 18 344
Gênesis 18:12 185
Gênesis 18:22 154
Gênesis 32:26 215
Gênesis 34 175
Gênesis 37:17-28 175
Gênesis 38:13-18 175
Gênesis 39:9 337
Gênesis 50:20 329
Êxodo 4:10 185
Êxodo 14:14 212
Êxodo 17:8-13 154
Êxodo 20:6 320
Êxodo 32:11-14 249, 314
Números 12:3 308
Números 13:26-33 11
Números 21:5-8 333
Números 23:19 216
Deuteronômio 1:30 336
Deuteronômio 6:23 60
Deuteronômio 8:4 289
Josué 1:2 65, 336

Josué 1:3 61, 73
Josué 1:5 36
Josué 1:6 284
Josué 1:8 185, 312
Josué 1:9 156
Josué 1:11 352
Josué 1:13-14 73, 156
Josué 1:18 321
Josué 2:1 282
Josué 3:2-3 220
Josué 3:10, 15, 17 220, 280
Josué 4:21-23 145
Josué 5:13 227
Josué 5:13-14 156
Josué 5:14 347
Josué 6:2 284
Josué 6:20 204
Josué 6:22-23 344
Josué 8:1 78
Josué 13:5-6 36
Josué 13:13 70
Josué 14:6-12 165
Josué 14:12 165
Josué 16:10 70
Josué 17:12 70
Josué 18:3 70
Josué 21:43-45 43, 251, 260
Josué 23:3 28
Josué 23:9-10 28

Josué 23:14 149
Josué 24:28 300
Rute 3:1, 3-4
1Samuel 17:34-36 25
1Samuel 18:10 120
2Samuel 22:31 61
1Reis 19:11-12 155
1Crônicas 16:8-9 2
1Crônicas 29:11 340
2Crônicas 32:8 132
Neemias 1:4 154
Neemias 4:20 132
Jó 23:10 121
Jó 38:1 310
Jó 38:3-7 311
Jó 40:4 311
Salmos 3:3-4 111
Salmos 3:4 290
Salmos 4:1 64
Salmos 8:3-4 294
Salmos 11:3-4 189
Salmos 12:6 257
Salmos 16:6 247
Salmos 16:8 46
Salmos 18:2 347
Salmos 18:3 307
Salmos 25:7 334
Salmos 25:8-9 229
Salmos 25:9 100

Índice das Escrituras

Salmos 25:11 168
Salmos 26:2–3 382
Salmos 27:1 36
Salmos 27:8 143
Salmos 28:7 367
Salmos 30:5 293
Salmos 31:2 307
Salmos 32:3–4 225
Salmos 32:5 141
Salmos 32:8 307
Salmos 33:15 39, 244
Salmos 34:3 206
Salmos 34:4 54
Salmos 34:7 132
Salmos 34:8 29
Salmos 34:19 224, 293
Salmos 35:1 132
Salmos 37:5 97
Salmos 37:23–24 65
Salmos 38:21–22 225
Salmos 40:1–3 15, 20
Salmos 41:3 293
Salmos 42:5–6 116
Salmos 46:7 226
Salmos 46:10 271
Salmos 47:2 356
Salmos 51:1–4 301
Salmos 51:9–10 301
Salmos 51:17 380
Salmos 55:22 35
Salmos 60:12 170
Salmos 62:1–2 92
Salmos 66:10–12 325
Salmos 75:7 14
Salmos 77:2 252
Salmos 81:13 310
Salmos 83:18 119
Salmos 86:4–5 68
Salmos 89:6 119
Salmos 89:48 101
Salmos 91:9–11 81
Salmos 94:19 11
Salmos 96:1–4 15
Salmos 103:2–3 377

Salmos 103:6 25
Salmos 103:10, 12 164
Salmos 107:19–21 211
Salmos 108:1 210
Salmos 112:7 355
Salmos 119:15 176
Salmos 119:54 312
Salmos 119:105 307
Salmos 121:1–2 227
Salmos 121:3–8 199
Salmos 139:9–10 83
Salmos 139:16 31
Salmos 139:23–24 122, 195
Salmos 145:3 103
Salmos 145:18 154
Provérbios 3:5–6 143, 171
Provérbios 16:9 26
Provérbios 16:18 123
Provérbios 19:17 379
Provérbios 22:4 299
Provérbios 27:19 317
Provérbios 30:5 257
Eclesiastes 3:11 230
Eclesiastes 4:9–10 202
Eclesiastes 8:8 101
Isaías 1:18 174
Isaías 9:6 368
Isaías 26:4 158
Isaías 30:21 307
Isaías 40:31 284
Isaías 41:10 233
Isaías 43:2 293
Isaías 43:25 164
Isaías 46:9–10 228, 279
Isaías 53:4–5 89
Isaías 53:6 256, 360
Isaías 53:6–7 86
Isaías 53:12 256
Isaías 55:8–9 157, 294
Isaías 58:10 108
Isaías 60:20 125
Isaías 61:1 222
Isaías 61:10 124
Isaías 63:10 12

Isaías 66:1–2 228
Jeremias 17:7 119
Jeremias 17:14 226
Jeremias 29:11 14
Jeremias 29:12 249
Jeremias 29:13 250
Jeremias 30:24 14
Lamentações 3:22 66
Ezequiel 36:26 41, 364
Daniel 5:21 14
Oseias 14:9 107
Zacarias 3:4 264
Zacarias 13:9 24
Mateus 4:1 29, 79, 326
Mateus 4:2–3 49
Mateus 4:5–6 267
Mateus 4:10 102
Mateus 4:19 104
Mateus 4:23 254
Mateus 5:16 9
Mateus 5:23–24 113
Mateus 5:44 58
Mateus 6:1 378
Mateus 6:3–4 195
Mateus 6:5–6 315
Mateus 6:7 181
Mateus 6:9–13 154, 166, 206, 213, 219, 271
Mateus 6:14–15 274
Mateus 6:19–20 371
Mateus 6:33 77, 230
Mateus 7:7 192
Mateus 7:8 169
Mateus 7:24 262
Mateus 7:26–27 262
Mateus 8:17 342
Mateus 8:24 136
Mateus 9:4–7 18
Mateus 9:9 184
Mateus 9:36 40
Mateus 10:8 366
Mateus 10:18 137
Mateus 10:33 85
Mateus 11:19 305

Índice das Escrituras

Mateus 11:27 7
Mateus 11:28 92, 291
Mateus 11:29 268
Mateus 12:38–42 18
Mateus 14:15 175
Mateus 14:17 185
Mateus 14:23 154
Mateus 15:22–23 292
Mateus 15:24, 27 275
Mateus 15:30 292
Mateus 16:23 93
Mateus 17:17 292
Mateus 18:3 178
Mateus 18:19–20, 22, 202
Mateus 18:20 209
Mateus 19:14 178
Mateus 20:29–34 196, 270
Mateus 20:32 270
Mateus 21:12–13 154
Mateus 21:22 192
Mateus 23:5, 13 378
Mateus 23:26 195
Mateus 25:31 19, 37
Mateus 25:31–46 19
Mateus 25:32, 34–39 37, 379
Mateus 25:35–36 19
Mateus 25:40 130, 344
Mateus 26:18 344
Mateus 26:31–33 80
Mateus 26:36–45 175
Mateus 26:39 322
Mateus 27:46 21, 86
Mateus 28:5–6 96, 101, 109
Mateus 28:18–20 7, 18, 47, 122
Marcos 1:35 154
Marcos 1:40–41 232
Marcos 2:10 21
Marcos 2:22 160
Marcos 4:23 254
Marcos 4:35–40 216
Marcos 4:38 162
Marcos 4:39 166
Marcos 4:41 166
Marcos 5:36 381

Marcos 6:46 192
Marcos 7:33–34 276
Marcos 8:22–26 161
Marcos 8:25 52
Marcos 8:29 47
Marcos 10:27 180
Marcos 10:45 200
Marcos 11:17 22
Marcos 11:23 173, 296
Marcos 11:25 133
Marcos 13:31 18
Marcos 14:23–24 331
Marcos 15:17–18 207
Lucas 1:26–27 369
Lucas 1:38 193
Lucas 2:8–9 338
Lucas 2:10 214
Lucas 2:11 258, 370
Lucas 2:49 4
Lucas 3:11 40
Lucas 3:22 326
Lucas 4:18 222
Lucas 5:5 186
Lucas 5:6 186
Lucas 6:38 201
Lucas 6:45 72
Lucas 7:44 40
Lucas 9:28 154
Lucas 10:27 75
Lucas 10:33–34 375
Lucas 11:1 83, 192, 330
Lucas 11:2–4 330
Lucas 11:4 45
Lucas 11:5–10 281
Lucas 11:11–13 83
Lucas 11:28 185
Lucas 14:13–14 313
Lucas 15:18–19 188, 328
Lucas 15:20 328
Lucas 16:26 163
Lucas 18:7 245
Lucas 18:15 175
Lucas 19:1–10 47, 246, 344, 346, 364

Lucas 19:12–14 151
Lucas 22:31–32 80, 121
Lucas 22:39–46 154
Lucas 23:34 58
Lucas 24:31 297
João 1:1–2 374
João 1:10–11 265
João 1:12 17, 135, 179
João 1:14 305, 373, 374
João 1:16 98
João 2:1–3 54
João 3:16 93, 289, 346
João 3:30 308
João 4:1–26 47, 114
João 4:9 114
João 4:12–14 18
João 4:39 115
João 5:24 153, 280
João 6:7 234
João 6:33 94
João 6:35 90
João 6:51 88
João 7:46 18
João 8:3–11 47
João 8:4–6 357
João 8:7 243
João 8:10–11 357
João 8:32 176
João 8:53–56 18
João 10:10 102, 212, 320
João 10:16 205
João 10:28 248, 264
João 11:1–45 161, 344
João 11:3 252
João 11:25–27 101
João 11:40 354
João 13:3–5 234
João 13:10 15
João 13:14–16 272, 273
João 13:17 273
João 14:1–2 269, 285, 293
João 14:2–3 128
João 14:6 82
João 14:13–14 18

Índice das Escrituras

João 14:15 320
João 14:17 285
João 14:20 41
João 14:26 99, 285
João 14:27 116
João 15:4 67
João 15:7 203
João 15:13 197
João 15:15 17
João 16:7 99, 285
João 16:13 285
João 16:23 290
João 16:33 352
João 17:3 84
João 17:11, 20 80
João 19:30 109, 124
João 20:23 349
João 21:21–22 6
Atos 1:4–5 100
Atos 1:8 238
Atos 1:15 53
Atos 2:4 99
Atos 2:12, 22–24 263
Atos 2:23 14
Atos 2:24 7
Atos 2:33 263
Atos 2:36 90, 99
Atos 2:37 90
Atos 2:38–39 88
Atos 2:42–46 209, 238
Atos 3 90
Atos 3:2–4 34
Atos 3:6–8, 16, 19 266
Atos 4:1–2 341
Atos 4:8–10, 13, 20 341
Atos 4:31 348
Atos 4:33–34 71
Atos 5:11 321
Atos 5:42 209
Atos 7:51 12
Atos 7:55 308
Atos 8:5 114
Atos 8:5–7, 12 114
Atos 8:15–17 114

Atos 8:26–29, 35–37 217
Atos 9:10 302
Atos 9:13, 15 246
Atos 9:17 303
Atos 10:28 305
Atos 12:5–7 298
Atos 13:2 285
Atos 14:27 106
Atos 16:6–7 106, 285
Atos 16:11–12 107
Atos 16:22–24 107
Atos 16:25 107
Atos 16:26 245
Atos 16:30 245
Atos 17:24 324
Atos 19:18, 20 249, 349
Atos 22:6–7 26
Atos 26:16–18 26
Romanos 2:4 366
Romanos 3:23–25 65, 87
Romanos 5:8 44, 151, 218
Romanos 5:17 277
Romanos 6:11 17
Romanos 6:17–18 57
Romanos 6:22 358
Romanos 6:23 321
Romanos 7:15 240
Romanos 7:25–8:1 240
Romanos 8:1–2 17, 174, 240, 264, 357
Romanos 8:4 188
Romanos 8:10 41
Romanos 8:15 135, 177, 213
Romanos 8:16–17 60, 83, 179
Romanos 8:18 131
Romanos 8:25 240
Romanos 8:26 110, 285
Romanos 8:28 110
Romanos 8:29 194
Romanos 8:31 227
Romanos 8:32 98, 355
Romanos 8:34 182, 242
Romanos 8:35 231
Romanos 8:37 56, 73, 109

Romanos 8:38–39 248, 355
Romanos 10:11–12 275
Romanos 11:6 146
Romanos 11:36 332
Romanos 12:2 32
Romanos 12:6 244
Romanos 12:18 113
Romanos 15:7 144
Romanos 16:3, 5 209
1Coríntios 1:7–8 100
1Coríntios 1:26 332
1Coríntios 1:30 124
1Coríntios 2:9 237
1Coríntios 3:16–17 264
1Coríntios 4:5 8
1Coríntios 6:11 51
1Coríntios 6:20 231, 342
1Coríntios 7:7 76
1Coríntios 8:6 374
1Coríntios 10:13 121
1Coríntios 12:4–6 6
1Coríntios 12:7–11 39, 76, 285
1Coríntios 12:15–18, 21 205
1Coríntios 12:27 17
1Coríntios 15:57 105
1Coríntios 15:58 204
2Coríntios 1:3 161
2Coríntios 1:21–23 153, 264
2Coríntios 2:11 49
2Coríntios 3:12 30
2Coríntios 3:18 53, 251
2Coríntios 4:6–7 74
2Coríntios 4:8–9 173
2Coríntios 4:16–18, 73, 211
2Coríntios 4:18 230
2Coríntios 5:9 59
2Coríntios 5:14 73
2Coríntios 5:16 48
2Coríntios 5:17 115, 300
2Coríntios 5:20–21 86, 256, 309, 314
2Coríntios 6:1 17, 264
2Coríntios 7:4 73
2Coríntios 7:11 306

Índice das Escrituras

2Coríntios 9:6–7 377
2Coríntios 9:8 339
2Coríntios 9:10 366
2Coríntios 9:14–15 366, 370
2Coríntios 10:3–4 7, 117, 247
2Coríntios 10:4–5 167
2Coríntios 12:7–9 27, 123, 293
Gálatas 2:20 41, 194
Gálatas 3:3 285
Gálatas 3:13 256
Gálatas 3:26 215
Gálatas 3:27 124
Gálatas 3:28 140
Gálatas 4:4–5 14, 16, 142
Gálatas 4:6 148
Gálatas 5:22–23 12
Gálatas 5:25 12
Gálatas 6:4–5 6, 76, 244
Efésios 1:1 17
Efésios 1:3 179, 300
Efésios 1:5 17, 135
Efésios 1:10 230, 276
Efésios 1:11–12 14, 179, 259
Efésios 1:13–14 300
Efésios 1:18 251
Efésios 1:19–20 60, 340
Efésios 1:21 147
Efésios 1:22 81
Efésios 2:5–10 242, 264
Efésios 2:6 17, 201
Efésios 2:8 74, 146
Efésios 2:10 17, 264
Efésios 3:12 83
Efésios 3:17–19 236
Efésios 3:20–21 119, 138, 201
Efésios 4:3 205
Efésios 4:7–8 376
Efésios 4:23–24 42
Efésios 4:29–30 12
Efésios 4:32 91
Efésios 5:15–16 3
Efésios 5:17 76
Efésios 5:20 362
Efésios 5:30 238

Efésios 6:10 204
Efésios 6:11 109, 247
Efésios 6:12 13, 56
Efésios 6:18 73, 152
Filipenses 1:4–6 69
Filipenses 2:6–8 134, 305
Filipenses 2:9–10 316
Filipenses 2:10–11 103, 345
Filipenses 2:12–13 8
Filipenses 2:14–16 10
Filipenses 3:12–14 188, 253
Filipenses 3:20 17
Filipenses 4:6 73, 143
Filipenses 4:6–7 23, 35
Filipenses 4:8–15 365
Filipenses 4:13 109, 231, 340
Filipenses 4:19 201, 366
Colossenses 1:13–14 17, 48, 280
Colossenses 1:15 374
Colossenses 1:18 238
Colossenses 1:27 194
Colossenses 2:10 17, 264
Colossenses 2:11 208
Colossenses 2:15 150
Colossenses 3:1–2 119, 353
Colossenses 3:3–4 77, 306
Colossenses 3:13 283
Colossenses 3:16 261, 312
Colossenses 3:17 73, 239
Colossenses 4:3 106
1Tessalonicenses 4:16 37
1Tessalonicenses 5:17–19 22,
  187, 361
1Tessalonicenses 5:23 196
1Timóteo 1:14 366
1Timóteo 1:16 303
1Timóteo 2:1–2 201
1Timóteo 3:2 209
1Timóteo 4:14 39
1Timóteo 6:17 299
2Timóteo o1:7 231, 244
2Timóteo 1:12 66
2Timóteo 1:6 5, 6
2Timóteo 1: 231, 244

2Timóteo 3:14–16 241
2Timóteo 3:16–17 129
Tito 1:1 308
Tito 2:11–12 42, 337
Tito 3:4–5 337
Filemom v. 1–2 209
Hebreus 1:3 7, 81, 228
Hebreus 1:14 343
Hebreus 4:16 56, 231, 278
Hebreus 6:18–19 50
Hebreus 7:25 242
Hebreus 9:26 360
Hebreus 9:27 101
Hebreus 9:28 360
Hebreus 10:21–22 242, 290
Hebreus 10:23 50
Hebreus 11:1 55
Hebreus 11:31 282
Hebreus 12:1 323
Hebreus 12:2 167
Hebreus 12:5–8 72, 120
Hebreus 12:10–11 49
Hebreus 12:15 91
Hebreus 12:28 333
Hebreus 13:2 344
Hebreus 13:5 347
Hebreus 13:8 343
Hebreus 13:9 92
Hebreus 13:20–21 32, 46, 318
Hebreus 53:6 360
Tiago 1:2–3 79
Tiago 1:5–6 278, 366
Tiago 1:17 29, 363
Tiago 1:27 221
Tiago 3:6 304
Tiago 4:7 204, 224, 231
Tiago 4:8 150
Tiago 4:10 188
Tiago 5:16 117, 298
1Pedro 1:3 155, 355
1Pedro 1:5 80, 199
1Pedro 1:6–7 79
1Pedro 1:20 14, 343
1Pedro 2:9 264

393

Índice das Escrituras

1Pedro 2:24 87, 256
1Pedro 3:14–15 67
1Pedro 3:18 87, 94, 256
1Pedro 3:22 166
1Pedro 4:9–10 297, 376
1Pedro 4:11 112
1Pedro 5:6 308
1Pedro 5:7 327
1Pedro 5:8 212
2Pedro 1:3 46
2Pedro 1:4 293
2Pedro 3:18 377
1João 1:8–9 172, 349
1João 2:1–2 306, 357
1João 2:15 299

1João 3:1 288, 366
1João 3:2 161, 359
1João 3:8 79
1João 4:4 166
1João 4:7–8 372
1João 4:9–11 83, 98
1João 4:14 260
1João 4:15 194
1João 4:16 139
1João 4:17 179
1João 5:4 118
1João 5:5 198
1João 5:13 66
1João 5:14 22, 314
1João 5:18 17

Judas v. 1 80
Apocalipse 3:7 106
Apocalipse 3:16 335
Apocalipse 3:20 169, 235
Apocalipse 5:11 343
Apocalipse 8:4–5 58
Apocalipse 12:10 102
Apocalipse 12:12 56
Apocalipse 21:3 103, 147
Apocalipse 21:4 183, 359
Apocalipse 21:12, 14 175
Apocalipse 22:3 359
Apocalipse 22:4 183
Apocalipse 22:17 217

Este livro foi impresso em 2023,
pela Geográfica, para a Thomas Nelson Brasil.
A fonte usada no miolo é Arno Pro, corpo 10/12.
O papel do miolo é offset 90g/m², e o da capa é couche 150g/m².